Heyne Report ...

HEYNE BÜCHER

In derselben Reihe erschienen außerdem als Heyne-Taschenbuch

Wallraff/Hagen: *Was wollt ihr denn, ihr lebt ja noch* · Band 10/1
Karin Arndt: *Der erste Mann in meinem Leben* · Band 10/2
Wilfried Nelles: *Das rote Tuch* · Band 10/3
Jennings Michael Burch: *Tiere sperren sie nur nachts ein* · Band 10/4
Peter Grubbe: *»Warum darf ich nicht sterben?«* · Band 10/5
Anton-Andreas Guha: *Schild oder Waffe?* · Band 10/6
Peter Lanzendorf: *Medien von morgen* · Band 10/8
Jacques Leibowitch: *AIDS* · Band 10/9
Anton Kovacic: *Suppe genug, aber Seele kaputt* · Band 10/10
Lea Fleischmann: *Dies ist nicht mein Land* · Band 10/11
Gudrun Lukasz-Aden: *Tiefer kannst du nicht fallen* · Band 10/12
Stephanie Sand: *Künstliche Intelligenz* · Band 10/13
Gitta Sereny: *Dann schon lieber auf den Strich* · Band 10/14
Karin Arndt: *Wir haben unheimlich viel gestritten* · Band 10/15
Ernest Bornemann: *Die neue Eifersucht* · Band 10/16
Peter Grubbe: *Alter macht frei* · Band 10/17
Gudrun Lukasz-Aden: *Ich bin so frei* · Band 10/18
Marjorie Jackson: *Ein Junge namens David* · Band 10/19
Wolfgang Wiesner: *Leben ohne Drogen* · Band 10/20
Matthias Horx: *Das Ende der Alternativen* · Band 10/22
Roland Girtler: *Der Strich* · Band 10/23
Heinrich/Schmitt: *Der Atom-Atlas* · Band 10/24
Frederic Vester: *Bilanz einer Ver(w)irrung* · Band 10/25
Das Männerwunder · Band 10/26
Rudolf Grass: *Die Alternative* · Band 10/27
Gudrun Lukasz-Aden: *Trennungen* · Band 10/28
Keppler/Mehler: *Der sanfte Schrei* · Band 10/30
Ingeborg Friesendorf: *Frauen im Knast* · Band 10/33
Erich Kuby: *Der Spiegel im Spiegel* · Band 10/35

Lea Fleischmann

Ich bin Israelin

Erfahrungen in einem orientalischen Land

Wilhelm Heyne Verlag
München

HEYNE REPORT
Nr. 10/34

Genehmigte, ungekürzte Taschenbuchausgabe

Printed in Germany 1987
Umschlagfoto: Isolde Ohlbaum, München
Umschlaggestaltung: Atelier Ingrid Schütz, München
Satz: Fotosatz Hopfengärtner, München
Druck und Bindung: Ebner Ulm

ISBN: 3-453-00097-8

Inhalt

Für Arie und Orlie

Neueinwanderer

Beginnen wir die Geschichte mit dem Einwanderungszentrum in Gilo. Gilo ist eine der Randsiedlungen Jerusalems. Bis zum Sechs-Tage-Krieg gehörte dieses Gebiet Jordanien, danach errichtete die israelische Regierung einen Gürtel von Siedlungen um den Stadtkern Jerusalems. Tausende von Wohnungen wurden gebaut, Neueinwanderer und junge israelische Paare können diese Wohnungen zu günstigen Bedingungen erwerben. Hier wird ein Zustand im wahrsten Sinn des Wortes zementiert. In Gilo liegt auch das Einwanderungszentrum, in dem ich gestern eingetroffen bin.
Ich habe nur wenig Gepäck, vier Koffer, eine Schreibmaschine und eine Strickmaschine. Wie man dazu kommt, eine Strickmaschine nach Israel mitzunehmen? Ganz einfach. Ich bin eine Frau, die keinem auf der Tasche liegen will, und deswegen überlegte ich mir vorher, was ich in Israel anfangen würde. Was macht ein Mensch, der kein Wort Hebräisch spricht und nichts Anständiges gelernt hat, in einem Entwicklungsland wie Israel? Ich habe viel Fantasie, aber mir fiel beim besten Willen nichts ein.
Da fand ich eines Tages die Lösung sozusagen im Vorbeigehen. Im Schaufenster eines Kaufhauses sah ich ein Schild: »Strickmaschinen« stand mit verschnörkelten Buchstaben drauf und darunter kleingedruckt: »Beim Kauf einer Strickmaschine werden Sie bei uns kostenlos angelernt.« Neugierig suchte ich die Strickmaschinenabteilung auf.
Mein erster Eindruck war, daß eine Strickmaschine äußerst kompliziert zu bedienen ist. Hunderte von kleinen Nadeln und Knöpfen sind auf einer Schiene befestigt. Vor solch einem Apparat saß eine dickliche Hausfrau und schwitzte. Ratsch, strickte sie, und der Faden war gerissen.
»So geht das natürlich nicht«, sagte die Anlerndame.

»Sie müssen beim Einfädeln besser aufpassen. So, sehen Sie.«
Und, ratsch, strickte sie eine Reihe. Tadellos. Ritsch, ratsch, hin und her schob sie den Strickschlitten, und jedesmal war eine Reihe gestrickt. »Das ist die Idee«, dachte ich mir. »Ich kaufe eine Strickmaschine und werde in Israel Pullover stricken. Die Vorteile liegen auf der Hand. Erstens werde ich unabhängig sein, zweitens kann ich mir meine Arbeitszeit einteilen, und drittens ist Stricken eine schöpferische Tätigkeit. Pullover braucht man auf der ganzen Welt, und mit der Maschine habe ich sozusagen meine eigene Fabrik.«
Entschlossen sagte ich zu der Verkäuferin: »Ich möchte gerne eine Strickmaschine kaufen.«
Mögen sich alle meine Feinde Strickmaschinen kaufen! Wenn ich gewußt hätte, was auf mich zukommt, ich hätte mir etwas anderes einfallen lassen. Stundenlang studierte ich zu Hause, wie man dieses Gerät aufbaut. Hier hing ein Draht lose, dort saß eine Schraube lokker, auf der beiliegenden Abbildung sah alles stabil aus, und bei mir wackelte es. Montags um vier ging ich ins Kaufhaus zum Anlernen und schwitzte genauso wie die dicke Hausfrau. Ratsch, und das Gestrickte lag auf dem Boden, wieder einfädeln, wieder der etwas mißbilligende Blick der Anlerndame. Ritsch, und anstatt Maschen strickte ich Löcher. Ich schämte mich in Grund und Boden, es war mir so unangenehm, und ich entschuldigte mich dauernd damit, daß ich noch nie etwas gestrickt hätte.
»Warum haben Sie sich eigentlich eine Strickmaschine gekauft?« fragte meine Stricklehrerin. Peinliche Frage. Ich genierte mich zu erklären, daß ich auswandern wolle und die Maschine mich ernähren solle, und so murmelte ich etwas von Kreativität und schöpferischer Tätigkeit. Sie schaute ein wenig befremdet auf meinen gerissenen Faden und schwieg. Zu Hause setzte ich mich an meine neue Strickmaschine und übte. Es

machte krch, krch, der Strickschlitten war verklemmt, und fünf Nadeln, die vorher in einer Reihe standen, lagen nun über Kreuz. Mit aller Kraft stemmte ich den Schlitten, krch, krch, nun waren noch mehr Nadeln verdreht. Ich hätte heulen können, warum arbeitete diese verdammte Maschine nicht, wie ich es wollte! Aufgeregt rief ich den Mechaniker im Kaufhaus an und bat ihn, zu mir nach Hause zu kommen und die Maschine zu reparieren.
»Das geht nicht«, antwortete er am Telefon. »Sie müssen die Maschine herbringen.«
Inzwischen war ich der Verzweiflung nahe, packte das Gerät ein – es war so schwer, daß ich es kaum tragen konnte –, setzte mich ins Auto und fuhr ins Kaufhaus. Dort traf ich wieder die Anlerndame, die sich gemeinsam mit dem Mechaniker meinen zukünftigen Ernährer ansah.
»So etwas habe ich noch nicht gesehen«, meinte sie kopfschüttelnd. »Wie haben Sie denn das zustande gebracht?«
Ihre klugen Bemerkungen waren Salz auf meine Wunden, was sollte ich ihr antworten? Der Mechaniker hantierte mit einer Zange an den Nadeln, löste hier eine Schraube, ölte dort ein bißchen, klopfte ein wenig an der Seite, drehte einen verbogenen Draht gerade, und der Apparat lief wieder wie geschmiert.
Um die Geschichte kurz zu machen, ich habe mit viel Mühe auf der Maschine stricken gelernt, sie hat sich letzten Endes an meine Hände gewöhnt, und der Schlitten gleitet leicht und locker über die Nadeln, der Faden dreht und wendet sich nach meinem Willen und stellt die Muster her, die ich plane.
So bin ich gestern mit ihr im Einwanderungszentrum angekommen, und der Hausmeister, der mein Gepäck in die mir zugewiesene Wohnung brachte, begann mich sogleich auszufragen:
»Russisch?«

»Nein.«

»Sprichst du Jiddisch?«

»Ja.«

»Woher kommst du?«

»Aus Deutschland.«

»Und was hast du in dem langen Kasten?«

»Eine Strickmaschine.«

»Eine was?«

»Eine Strickmaschine, eine Maschine, die Pullover macht.«

»Ist dir kalt?« fragte er. »Hier mußt du dir keine Sorgen machen, Israel ist nicht Rußland, jeden Tag haben wir dreißig Grad.«

»Ich komme nicht aus Rußland.«

»Ist die Lage in Deutschland so schlecht, daß man sich keine Pullover kaufen kann, muß man sich dort auch die Pullover selber stricken wie in Rußland?«

»In Deutschland gibt es genug Pullover.«

»Und wofür brauchst du eine Maschine, die Pullover macht?«

»Mir tut der Kopf weh, und ich bin müde«, beendete ich das Gespräch.

Das Einwanderungszentrum sieht von außen aus wie ein Bienenstock. Die Wohneinheiten sind wabenartig aneinandergereiht, und ich bekomme eine Wabe zugeteilt. Sie ist recht komfortabel. Zwei Zimmer, eine Kochgelegenheit und ein Bad. Möbel stehen auch drin, nicht die schönsten, aber brauchbar. Ein Bett, eine Couch, ein Sessel, zwei Stühle, ein Tisch, der wakkelt, ein Tisch, der nicht wackelt, und ein Schrank. Jetzt bin ich ein richtiger Neueinwanderer in einem Einwanderungszentrum in Israel.

Nach Israel einzuwandern ist eine einfache Angelegenheit, jedenfalls für Juden. In fast jedem Land gibt es Einwanderungsbüros. Solch ein Büro sucht man auf, teilt seinen Entschluß mit, erhält eine Broschüre, die über die Rechte des Neueinwanderers informiert, be-

kommt einen Platz in einem Einwanderungszentrum in Israel zugewiesen; sogar die Flugkarten werden zugeschickt, und ehe man sich versieht, kann die Reise losgehen.
Auf einmal stand ich vor dem Problem, wohin mit meinen Möbeln. Sollte ich die Sachen mitnehmen oder hierlassen? Der Transport ist teuer und kompliziert, und so entschloß ich mich, die Möbel zu verkaufen. Franz kaufte den Jugendstilschrank. Ein altes Stück, ein schweres Stück, seit Jahren stand es im Zimmer, immer auf demselben Platz. Ich konnte mir gar nicht vorstellen, daß man den Schrank von dort wegnehmen könnte, so sehr schien er mit der Zimmerecke verwachsen zu sein. Am nächsten Tag kamen zwei Männer vorbei, und ehe ich mich umsah, war der Schrank in Einzelteile zerlegt und abtransportiert. Seine Spuren sah man noch im Teppichboden, und die Tapete war dort, wo er stand, weniger vergilbt, doch der Schrank war nicht mehr da. Es sah aus, als hätte er sich in Luft aufgelöst. Es war, als ob du puh! machst, und etwas ist fort. Du pustest, und der Schrank verschwindet, du pustest, und das Regal verschwindet, du pustest, und der Teppich verschwindet; und bald darauf verschwinde ich auch.
Alles ging ungeheuer schnell. Plötzlich war der Abreisetag da, ich packte die vier Koffer, was nicht hineinging, wurde weggeworfen oder weggegeben, lud meine Strickmaschine und die Schreibmaschine in das Taxi, nahm meine Tochter, gab das Gepäck am Flughafenschalter ab, wurde abgefertigt, und ehe ich wußte, wie mir geschah, saßen wir im Flugzeug und flogen viertausend Kilometer ostwärts.
Gleich am Flughafen in Tel Aviv begannen die Komplikationen. Der Paßkontrolleur studierte meinen Ausweis und fragte: »Einwanderer?«
»Ja«, antwortete ich.
»Geh nach links die Treppen rauf. Im ersten Stock ist

die Einwanderungsbehörde.« Ich fand das angegebene Zimmer, zeigte dem jungen Beamten meinen Paß und fragte: »Wie komme ich von hier aus in das Einwanderungszentrum?« Er schaute meine Papiere an, suchte in seinen Unterlagen und stellte zu meiner Überraschung fest, daß ich nirgends angemeldet worden war.
»Aber man hat mir doch in Frankfurt gesagt, daß ich einen Platz in einem Einwanderungszentrum habe.«
»Wer hat gesagt?« fragte er.
»Der Mann, der das Büro in Frankfurt leitet.«
»Wie heißt er?« wollte er wissen.
Es war elf Uhr nachts, ich war übermüdet, in der letzten Nacht hatte ich vor Aufregung nicht schlafen können, und hier stellte man mir Fragen wie bei einer Prüfung.
»Ich weiß nicht, wie er heißt«, antwortete ich und kramte in meiner Tasche nach irgendeinem offiziellen Papier des Frankfurter Einwanderungsbüros. Ich fand nichts, und mir fiel siedendheiß ein, daß ich auf dem Frankfurter Flughafen nochmals meine Handtasche in Ordnung gebracht und den Brief vom Einwanderungsbüro vorsorglich beiseite gelegt hatte, und zum Schluß mußte ich vergessen haben, ihn einzustecken. Der junge Mann rauchte eine Zigarette nach der anderen, führte mehrere Telefongespräche, niemand wußte Bescheid, drehte meinen Ausweis hin und her. Ich wurde nervös, und meine Tochter quengelte.
»Was machen wir denn jetzt?« fragte ich mißmutig.
»Mach dir keine Sorgen, mit Gottes Hilfe wird alles in Ordnung sein«, antwortete er.
Damals wußte ich noch nicht, daß das der Standardsatz in Israel ist, wenn wieder einmal etwas nicht klappt. Nach zwei Stunden Wartezeit hatte er mir den Platz in Gilo besorgt. Danach stellte er mir einen kleinen blauen Ausweis aus. »Das ist ein Ausweis für Neueinwanderer«, belehrte er mich. »Damit erwirbst du verschiedene Rechte. Beispielsweise darfst du innerhalb

von drei Jahren alle elektrischen Geräte und sonstige Luxusartikel zollfrei nach Israel einführen, ebenso ein Auto, und du hast das Recht auf eine Wohnung und Arbeit.« Dann schickte er mich zu einer Kasse. »Ich bin ja gespannt, was mich diese Rechte kosten werden«, überlegte ich. An der Kasse bekam ich den Betrag von 1000 israelischen Lira ausgezahlt, ein symbolischer Betrag, der den Anfang erleichtern soll. Außerdem drückte man mir und meiner Tochter ein Päckchen mit Süßigkeiten in die Hand. »Irgendwo muß ein Haken dabeisein«, sagte ich mir, »sie geben mir so viele Rechte, die ein normaler Bürger dieses Landes nicht hat, und bezahlen mich sogar noch dafür, daß ich ein Mitglied dieser Gesellschaft werde.« Aus meinem Päckchen fischte ich einen Bonbon heraus, steckte ihn in den Mund. Wer weiß, vielleicht ist dieses Land so bitter, und die Süßigkeiten bedeuteten eine symbolische Geste, die über die Bitternis hinwegtäuschen sollte. Erschöpft fuhren wir mit einem Taxi nach Gilo.

Aber verstehen muß man sie

Im Einwanderungszentrum tummelt sich internationales Publikum auf engstem Raum. Rechts neben mir wohnt ein Ehepaar mit zwei Kindern aus England, über mir eine geschiedene Frau aus Rußland mit ihrer kleinen Tochter, auf der linken Seite ein Ehepaar aus Argentinien, jung verheiratet, gegenüber eine ältere Dame mit ihrem Sohn aus Brasilien, zwei Waben weiter eine Familie aus Persien. Zum erstenmal in meinem Leben verstehe ich meine Umwelt nicht, und das bringt mich zweifellos um Unterhaltung. Da ich weder einen Fernsehapparat noch ein Radio besitze, von einem Telefon ganz zu schweigen, bin ich auf meine Mitmenschen angewiesen, und die bieten mir außer Lärm recht wenig. Nehmen wir beispielsweise das junge argentinische Ehepaar. Nach außen hin sehen sie wie Verliebte aus, Händchenhalten und Küßchen in der Öffentlichkeit, nachts hingegen streiten sie sich dauernd. Ich gäbe etwas darum zu verstehen, warum sie mich nicht schlafen lassen. Im Grunde genommen amüsiere ich mich über Ehekräche anderer – wenn aus gesitteten Ehefrauen keifende Weiber und aus überlegenen Männern unbeherrschte Tölpel werden –, aber verstehen muß man sie. Da ich leider kein Spanisch spreche, rauben mir meine argentinischen Nachbarn die Ruhe, ohne mich als Entschädigung zu unterhalten. Wenn ich eingeschlafen bin und im tiefsten und besten Schlummer liege, weckt mich die kleine Russin mit ihrem obligatorischen »Mama kaka« auf. Das scheint ein internationaler Kinderruf zu sein. Bis die Mama aufsteht, sind die englischen Kinder ebenfalls wach und helfen der Russin bei ihrem Geschrei. »Mummy!« klingt es nun auch von nebenan. Über mir wird russisch, neben mir englisch geflucht.

Tränen treten mir in die Augen, wenn ich mich daran erinnere, daß meine Lieblingsbeschäftigung die Diskussion politischer Sachverhalte oder die Aufarbeitung wissenschaftlicher Themen war. Wenn ich mein heutiges Sprachverhalten betrachte, bin ich sozusagen ein Modellfall für sprachliche Regression geworden. Ich befinde mich sprachlich auf der Stufe eines Kleinkindes.

Täglich gehe ich in die Schule und lerne sechs Stunden lang Hebräisch. Nichts habe ich mir so gewünscht, wie die Bibel im Original lesen zu können, aber inzwischen habe ich diesen hochtrabenden Gedanken ad acta gelegt. Ich möchte mich nur ein klein wenig unterhalten können, aber auch das klappt noch nicht. Da nach meinem Sprachempfinden ein hebräisches Wort dem anderen ähnelt, werfe ich die Begriffe laufend durcheinander. Bei mir wird aus Wasser Wein, aus einem Kamm eine Gabel, aus der Wand ein Lied, aus der Sprache ein

Sofa, ich könnte beliebig viele Beispiele anführen. Welch eine Strafe diese Sprachlosigkeit ist, wird mir schmerzlich bewußt, wenn ich mich mit David unterhalten will. David ist ein Journalist aus der Sowjetunion und geht in meine Klasse. Was gäbe es nicht alles zu erfahren. Unter welchen Bedingungen Journalisten in der UdSSR schreiben, wie der Alltag im kommunistischen System aussieht, welche Unterschiede er zum Kapitalismus feststellt, wie er die Meinungsfreiheit hier und dort sieht, statt dessen kann ich nur fragen: »Ist das Käse?« Und er antwortet: »Das ist Käse.« »Ist das Butter?« – Wir nehmen gerade die Lektion »Ich kaufe ein« im Unterricht durch.

Ich habe als Lehrerin in der Bundesrepublik selber Gastarbeiterkinder in Deutsch unterrichtet. Aber ich hatte nicht die geringste Vorstellung, wie schwierig es ist, eine Sprache zu lernen. Man kann keinen Gedanken äußern, man kann nur wiederholen, und nach fünf Minuten hat man das gerade gelernte Wort wieder vergessen. Heute sitze ich selbst mit 15 erwachsenen Menschen in einer Klasse zusammen, jeder hat Probleme, jeder kommt aus einem anderen Land. Es gäbe so viel zu besprechen und zu erzählen, statt dessen stellen wir fest: »Im Laden kauft man Milch, Butter, Eier und Käse.« Seit ich hier bin, lebe ich in einem politischen Vakuum. Ich kann keine Zeitung lesen und verstehe keine Nachrichten. Wenn ich gelegentlich in die Innenstadt fahre und eine deutschsprachige Zeitung erstehe, bin ich entsetzt, in welchen politischen Verhältnissen ich lebe. Israel ist isoliert, überall im Land wird gestreikt, außenpolitische Schwierigkeiten mit Europa und Amerika, die Inflationsrate ist auf 100 Prozent angestiegen, und ich kann nur sagen: »Das ist Käse.«

Ich bin jetzt drei Monate hier und abgeschnitten von der Welt, die ich kannte und die mir vertraut war. Ich bin abgeschnitten von der Sprache und lebe in einer

Landschaft, die mir fremd ist. Die Natur um Jerusalem ist karg, die Berge sind kahl, steinig, ärmlich, gelegentlich ein Olivenbaum, sonst Grasbüschel, und jeder um mich herum spricht eine andere Sprache. Unsere gemeinsame Verständigung spielt sich auf dem Niveau ab wie: Hast du schon deine Schularbeiten gemacht, wo ist dieses oder jenes Büro, wo hast du die Äpfel gekauft? In mir verspüre ich einen Hunger nach deutschen Zeitschriften und Büchern. Ich habe nur wenige Bücher eingepackt, deutsche Zeitschriften sind so teuer, daß ich sie mir nicht kaufen kann, und wenn ich mir den Luxus leiste, dann lese ich alles, einschließlich der Reklame, und jedes Wort gleitet hinab wie ein Wassertropfen in einer durstigen Kehle. Welch ein Genuß ist es, auf Buchstaben zu schauen und sie sofort zu verstehen! Es ist so alltäglich, wenn man in der eigenen Sprache lebt, daß man darüber nicht einmal nachdenkt, und es ist so schmerzhaft, Schilder zu sehen, Überschriften und Bücher in einer Sprache, die man nicht entziffern kann. Die Schilder teilen nichts mehr mit, sondern sehen wie bemalte Tafeln aus, deren Sinn verborgen bleibt. Ich ertappe mich bei irrsinnigen Handlungen. Manchmal gehe ich in die Jerusalemer Innenstadt, dorthin, wo sich ein Straßencafé an das andere reiht, und beobachte, wo deutsche Touristen sitzen. Ich setze mich in ihre Nähe, nur um Worte zu hören, die mir bekannt sind, nur um einen vertrauten Klang aufzunehmen, und sauge die Gesprächsfetzen, den gewohnten Tonfall wie ein vertrockneter Schwamm auf, der mit etwas Wasser benetzt wird. Inzwischen habe ich einen Zeitschriftenhändler kennengelernt, der mir alte deutsche Zeitschriften billiger überläßt, und ich lese die überholten Nachrichten mit einem Genuß, wie ich niemals eine Zeitung in Deutschland gelesen habe. Es ist mir völlig egal, was drinsteht, Hauptsache, ich verstehe es, ich weiß, was der Journalist meint, und mein Gehirn bekommt ein wenig Nahrung.

Wie trocken und unverständlich ist mir Israel. Aus meiner Kindheit hatte sich eine Ahnung über Israel erhalten, ein Gefühl zog mich zu ihm hin. Die biblischen Geschichten meines Vaters spielten sich hier ab, aber in meiner Fantasie sah alles anders aus. Es sah auch anders aus, wenn man als Tourist aus dem verregneten Deutschland zwei Wochen Sonne hier tankte und wenn der Körper sich am Meer erholte, man matt und faul dalag, in dem Bewußtsein, bald in den täglichen Trott zurückzukommen. Aber nun bin ich für immer da, ich muß Israel nehmen, wie es ist.

Israel ist mir noch so fremd, so laut, so unverständlich, es ist heiß und unfreundlich. Jede kleine Erledigung ist schwierig und umständlich. Wo ich früher nur den Telefonhörer abzunehmen brauchte, mich mit jedem Amt in Verbindung setzen konnte, jede Auskunft minutenschnell erhielt, laufe ich heute von Büro zu Büro, alles erscheint mir unorganisiert, und es grenzt fast an einen Zufall, wenn ein Beamter überhaupt eine verbindliche Auskunft geben kann. Jeden Tag lerne ich meine sechs Stunden Hebräisch. Es ist Schwerstarbeit. Wie eine Betonwand steht die Sprache vor mir, ich renne dagegen an, sie läßt sich nicht aufbrechen, es läßt sich kein Loch schlagen, durch das ich hindurchschlüpfen kann. Diese Sprache hat nicht die geringste Verbindung zu den europäischen Sprachen, weder in ihrer Schrift noch in ihrem Aufbau, noch im Klang. Mein Tag ist ausgefüllt mit dem Konjugieren von Verben, mit mühseligem Buchstabieren von Wörtern, mit verkrampften Schriftzeichen. Ich, die ich selber jahrelang gelehrt habe, bekomme Herzklopfen, wenn man mich aufruft, irgendwelche Worte an die Tafel zu schreiben. Ich fühle mich wie ein Schulkind, das ein schlechtes Gewissen hat, wenn es seine Aufgaben nicht gemacht hat. Jahre meines Lebens bin ich zurückgeworfen, alle Prüfungen, alle Auszeichnungen, alle Zeugnisse sind wertlos angesichts meiner Hilflosigkeit in der Klasse. Ich merke auch, daß diejenigen, die zehn Jahre jünger sind, unbefangener lernen, leichter auffassen, nicht so schnell die Worte vergessen, während ich mir diese Sprache einhämmern, einschlagen, einstoßen muß. Ich kenne keine Israelis, mit denen ich, wenn auch auf einer primitiven Ebene, hätte reden können. Die Israelis, die im Einwanderungszentrum arbeiten, sind nur in offizieller Mission da. Man kann eine Auskunft erfragen, man kann auch gelegentlich einen Ratschlag erhalten, aber man kann sich mit ihnen nicht unterhalten, das ist nicht ihre Aufgabe. Wie jeder Angestellte haben sie ihre Arbeitszeit, und danach gehen sie. Und so bin ich in der Regel mit mir und meinen Gedanken allein.

Es ist inzwischen Dezember geworden, auch in Israel wird es nun Winter, die Regenzeit hat eingesetzt, draußen ist es ungemütlich und kalt, in den Klassenräumen ebenfalls, denn es gibt keine Heizung. Man sitzt in nassen Mänteln und feuchten Schuhen. Nur mein Zimmer ist gut geheizt, und wenn ich nach Hause komme, mache ich mir als erstes einen Kaffee, ziehe die Schuhe aus und lege die feuchten Füße auf die Zentralheizung. In diesen Minuten erhole ich mich von dem Tag, von der Lernerei. Ich lese Heine und rette mich in die Lyrik, in Bilder, die hinter mir liegen. »Um dich Winter, in dir Winter, und dein Herz ist eingefroren.« Und so lebe ich in zwei Welten, einer mühsamen, regnerischen, unangenehmen wirklichen und einer verträumten, unrealen, die mir realistischer erscheint als die Wirklichkeit. Und ganz unvermittelt tut sich mir Israel auf, öffnet sich Jerusalem, nimmt mich in seine Arme, wärmt und tröstet mich.

Es ist wieder ein regnerischer Tag, und als ich an der Bushaltestelle stehe, verstärkt sich der Regen fast zum Unwetter. Er peitscht mir ins Gesicht, ich friere innen und außen, beschließe, in ein Café zu gehen und dort den Sturm abzuwarten. Aber auch das Café ist nicht richtig geheizt, ich drücke mich fröstelnd in eine Ecke, sehe hinaus und überlege, daß ich eigentlich die Zeit ausnutzen könnte, um meine Hausaufgaben zu machen. Ich ziehe mein Heft aus der Tasche, und mit klammen Fingern beginne ich einen hebräischen Aufsatz zu verfassen. Es fehlen mir wie üblich wieder Vokabeln, und plötzlich sagt jemand zu mir, daß man das Wort da nicht mit dem Buchstaben Aleph, sondern mit Heh schreibe. Ich schaue mich um, und ein Mann, eigentlich ein großer Junge, mit wirren Haaren wiederholt: »Das hast du falsch geschrieben, du mußt ein Heh statt ein Aleph schreiben.«

Weil er nun schon dabei ist, mein Gekritzel zu verbessern, hilft er mir, den Aufsatz zu schreiben.

»Wie heißt du?« frage ich ihn.

»Jesaja.«

»Jesaja? Wie der Prophet?«

»Ja«, sagt er. Am nächsten Tag gehe ich wieder in das Café und sehe Jesaja vor einem Glas Tee sitzen.

»Willst du mir bei den Aufgaben helfen?« »Gern«, sagt er. Jesaja ist der erste Israeli, den ich kennenlerne, der erste, mit dem ich hebräisch spreche, obwohl es meinerseits mehr ein Stammeln, ein Stottern als ein Sprechen ist. Durch ihn lerne ich das erste Zimmer in Jerusalem außerhalb des Einwanderungszentrums kennen. Er führt mich in das Herz dieser Stadt.

Er wohnt hinter dem jüdischen Markt, in einer Gegend mit verlotterten Häusern, winzigen Gäßchen, wild übereinandergebauten Zimmern, unregelmäßig, ungeordnet und traumhaft malerisch. Die Häuschen sind klein, und eins lehnt sich an das andere, es sind Häuser aus einem vergangenen Jahrhundert. So müssen die Städtchen in Polen und die Gettos in Tunis ausgesehen haben. Alles ist verwinkelt, verschachtelt, verstaubt, verbogen. In solch einem winzigen Häuschen mit einer schmalen Treppe und einem Holzbalkon, an dem die Hälfte der Latten fehlt, befindet sich ein Zimmerchen. Ein kahles kleines Zimmerchen, mit einer Truhe in der

Ecke, einer Matratze auf dem Boden, einem Tisch, auf dem ein einziges Buch liegt, einem Stuhl, der mit einem Schafsfell bedeckt ist, und einem Eisenofen. Einem alten, schön geschmiedeten, verrosteten Eisenofen, den Jesaja irgendwo draußen gefunden, gereinigt und in sein Zimmer gestellt hat. Stundenlang sitze ich auf dem Stuhl vor dem Ofen, das Feuer knistert und prasselt, eine Kanne Tee steht auf der Platte, und der Duft von Nana, einem Teegewürz, umgibt mich. Draußen heult der Sturm, und ich höre die Geschichten von Jesaja.

Seit seiner Kindheit war er in einer Jeschiwa, einer Talmud-Thora-Schule. Er wuchs in der Religion auf, sein Leben waren die Bibel, der Talmud, die sophistischen Deutungen, das Lernen. »Alles war Nebensache, nur das Lernen war wichtig«, erzählt er. Zehn Stunden am Tag lernte er. Wäre Jesaja seinen vorgeschriebenen Weg gegangen, so wie seine Eltern es von ihm verlangten und für ihn geplant hatten, ich hätte ihn nie kennengelernt. Dann hätte er irgendwann geheiratet und wäre eingebettet geblieben in die Vielzahl von Geboten und Verboten, in das enge Leben in der Jeschiwa. Aber er wollte nicht, er ist abtrünnig geworden, er hat seinen Gott verloren, er glaubt nicht mehr. Als Erwachsener hat er die Jeschiwa verlassen, den Rahmen gesprengt, sich der Obhut der Religion entzogen, kein religiöses Gesetz mehr einhaltend, keine althergebrachte Sitte achtend. »Weißt du«, sagt er, »ich wäre schon viel früher aus der Jeschiwa ausgebrochen, wenn mich das Lernen nicht so fasziniert hätte. Das Lernen ist unabhängig vom Glauben, das Lernen erhebt den Geist, gibt ihm Nahrung und nimmt dich mit in andere Gefilde. Lernen kann man in der Jeschiwa.«

Dieses Lernen ist die Auseinandersetzung mit der Schrift, die stetige Diskussion mit dem Gegenüber, die Deutung von Worten und Sätzen, das Erörtern von Gedanken und Möglichkeiten. Dieses Lernen lebt, es ist laut, denn es findet eine permanente Diskussion statt, jeder lernt nach seinem Niveau, nach seinem Können und Vermögen. Hier gibt es keine Noten; nicht um das Erreichen eines Zieles geht es, sondern um das Lernen an sich, um die Erkenntnis, und die ist nicht in Schablonen zu pressen.

»Es gibt kein Ende, die Bibel ist unerschöpflich«, sagt Jesaja. Und so sitze ich stundenlang vor dem Ofen und nehme die ersten Gespräche in Hebräisch auf. Die Betonmauer, gegen die ich nun schon monatelang anrenne, bröckelt, gibt nach, und ich beginne die ersten Gedanken in der neuen Sprache zu formulieren. Noch so simpel, so unbeholfen, aber es sind schon Gedanken und Gefühle, die ich artikulieren kann.

Ich verstehe noch nicht jedes Wort von Jesaja, aber doch den Sinn, den Inhalt, und dieses und jenes Wort bleibt haften, einfach so, mühelos. Und einmal nehme ich das einzige Buch, das auf dem Tisch liegt, die Bibel, in die Hand, schlage sie auf und lese in Hebräisch: »Der Herr schuf am Anfang den Himmel und die Erde, und die Erde war wüst und dunkel«, so wie mein sprachloser Geist. Es gab einen Abgrund, wie der, in den ich gefallen war, »und der Geist Gottes schwebte über den Wassern. Es sprach der Herr: ›Es sei Licht‹, und es ward Licht«, und jedes Wort, das ich verstehe, ist mir Licht, jeder Buchstabe, den ich begreife, ist ein Leuchten, und »es sah der Herr, daß das Licht gut ist, und er unterschied zwischen dem Licht und der Dunkelheit«. Und langsam komme ich aus der sprachlosen Dunkelheit ans Licht, »und es nannte der Herr das Licht Tag, und die Finsternis nannte er Nacht, und es ward Abend und ward Morgen, der erste Tag«.

Ich bin Israelin

Im Innenministerium an der Jaffastraße habe ich meinen israelischen Identitätsausweis abgeholt. Ich sitze in meinem Zimmer, es ist Freitagabend, und ziehe meinen deutschen Personalausweis aus der Tasche. Er steckt in einer schwarzen Plastikhülle. Jahrelang hat mich diese Plastikhülle begleitet, von einer Tasche wanderte sie in die andere. Wie oft habe ich den Ausweis vorgezeigt, dieser kleine graue Ausweis ist ein Stück von mir geworden. Aber ich hatte ein gespaltenes Verhältnis zu ihm. Zwischen ihm und mir steht das Dritte Reich. Ich war Deutsche, weil ich in Deutschland geboren bin, dort lebte und weil man eine Staatsangehörigkeit braucht, aber meine Seele war nie deutsch staatsangehörig. Ich ziehe den grauen Personalausweis aus der schwarzen Plastikhülle und betrachte meinen neuen israelischen Identitätsausweis. Er ist hellblau und hat dieselbe Größe wie mein grauer. Er paßt in die schwarze Hülle. Während ich ihn hineinschiebe, denke ich: »Die Hülle ist wie ich, nach außen hin hat sich nichts verändert, aber innen drin ist etwas anders geworden.« Ich habe noch kein Verhältnis zu meinem neuen Ausweis, ich kann mir nicht vorstellen, daß ich Israelin bin, daß ich zu dem Volk hier gehöre, daß ich *wir* meine, wenn ich von den Israelis spreche, daß ich *unsere* Regierung und *mein* Land sagen kann. Ich ertappe mich dabei, daß ich von Israel erzähle, als beschreibe ich einen Staat, mit dem ich eigentlich nichts zu tun habe, und daß ich von den Israelis rede, als sei ich eine Fremde. Ich fühle mich als Neueinwanderer wie auf einem Schiff, das mit dem Leben ringsum nichts zu tun hat. Ich kenne weder das Land noch das Volk, dessen Staatsangehörigkeit ich angenommen habe, und ich weiß nicht, was mich hier erwarten wird. »Ich bin Israelin.« Es klingt fremd, aber nicht unangenehm. Wenn ich sagte: »Ich bin Deutsche«, dann gab es

mir jedesmal einen Stich in der Herzgegend, und ich vermied es zu sagen: »Ich bin Deutsche.« Ich umschrieb es immer, indem ich sagte: »Ich habe die deutsche Staatsangehörigkeit« oder: »Ich habe einen deutschen Paß« oder: »Ich bin in Deutschland geboren.«
Ich bin Israelin und schaue aus dem Fenster auf die kahlen Berge der judäischen Wüste, eine Landschaft, die mir so fremd ist wie das Meer. Ich bin Israelin, und die Nacht fällt auf Jerusalem ohne Übergang, ohne Dämmerung, und diese plötzliche Dunkelheit verwirrt mich. Ich bin Israelin, und im Radio erklingt das Lied »Komm mein Freund der Braut entgegen, Königin Schabbath wollen wir empfangen«. Das Lied kenne ich vom Elternhaus her, aus der Zeit, als ich ein Kind war und wir den Freitagabend traditionell und festlich begingen. Heute ist Freitag, für mich ist Freitag ein Tag wie jeder andere und der Freitagabend kein besonderer Abend. »Komm mein Freund der Braut entgegen«, singe ich mit dem Radio mit, »Königin Schabbath wollen wir empfangen.« Es gibt etwas Bekanntes hier, das Lied kenne ich, ich hatte schon vergessen, daß ich es kenne. »Komm mein Freund«, ich bin so alleine hier, so fremd. »Komm mein Freund der Braut entgegen, Königin Schabbath wollen wir empfangen.«
Einige Wochen später fahre ich zur deutschen Botschaft nach Tel Aviv.
»Wo kann ich meine deutsche Staatsangehörigkeit abgeben?« frage ich den Portier.
»Deutsche Staatsangehörigkeit gibt's im zweiten Stock, erstes Zimmer links.«
»Abgeben«, sage ich. Verständnislos schickt er mich in den zweiten Stock. Der Attaché trägt einen dunklen Anzug, eine Brille und trotz des relativ warmen Wetters eine Krawatte. Er sieht aus wie ein Jungmanager von Siemens oder der Dresdner Bank.
»Sie müssen auf die deutsche Staatsangehörigkeit nicht verzichten«, klärt er mich auf. »Sie können die israeli-

sche annehmen und trotzdem die deutsche behalten.«
»Ich weiß«, sage ich, »aber ich will keinen deutschen Paß mehr haben.«
»Warum nicht?« fragt er.
»Ich brauche ihn nicht mehr.« Er füllt ein Formular aus und läßt es mich unterschreiben. Während er mit dem Formular beschäftigt ist, schaue ich mich in dem Büro um. Es ist ein Büro, wie ich es von Deutschland her kenne, ordentlich und sauber, es liegen keine Zettel herum, wie in den israelischen Büros, die Fensterscheiben sind geputzt, die Bücher der Größe nach aufgestapelt, und keiner schreit am Telefon oder sucht Akten, die er nicht findet. Hier frühstücken die Beamten nicht, während sie sich mit dem Publikum unterhalten, und es kaut keiner Kaugummi, während ich rede. Inzwischen habe ich den deutschen Personalausweis und den Reisepaß auf den Tisch gelegt, der Attaché blättert kurz darin und legt beide zusammen mit dem unterschriebenen Formular in eine Schublade.
»In vier Wochen können Sie Ihre Verzichtserklärung abholen«, erklärt er mir. Ich verlasse die Botschaft und laufe in Richtung eines großen Platzes. Neben einem Springbrunnen steht eine Bank, und ich setze mich, hebe mein Gesicht zur Sonne und schließe die Augen. Die winterliche Sonne ist eine Wohltat, sie brennt und sticht nicht. Es war nicht leicht, die Nabelschnur zu Deutschland durchzutrennen, die letzte Verbindung zwischen mir und den Deutschen zu zerreißen. Der deutsche Paß ist ein angesehener Paß, die Deutschen haben es in unerhört kluger und zäher Fleißarbeit verstanden, ihrem Namen wieder zu Ansehen in der Welt zu verhelfen, während die Israelis es verstanden haben, ihren guten Namen zu ruinieren. Hinter dem deutschen Paß steht eine führende Wirtschaftsmacht, ein einflußreiches Land, und hinter dem israelischen Paß steht eine unbedeutende Nation.
Welch ein Land habe ich? Ein kleines Land, ein karges

Land, ein schmutziges Land, ein lautes Land, ein Land in permanenter Gefahr. An mir gehen zwei Soldaten mit ihren Gewehren vorbei. Im ganzen Land laufen sie herum, um Stärke zu demonstrieren. Aber wer stark ist, muß es nicht zeigen. In Amerika laufen die Männer nicht offen mit dem Gewehr durch die Straßen. In Israel aber demonstrieren die Rekruten und im Libanon die Palästinenser mit ihren Gewehren Stärke: Seht, uns kann nichts passieren. Und alle Nase lang gehen Bomben hoch, explodieren Sprengladungen; Tote und Verletzte, wen's trifft, den trifft's halt. Die Sonne wird wärmer, und ich ziehe meine Jacke aus. Was ist an diesem Land schön? Nichts, außer daß es mein Land ist. Ich bin aus einer komfortablen, reich ausgestatteten, exklusiven Mietwohnung in ein enges, zerfallenes, gefährdetes Haus gezogen, aber es ist mein Haus. So kommt mir der Umzug von Deutschland nach Israel vor. Ich brauche keinen deutschen Paß mehr, auch wenn er Grenzen öffnet und es sich mit ihm wunderbar reisen läßt. Vier Wochen später hole ich bei der Botschaft der Bundesrepublik Deutschland die letzte Urkunde ab, die mir die Bundesrepublik ausstellen kann: »Lea Fleischmann hat mit dem Zeitpunkt der Aushändigung dieser Urkunde die deutsche Staatsangehörigkeit durch Verzicht verloren.« Gezeichnet Schmidt.

Ohne Protektion bist du ein Nichts

Es gibt eine Stadt in Israel, die heißt Beer Sheva. Beer Sheva hat historische Qualitäten. An diesem Ort schloß unser Erzvater Abraham einen Bund mit Abimelech, dem dort ansässigen König, und sie versprachen einander, sich nicht mehr zu bekriegen, und besiegelten das durch Schwur an einem Wasserbrunnen. »Daher heißt die Stätte Beer Sheva, weil sie beide miteinander da geschworen haben.« So erzählt die Bibel.

Die Stadt liegt inmitten der Negevwüste, sie ist das Zentrum des südlichen Israel. In einem Touristenprospekt wird sie folgendermaßen beschrieben: »Mit ihrer reichen Vergangenheit und vielversprechenden Zukunftsaussichten ist Beer Sheva eine der faszinierendsten Städte Israels.« Mich hat Beer Sheva nie interessiert, trotz der angeblichen Faszination und der vielversprechenden Zukunft käme ich nie auf den Gedanken, mich dort niederzulassen. Erstens ist die Wüste heiß. Zweitens, trotz des heißen Klimas liegt Beer Sheva nicht am kühlenden Meer. Und drittens brauche ich über die Besiedlung Beer Shevas nicht nachzudenken, denn ich will dort nicht siedeln.

Eine der großen Errungenschaften Israels ist, daß dem Neueinwanderer das Recht auf eine Wohnung zusteht. Diese mit staatlichen Mitteln gebauten Wohnungen sind preisgünstig und so finanziert, daß auch ein Neueinwanderer, der ohne Geld kommt, sie mit staatlichen Krediten kaufen kann. Und wie jede Sache, auf die man ein Recht hat oder die man vom Staat billig erwerben kann, hat sie einen Haken. Die neuerrichteten Wohnungen werden selbstverständlich nicht in den bevorzugten Gebieten wie Tel Aviv, Haifa oder Jerusalemer Innenstadt errichtet, sondern in besetzten, teilweise unerschlossenen oder dünnbesiedelten Gebieten mit schwacher Infrastruktur, wo diejenigen, die sich aus eigenen Mitteln eine Wohnung kaufen können, nicht hinziehen wollen. Auf jeden Fall wurden in der faszinierenden Stadt Beer Sheva Wohnungen für Neueinwanderer gebaut und zu günstigen Bedingungen angeboten. Zur Zeit kommen die meisten Neueinwanderer aus der Sowjetunion. Ich gebe gerne zu, daß es unter ihnen Idealisten gibt, die mit ganzer Seele nach Zion streben. Aber die meisten wollen einfach dem kommunistischen System entfliehen und nach Amerika, in den goldenen Westen. Viele gehen auch diesen Weg. Einige, die kein Visum bekommen haben oder auf die israelische Propaganda hereingefallen sind, die ihnen goldene Schätze im Heiligen Land versprochen hat, sind gekommen. Für den Neueinwanderer aus der Sowjetunion ist das Einwanderungszentrum in Gilo der erste Schock. »So habe ich mir das nicht vorgestellt«, sagt Ludmilla, die vor einem Monat mit ihrer Familie hier eingetroffen ist. »Die Zimmer sind ja so ärmlich eingerichtet.« Ich muß zugeben, die Staatsmöbel sind nicht Erste-Klasse-Qualität, brauchbar, aber nicht schön. »Und die Gegend, das ist ja wie in der Wüste.« Das stimmt. Insbesondere, wenn man die paar kümmerlichen Bäumchen, die in Gilo gepflanzt werden, mit der Naturpracht in Leningrad vergleicht. Sie weiß aber noch nicht, daß sie erst am Rande der Wüste steht, richtig sandig und steinig wird es erst hinter Jerusalem. »Sagen Sie mal«, spricht sie mich an, »wo bekommt man hier Wohnungen?«

»Ich weiß nicht genau, aber ich glaube, zur Zeit wird viel in Beer Sheva gebaut.« »Beer Sheva? Wo ist das?«

»Zwei Stunden von Jerusalem entfernt.«

»Und in Haifa? Wir haben nämlich Verwandte in Haifa und würden gerne dort wohnen.«

»Keine Ahnung«, antworte ich. »Aber ich glaube nicht, daß momentan Wohnungen in Haifa für Neueinwanderer gebaut werden.«

Nach einiger Zeit sprechen wir uns wieder. Man hat ihrer Familie eine Wohnung in Beer Sheva angeboten, und weil andere Wohngebiete ihr noch weniger zusagten, hat die Familie beschlossen, nach Beer Sheva zu ziehen. Ludmilla ist sehr enttäuscht. So hat sie sich das alles nicht vorgestellt. Sie hatte gedacht, wenn sie nach Israel käme, würde man sie auf Händen tragen, goldene Zeiten hatte man ihnen versprochen und von der Wüste kein Wort gesagt. Bittere Tränen vergießt sie und hat ihren Verwandten geschrieben, sie sollten auf gar keinen Fall nach Israel kommen. »In die Wüste schickt man uns.«

Sie ist eine robuste, rotwangige vierzigjährige Frau, die mit Väterchen Frost aufgewachsen ist. Die Kälte macht ihr nichts aus, aber in der Hitze in Beer Sheva zu leben, kann sie sich nicht vorstellen. Es ist ihr schon heiß genug in Jerusalem, und nun die Wüste. Mit tausend Flüchen verwünscht sie die Einwanderungsbehörde.
Ludmilla ist nach Beer Sheva gezogen. Eines Morgens kam ein kleiner Möbelwagen, und sie haben die paar Habseligkeiten eingepackt. Das Wichtigste sind der Kühlschrank, die Waschmaschine und der Fernseher. Das sind die ersten Gegenstände, die ein Neueinwanderer sich hier mittels staatlicher Kredite anschafft. Ludmilla kam herein, um sich zu verabschieden.
»Komm mich besuchen«, sagte sie und gab mir ihre neue Adresse.
Nach ein paar Wochen fahre ich zu ihr. Im Jerusalemer Busbahnhof steige ich in den Bus, und ein Soldat setzt sich neben mich. Das Gewehr stellt er vor sich hin. Wir fahren bereits eine halbe Stunde, und der Mann beginnt ein Gespräch.
»Fährst du auch nach Beer Sheva?«
»Ja«, antworte ich.
»Kennst du Beer Sheva?«
»Nein, es ist das erste Mal, daß ich hinfahre.« »Ich muß ins Sorokko-Krankenhaus, mein Vater wurde operiert.«
»Wieso gerade in Beer Sheva?«
»Sorokko ist eines der größten Krankenhäuser im Süden«, erzählt er. »Beer Sheva ist eine schöne Stadt.«
»Bist du von dort?« frage ich ihn.
»Nein, meine Schwester wohnt in Beer Sheva, schon dreizehn Jahre, die Stadt entwickelt sich, wirklich eine schöne Stadt, du wirst sehen.«
»Bist du beim Militär?« will ich wissen.
»Ich habe gerade Reservedienst.«
»Muß man oft zum Reservedienst?«
»Einmal im Jahr, ungefähr einen Monat.«

»Ist das schlimm?«
»Nein, für mich nicht. Ich muß dann einen Monat meine Frau nicht sehen.« Danach erzählt er mir seine Ehegeschichte. Seit elf Jahren verheiratet, drei Kinder, mit der Frau versteht er sich nicht, scheiden lassen können sie sich auch nicht, erstens wegen der Kinder und zweitens wegen der Wohnung, die ihnen gemeinsam gehört. Auf jeden Fall, als wir in Beer Sheva ankommen, möchte er sich gern mit mir verabreden.
»Nein, nein«, wehre ich ab.
»Warum nicht, darf ich dich wenigstens einmal besuchen?«
»Ich möchte auch keine Besuche, danke schön.«
»Gefalle ich dir nicht?« fragt er.
Die Männer haben hier etwas Aufdringliches an sich.
»Nächsten Monat heirate ich.« Dieses Argument wird anstandslos akzeptiert. Wir sind in Beer Sheva und steigen aus. Mit dem städtischen Bus fahre ich zu Ludmilla. Ich komme unangemeldet, denn sie hat kein Telefon. Sie wohnt in einer Neubausiedlung, israelischer Einheitsbau. Die Häuser sind vier- bis sechsstöckig, am Straßenrand hat man kleine Bäumchen eingesetzt, um die Häuser gibt es noch keine Grünflächen. Im Hauseingang spielen ein paar Kinder, die Wände sind, obwohl das Haus noch neu ist, mit Kinderzeichnungen bekritzelt. Vom dritten Stock ruft eine Frau herunter:
»Uri, Uri, komm rauf essen!«
»Ich will nicht!« schreit Uri zurück.
»Du sollst sofort heraufkommen, hast du gehört, das Essen wird kalt!«
»Nein, wir spielen gerade!«
»Komm sofort herauf, du Bastard!« schreit die Mutter.
Uri ist inzwischen mit den anderen Kindern hinters Haus gelaufen.
Ludmilla wohnt im ersten Stock. »Lea«, sagt sie, als sie die Tür öffnet, »das freut mich, daß du gekommen bist.« Um den Kopf hat sie ein Tuch geschlungen, sie

trägt eine feuchte Kittelschürze und ein paar Holzsandalen.
»Meine Waschmaschine ist kaputt, und ich habe heute große Wäsche.« Diese Waschmaschine bietet Anlaß zu Verwünschungen. »Eine neue Waschmaschine, ein halbes Jahr alt, und sie geht nicht. Ich Dummkopf habe ein israelisches Fabrikat gekauft. Hätte ich mir eine amerikanische oder französische oder eine deutsche zugelegt, dann hätte sie doch wenigstens gewaschen. Zwanzigmal habe ich schon den Mechaniker angerufen, und jedesmal sagt er mir: ›Morgen.‹ Willst du einen Kaffee?«
»Ich wollte dich nicht stören, Ludmilla.«
»Du störst mich nicht, die Wäsche wird mir nicht weglaufen.«
»Hast du dich hier eingelebt?«
»Na ja, die Wohnung ist nicht schlecht. Sie ist auch nicht gut, aber sie ist nicht so schlecht, wie sonst alles in diesem Land. Die Nachbarn sind ekelhaft, besonders die über mir. Jedesmal, wenn ich Wäsche auf dem Balkon aufhänge, schüttelt *sie* ihren Teppich aus. Hundertmal habe ich ihr schon gesagt, sie soll das unterlassen, aber sie hört nicht auf. Und weißt du, warum sie das macht? Weil sie Russen nicht leiden kann.«
»Woher kommen die Nachbarn?«
»Weiß ich nicht genau. Das sind Marokkaner oder Iraker oder Perser oder so was ähnliches. Unzivilisiertes Volk.«
Ludmilla geht in die Küche, um den Kaffee zu machen. »Schau dich ein bißchen um«, sagt sie. Es ist eine Dreizimmerwohnung. Das Wohnzimmer ist verhältnismäßig groß, Schlafzimmer und Kinderzimmer sind dafür winzige Löcher. Die Küche hingegen ist geräumig genug, daß man dort essen kann. Sowohl Küche wie auch Wohnzimmer haben einen Balkon. Das Schlafzimmer ist eingerichtet, das Wohnzimmer steht, bis auf eine Couch und einen kleinen Tisch, noch leer.

»Wie habt ihr die Wohnung und die Möbel bezahlt?« frage ich.
»Wir haben einen Kredit bekommen, den wir zwanzig Jahre abzahlen müssen.«
»Arbeitet dein Mann?« erkundige ich mich.
»Ja, er ist Ingenieur, aber hier muß er als einfacher Techniker arbeiten. Seine Prüfungen aus Rußland haben sie nicht anerkannt. Ich suche auch Arbeit, habe aber als Grafikerin noch nichts gefunden.«
»Ich sehe, daß es dir ganz gut geht, Ludmilla.« »Das nennst du gut? In Rußland hat mein Mann eine ganze Abteilung geleitet, er war Direktor einer kleinen Fabrik.«
»Ich verstehe nicht ganz, Ludmilla, warum seid ihr überhaupt aus Rußland weggegangen?«
»Warum, warum, weil man erzählt hat, in Israel bekommt man Wohnungen und Autos, und man kann hinreisen, wohin man will, es sei ein freies Land. Kannst du mir sagen, von welchem Geld wir reisen sollen? Von dem, was mein Mann verdient? Davon können wir gerade die Kredite zurückzahlen. Meine Freiheit ist Beer Sheva, ich kann hier den ganzen Tag spazierengehen und mich in der Sonne braten. Ich wollte in Haifa wohnen, aber dort bekommt man keine Wohnung oder nur, wenn man Protektion hat. Sowieso bekommt man hier alles, wenn man Protektion hat, es ist genauso wie in Rußland.«
Ich habe meinen Kaffee ausgetrunken, es ist ungefähr zwölf Uhr mittags, und ich verabschiede mich. »Bleib doch zum Essen da«, fordert mich Ludmilla auf.
»Nein danke, ich möchte mir noch ein bißchen Beer Sheva ansehen, bevor ich zurückfahre.«
Von Ludmilla gehe ich Richtung Universität. »Am besten«, überlege ich mir, »ist es, in der Mensa zu essen, von dort kann ich dann zum Busbahnhof laufen und zurückfahren.« Die Universität sieht neu und im Gegensatz zu den Straßen relativ gepflegt aus. Zwischen den

Gebäuden liegt ein Zierrasen mit Blumenbeeten. Daneben steht ein Stein mit dem Namen des edlen Spenders aus Chicago, der diesen Garten zum Andenken an seine Eltern anlegen ließ. An jedem Gebäude sind die Namen der großzügigen Spender eingemeißelt, in Stein verewigt. Nachdem ich gegessen habe, setze ich mich auf eine Bank unter einem Baum, ein paar Studenten haben sich auf dem Rasen ausgebreitet, und plötzlich steht eine Gruppe Amerikaner vor mir. Ein Reiseleiter führt sie durch das Universitätsgelände. Ältere Damen und Herren, jeder trägt ein Namensschildchen mit einem Abzeichen, das ihn als Mitglied eines zionistischen Vereins in den Staaten ausweist. Sie sind nicht auf Vergnügungsfahrt, sondern auf einer Studienreise, in 14 Tagen werden sie durch das ganze Land geschleust, um *beautiful* Israel kennenzulernen, damit sie genau wissen, wofür sie ihr Geld spenden. Solche Gruppen kenne ich schon aus dem Einwanderungszentrum. Fast jeden Tag wird Touristen das Einwanderungszentrum gezeigt, wird ihnen genau erklärt, wie wir Neueinwanderer in das israelische Leben integriert werden. Wir werden bestaunt wie die Affen im Zoo, und wenn die Amerikaner am Kindergarten vorbeikommen, ergehen sie sich in Entzückungsrufen über die *lovely children,* als gäbe es in Amerika keine Kinder. Dann werden die Fotoapparate gezückt: *Ma and Dad* vor dem Einwanderungszentrum, damit man den Verwandten und Bekannten in New York, Chicago und Los Angeles bei der nächsten Party dieses *beautiful country* mit den *poor people from the Sovjetunion* vorführen kann. Für sie haben wir Geld gespendet, und *we need much more money money money for our poor Israel.* Ich stehe auf und laufe hinter dieser *how nice-how beautiful-how lovely*-Gruppe her, aus der mit Sicherheit keiner seinen Wohnsitz in diesem *wonderful holy land* aufschlagen wird, und würdige mit ihr gemeinsam die Universität, *that was built from our dollars.* Wir

werden in eine Aula geführt, dort findet ein Diavortrag statt. Der Dozent, ein etwa vierzigjähriger Israeli, spricht englisch mit starkem Akzent. Er beginnt mit einer allgemeinen Beschreibung des Negev, dem südlichen Teil Israels.
Der Negev ist eine imponierende Wüstenlandschaft. Wenn das Licht sich am Horizont bricht, schillert die Steinwüste rosa, rot und lila. *»Beautiful, these colors«*, bemerkt die Dame neben mir. Danach wird eine Landkarte an die Leinwand projiziert. »Hier sehen wir den Negev mit seinen großen und kleinen Siedlungen, Beer Sheva als Zentrum, Dimona südöstlich und Elat unten«, führt der Vortragende aus. Danach wird eine Karte mit kleinen Kreisen gezeigt. »Das sind Orte, die vorerst noch in Planung sind, und für den Aufbau, meine sehr verehrten Gäste, brauchen wir Ihre Hilfe. Wir erschließen den Negev«, erklärt er, »und sowohl Neueinwanderer als auch junge Paare sollen hier angesiedelt werden. Wir werden Straßen und Kraftwerke bauen, Schulen und Krankenhäuser errichten und brauchen Ihre Unterstützung zur Durchführung dieses großartigen Projektes.« Der Vortrag ist beendet, die Anwesenden klatschen, das Ganze war ein wenig langweilig, und die Goodwill-Touristen sind froh, daß sie das Besichtigungsprogramm für heute hinter sich haben. Sie fahren mit ihrem klimatisierten Bus in ihr klimatisiertes First-class-Hotel, bekommen ein paar Prospekte in die Hand gedrückt und werden ihren Vereinsfreunden drüben in den Staaten das großartige Projekt erklären. Ich habe vorgesorgt, mit mir wird man dieses großartige Projekt nicht durchführen, denn ich habe mir rechtzeitig Protektion verschafft.
Nachdem ich verkündet hatte, daß ich meinen weiteren Lebensweg in Israel zu gehen gedächte, hörte ich von allen möglichen Leuten: »In Israel bist du ein Nichts ohne Protektion.« Ein Nichts wollte ich auf keinen Fall sein, aber wie verschafft man sich Protektion

in einem Land, das man nicht kennt, dessen Sprache man nicht spricht, in dem man keine einflußreiche Verwandtschaft hat und über kein nennenswertes Bankkonto verfügt? Keine leichte Sache, man muß schon ein bißchen nachdenken. Der Weg war mir klar. Ich mußte Kontakt zu offiziellen israelischen Stellen aufnehmen. Aber wie nimmt man Kontakt auf, wenn man keine Beziehungen hat? Eine Beziehung fiel mir doch ein. Ich war Gewerkschaftsmitglied und bekam jeden Monat die Gewerkschaftszeitung zugeschickt, und in dieser Zeitung las ich, daß eine deutsche Lehrergruppe in Israel gewesen sei und im kommenden Jahr eine israelische Lehrergruppe in der Bundesrepublik erwartet werde. Ich setzte mich ans Telefon und rief die Gewerkschaft an: »Vor einiger Zeit las ich in Ihrem Mitteilungsblatt, daß eine Lehrerdelegation nach Israel gereist ist, und ich würde gerne mit dem zuständigen Sachbearbeiter darüber sprechen. Ich habe ein paar Fragen.«
Glücklicherweise wußte die Gewerkschaftsdame, wer dafür zuständig war, und verband mich mit dem entsprechenden Herrn, sein Name war Wert, und er hatte überhaupt keine Zeit. Wir verabredeten uns für den nächsten Vormittag. Ich bevorzuge das persönliche Gespräch, denn erstens kann ich am Telefon meinen Charme nicht richtig einsetzen und zweitens die Wirkung auf mein Gegenüber schlecht einschätzen. Am nächsten Morgen erschien ich pünktlich zu der Verabredung. Das Gespräch war sachlich, seriös und politisch. Wir klärten das bundesrepublikanische Klima ab, und beiläufig fragte ich nach einem Kontaktmann in Israel. Herr Wert war hilfsbereit und händigte mir gleich die Fotokopie eines Briefes aus, den der Vorsitzende der israelischen Lehrergewerkschaft, Herr Stern, an ihn geschrieben hatte. Mit diesem offiziellen Schreiben verließ ich das Gewerkschaftshaus und trat meine Vorbereitungsreise nach Tel Aviv an. Ich kam

mit dem österlichen Pilgerstrom nach Tel Aviv, und bei der nächstbesten Gelegenheit rief ich im Gewerkschaftshaus an. Eine Frau meldete sich: *»Central Committee of the Israel Teachers Union.«*
»Ich möchte gerne mit Herrn Dr. Stern sprechen.«
»Wer spricht?«
»Lea Fleischmann aus Frankfurt.«
»Herr Dr. Stern ist nicht zu sprechen.«
»Wann ist er zu sprechen?«
»Herr Dr. Stern ist beschäftigt.«
»Wann kann man ihn erreichen?«
»Das kann ich Ihnen nicht sagen.«
Ich merkte, daß ich mit der Dame nicht vorankam, und deswegen warf ich ein kleines Reizwort in das Gespräch. »Ich rufe auf Empfehlung der GEW an.«
GEW (Gewerkschaft für Erziehung und Wissenschaft), das wirkte.
»GEW Germany?«
»Ja.«
»Einen Moment bitte.«
Sie verband mich mit einem Herrn.
»Spreche ich mit Herrn Dr. Stern?« fragte ich.
»Nein, aber darf ich wissen, um was es geht?«
»Ich rufe auf Empfehlung der GEW Germany an.«
»In welcher Angelegenheit?«
»Ich möchte gerne mit Herrn Dr. Stern persönlich sprechen.«
»Im Auftrag der GEW Germany?«
»Ja.«
Die GEW Germany weiß gar nicht, zu welcher Ehre sie inzwischen gelangt war, ich hatte mich soeben zum Beauftragten der Gewerkschaft befördert.
Der Herr verband mich mit einer neuen Dame.
»Sie rufen im Namen der GEW Germany an?« meldete sie sich.
»Ja. Ich möchte mit Herrn Dr. Stern sprechen.«
»Einen Moment bitte.«

Endlich hatte ich den lang Gesuchten am Telefon. »Ich habe Ihre Telefonnummer von Herrn Wert von der GEW bekommen«, begann ich das Gespräch, »und würde mich gerne mit Ihnen treffen.« Wert war prima. Ein persönlicher Name ist noch besser als die anonyme Institution.

»Leider habe ich im Moment keine Zeit«, antwortete er mir. »Worum handelt es sich?«

»Mir persönlich wäre es lieber, wenn wir einen Termin vereinbaren könnten. In den nächsten zwei Wochen bin ich jederzeit abkömmlich.« Selbstverständlich brauchte ich einen Termin. Ein Telefongespräch nützte mir nichts. Meine sprichwörtliche Ausstrahlungskraft kam schließlich nur im persönlichen Gespräch zur Geltung, und außerdem konnte ich am Telefon nicht erklären, daß ich Protektion brauchte. »Gut«, sagte er, »kommen Sie übermorgen um 8.30 Uhr vorbei.« Ich kam pünktlich wie bestellt in sein Büro.

Das Gewerkschaftshaus ist ein Prachtbau in der feinsten Gegend Tel Avivs. Arm ist die Gewerkschaft anscheinend nicht. Ich suchte das Büro von Herrn Dr. Stern im vierten Stock auf und meldete mich im Vorzimmer.

»Ich bin mit Herrn Dr. Stern verabredet.«

»Herr Dr. Stern ist noch nicht da.«

»Wann kommt er denn, ich bin um 8.30 Uhr verabredet.«

»Das kann ich Ihnen leider nicht sagen«, antwortete die Vorzimmerdame, »aber wenn er verabredet ist, wird er kommen.«

Es blieb mir nichts anderes übrig, ich nahm auf dem Flur Platz und wartete. Ich wartete zehn Minuten, 20 Minuten, eine halbe Stunde und ging wieder ins Vorzimmer.

»Entschuldigen Sie bitte«, sagte ich. »Ist Herr Dr. Stern inzwischen gekommen, oder hat er angerufen?« Vielleicht war etwas passiert, und er war ver-

hindert, oder möglicherweise gab es einen Nebeneingang.
»Nein, er ist weder da, noch hat er angerufen. Gedulden Sie sich, wenn er gesagt hat, er kommt, dann kommt er.«
Wenn ich nicht unbedingt etwas von ihm gewollt hätte, hätte ich nicht gewartet. Ich fand es eine Zumutung, mich für 8.30 Uhr zu bestellen und um 9.00 Uhr noch nicht da zu sein. 9.15 Uhr erschien der besagte Herr, er brauchte nochmals 15 Minuten, um sich in seinem Büro zu akklimatisieren, und ließ mich rufen.
Ich erwartete ein Wort der Entschuldigung, aber nichts kam.
»Ich bin Lea Fleischmann«, stellte ich mich vor, »und war heute morgen um 8.30 Uhr mit Ihnen verabredet.«
»Ich weiß, und womit kann ich dienen?«
»Ich bin Gewerkschaftsmitglied in der GEW Germany«, begann ich mein Anliegen vorzutragen, »und Herr Wert meinte, ich solle mich an Sie wenden. Ich beabsichtige, nach Israel einzuwandern, und wollte Sie nach Berufsmöglichkeiten fragen.«
»Ach, Herr Wert schickt Sie. Wie geht es ihm denn?«
»Ausgezeichnet«, antwortete ich, obwohl ich keine Ahnung hatte, wie es ihm ging.
»Kennen Sie Herrn Wert näher?« fragte mich Dr. Stern.
»Ja, ich kenne ihn recht gut.« Ich mußte ja nicht sagen, daß ich ihn nur eine halbe Stunde lang kannte. »Er ist ein netter Mann.« Das konnte nicht falsch sein.
»Ja«, stimmte Dr. Stern zu. »Wenn ich in Deutschland bin, habe ich mit ihm zu tun. Kennen Sie Herrn Frister?«
Frister ist der Chef der GEW Germany.
»Dem Namen nach«, gab ich zu verstehen. Herr Stern hatte natürlich keine Ahnung, daß ein Basismitglied wie ich überhaupt nicht zur Funktionärsspitze hinaufreicht.

Noch einmal mein Sprüchlein. »Ich hätte gern eine informelle Auskunft über meine Berufsmöglichkeiten in Israel.« »Welche Lehrtätigkeit üben Sie aus?«
»Ich bin Studienrätin im beruflichen Schulwesen.«
Herr Dr. Stern hatte keine Ahnung, was das ist, denn erstens gibt es in Israel keine Studienräte und zweitens kein berufliches Schulwesen.
»Was unterrichten Sie denn?«
»Eigentlich alles, aber ausgebildet bin ich in Pädagogik und Psychologie.« Damit konnte er etwas anfangen. Pädagogik und Psychologie kennt man auch in Israel.
»Sie müssen mir ein wenig mehr von Ihren Erfahrungen erzählen«, forderte mich Dr. Stern auf. »Aber jetzt habe ich keine Zeit. Könnten wir uns morgen nachmittag treffen?«
Mein Charme hatte also gewirkt. Mein Lächeln war umwerfend gewesen, meine scheue Zurückhaltung und mein wissenschaftlicher Touch anziehend.
»Aber natürlich. Bis morgen«, verabschiedete ich mich.
Am nächsten Tag ging ich wieder in sein Büro. Wir unterhielten uns über die politische Situation in der BRD und in Israel, über Berufsaussichten, Einwanderungs- und Integrationsprobleme, und nach einer Stunde brach ich auf.
»Falls Sie irgendwelche Hilfe brauchen, wenden Sie sich ruhig an mich«, verabschiedete er mich.
»Danke.« Geschafft, ich hatte Protektion.
Was für eine geschickte Taktik das war, merke ich erst jetzt, wo ich es mit israelischen Behörden zu tun habe. Einem Bekannten von mir, der in Frankfurt lebt, gehörte eine Wohnung in Ramat Gan in der Nähe von Tel Aviv. Schon mehr als 20 Jahre lebte in dieser Wohnung ein altes Ehepaar, und die alten Leute wollten Ramat Gan verlassen und nach Herzlia, in die Nähe ihres Sohnes, ziehen. Nach israelischem Gesetz ist es möglich, eine Wohnung auf Schlüsselgeld zu kaufen, das bedeu-

tet, man bezahlt einen größeren Betrag an, bevor man in die Wohnung einzieht, und ist nicht mehr kündbar. Man ist dann der Besitzer der Wohnung, aber nicht Eigentümer. Der Besitzer hat das Recht, sich vom Eigentümer auszahlen zu lassen, wenn er ausziehen will. Eine etwas komplizierte Angelegenheit. Jedenfalls, gerade um die Zeit, als ich meine Auswanderung plante, schrieb das besagte Ehepaar Meisel an den Wohnungseigentümer und bat um Auszahlung aus dem genannten Grund. Nun bot mir mein Bekannter an, die Wohnung zu kaufen. Wir gingen zu einem Notar in Frankfurt und setzten einen Kaufvertrag auf. Ich kaufte die Wohnung samt den Eheleuten Meisel, das heißt, ich übernahm es, sie auszuzahlen. So ein Kaufvertrag muß durch das Gericht bestätigt werden, das dauert einige Wochen, und mein Notar versprach, mir den Vertrag so schnell wie möglich nachzuschicken.
Einer meiner ersten Wege nach meiner Einwanderung führt nach Ramat Gan zum Ehepaar Meisel. Zwei nette alte Leutchen, er hört nicht mehr gut, und sie schreit ihm dauernd ins Ohr.
»Guten Tag, ich bin Lea Fleischmann, die neue Wohnungseigentümerin«, sage ich an der Haustür. »Ich habe die Wohnung gekauft.«
»Wer ist da?!« tönt es vom hinteren Zimmer.
»Eine Frau, sie hat die Wohnung gekauft!« schreit Frau Meisel zurück.
»Ich habe keine Wohnung gekauft!« brüllt er.
»Nicht du, sie hat gekauft.«
Frau Meisel läßt mich an der Tür stehen und läuft zu ihrem Mann, um ihm die Sachlage zu erklären. Dann bittet sie mich einzutreten. Herr Meisel ist ein großer, hagerer, achtzigjähriger Mann. Er hustet mich dauernd an.
»Sie haben die Wohnung gekauft?«
»Ja.«
»Was?«

»›Ja‹, sagt sie!« schreit seine Frau.
»Gut«, sagt er, »wo ist das Papier?«
»Welches Papier?« frage ich.
»Das Papier, auf dem steht, daß Sie die Wohnung gekauft haben.«
»Ach so, der Kaufvertrag, der muß noch vom Gericht in Frankfurt bestätigt werden, und dann schickt mein Notar ihn mir zu.«
»Dann kommen Sie wieder, wenn Sie den Kaufvertrag haben«, erklärt er mir.
»Ich wollte nur gerne wissen, wieviel Sie ungefähr ausgezahlt haben wollen.«
»Darüber reden wir später, wenn Sie den Kaufvertrag haben«, sagt Herr Meisel.
»Gut, aber ungefähr, ich muß irgendeinen Anhaltspunkt haben«, erkläre ich. Herr Meisel mustert mich, man sieht, er ist ein ehemaliger Geschäftsmann, und sagt: »Sagen wir 200000 Lira.« Nun kommt Schritt Nummer zwei. Ich besitze keine 20000 Lira, geschweige denn 200000. Aber auch dafür ist gesorgt. Als Neueinwanderer kann ich einen Wohnungskredit aufnehmen. Ich stelle beim Wohnungsamt einen Kreditantrag, und ein Sachbearbeiter erklärt mir, alles sei in Ordnung, ich solle nur meinen Kaufvertrag bringen. Nach vier Wochen kommt mein vom deutschen Gericht ordnungsgemäß gestempelter Kaufvertrag. Ich gehe damit zum Wohnungsamt. »Sehr gut«, sagt der Sachbearbeiter, »Sie müssen nun zum Grundbuchamt gehen, dort wird der Name des Eigentümers geändert. Danach kommen Sie zu uns, wir geben der Bank Anweisung, und die überweist den Kredit auf Ihr Konto. Damit können Sie das alte Ehepaar auszahlen.«
Am nächsten Tag fahre ich nach Ramat Gan zum Grundbuchamt. Dort wird mein Kaufvertrag geprüft und für untauglich befunden.
»Der Wohnungseigentümer, der Ihnen die Wohnung

verkauft hat, muß zur Unterschrift hierherkommen«, erklärt mir der Beamte.
»Der Wohnungseigentümer ist krank und kann nicht extra aus Deutschland hierherkommen«, antworte ich, »aber der Kaufvertrag ist vom Notar und von einem deutschen Gericht bestätigt worden.«
»In Israel gelten israelische Gerichte«, belehrt er mich. »Aber es gibt eine Möglichkeit, schicken Sie den Kaufvertrag nach Bonn an unsere israelische Botschaft, die sollen die Unterschrift des Verkäufers beglaubigen, und dann können wir die Umtragung vornehmen.«
Es bleibt mir nichts anderes übrig, ich werde den Kaufvertrag zurückschicken und meinen Notar bitten müssen, eine Bestätigung der israelischen Botschaft einzuholen. Weil ich nun schon in Ramat Gan bin, beschließe ich, dem Ehepaar Meisel einen Besuch abzustatten. Wie beim erstenmal macht Frau Meisel die Tür auf und schreit nach hinten: »Die Frau von der Wohnung ist da!«
»Wer?!« tönt es zurück.
»Die Frau von der Wohnung.« Frau Meisel läßt mich wieder draußen stehen und geht zur Beratung ins Hinterzimmer. Nach einigen Minuten bittet sie mich herein. Ich werde ins Wohnzimmer geführt, und sie bietet mir Kaffee und Plätzchen an. Wir sind uns schon nähergekommen, ich erzähle ein wenig vom Einwanderungszentrum, und sie erzählen mir, daß sie, als sie seinerzeit, vor über vierzig Jahren, gekommen seien, nichts, aber auch gar nichts bekommen hätten.
»In Baracken mußten wir wohnen, uns hat man damals nichts gegeben, und heute wird den Neueinwanderern alles nachgeschmissen«, stellt Frau Meisel fest.
»Ja«, sage ich. Ich weiß nicht so recht, was ich darauf antworten soll. Nun hole ich mein Papier aus der Tasche, und Herr Meisel studiert den Kaufvertrag.
»Das ist Deutsch«, stellt er fest.
»Ja, stimmt«, bekräftige ich.

»Das gilt hier nicht, da muß ein Stempel einer israelischen Behörde drauf sein.« Man sieht wieder, Herr Meisel war Geschäftsmann, er kennt sich aus.
»Ich weiß das inzwischen, der Vertrag wird an die israelische Botschaft in Bonn zurückgeschickt.«
»Gut«, sagt er, »kommen Sie wieder, wenn er bestätigt ist«, und fügt hinzu: »Wir werden uns dann schon einig werden, Sie wissen, ich verlange 290000 Lira.«
Inzwischen habe ich mich an das israelische Inflationstempo gewöhnt, aber in einem Monat fast 50 Prozent mehr, das finde ich zuviel. Ich habe noch niemals derartige Geschäfte abgeschlossen, es ist das erste Mal, daß ich eine Wohnung kaufe, und mir wird ganz schwindlig bei dem Gedanken, was geschieht, wenn es jetzt noch zwei Monate dauert, bis der Vertrag zurückkommt.
»Ist das Ihr letztes Wort?« frage ich.
»Hier gibt es kein letztes Wort«, klärt mich Herr Meisel auf. »Hier ist Inflation, und das letzte Wort ist dann, wenn wir den Übergabevertrag unterschreiben und Sie mich auszahlen.«
Mit Kopfschmerzen verlasse ich das Ehepaar Meisel.
In Jerusalem angekommen, beginne ich fieberhaft tätig zu werden. Ich schreibe expreß an meinen Notar, er solle sich mit der Beglaubigung beeilen, laufe zum Wohnungsamt und schwöre, daß der Kaufvertrag echt ist. Nichts sei gelinkt, es sei nur eine Frage der Zeit, bis die Beglaubigung in Bonn ausgestellt werde. Es hilft nichts. Der Sachbearbeiter beharrt darauf, daß ich ohne Grundbucheintrag keinen Kredit bekommen kann, und ohne Kredit kann ich keinen Übergabevertrag mit Ehepaar Meisel schließen. Herr Meisel setzt mich zusätzlich unter Druck, er habe inzwischen eine Wohnung gefunden, die er seinerseits kaufen wolle, das Geld müsse schnell her. Außerdem steigen die Preise täglich; was sage ich, täglich? Stündlich. Es vergehen zwei Wochen, ich rufe in Frankfurt und Bonn an, noch nichts hat sich getan, drei Wochen, vier Wochen.

Ich bin inzwischen nochmals bei Familie Meisel gewesen; sie wollen nun schon 350000 Lira, und es ist abzusehen, daß bald der gesamte Kredit nicht ausreichen wird, um ihre Forderung zu erfüllen. Außerdem sind sie mitten in Verhandlungen, ich muß das Geld haben, es muß zu einem Abschluß kommen. Verzweifelt suche ich nochmals das Wohnungsamt auf.
»Haben Sie nun endlich Ihren beglaubigten Vertrag?« empfängt mich der Sachbearbeiter.
»Nein, aber ich beschwöre Sie, können Sie denn keine Ausnahme machen? Sie könnten meinetwegen auf meine Kosten den Notar in Frankfurt anrufen, er wird Ihnen bestätigen, daß alles in Ordnung ist.«
Der Sachbearbeiter wird ärgerlich. »Wie oft soll ich Ihnen erklären, daß ich Ihnen nicht helfen kann.« Aber weil ich so hartnäckig bin, verweist er mich an den Vorgesetzten der Behörde, Herrn Kahn.
»Ich möchte gerne Herrn Kahn sprechen«, sage ich zu der Sekretärin in Herrn Kahns Vorzimmer.
»Herr Kahn ist in einer Sitzung.« Damals wußte ich noch nicht, daß in Israel pausenlos Sitzungen abgehalten werden. Jedesmal wenn man jemanden braucht, ist er gerade in einer Sitzung.
»Wie lange dauert die Sitzung?«
»Das weiß ich nicht.« Ich beschließe zu warten. Ich warte eine Stunde, zwei Stunden, er sitzt anscheinend fest. Ich muß nach Hause gehen und frage, wann Herr Kahn zu sprechen sein wird.
»Kommen Sie morgen um zehn Uhr.«
Am nächsten Tag um zehn Uhr bin ich wieder im Vorzimmer.
»Ist Herr Kahn jetzt zu sprechen?« frage ich höflich.
»Herr Kahn mußte heute dringend nach Haifa fahren, dort ist eine wichtige Sitzung.« Mir wird schwarz vor Augen, ich muß unbedingt mit ihm reden, und der Mensch ist nicht zu erreichen.
»Wann kann ich denn nun mit ihm reden?«

»Kommen Sie morgen.«
In Israel wird mit der Zeit der Ratsuchenden umgegangen, als stehe sie ihnen unendlich zur Verfügung. Die Sekretärin findet es weder nötig, sich bei mir zu entschuldigen, weil sie mich umsonst bestellt hat, noch ist sie sich hundertprozentig sicher, ob Herr Kahn morgen wirklich anwesend sein wird. Am nächsten Tag stehe ich wieder im Vorzimmer, und die Dame zieht ein saures Gesicht. »Warten Sie, ich werde Sie anmelden.«
Nach einer Viertelstunde darf ich eintreten. Herr Kahn ist ungefähr 50 Jahre alt, macht eine wichtige Miene, und ich beginne die Sachlage zu erklären.
»Ich kann nichts machen«, sagt er. »Ohne Grundbucheintragung kann ich keine Kredite bewilligen. Sogar wenn mein eigener Bruder käme und wollte in diesem Fall einen Kredit, ich müßte nein sagen. Wir haben doch Gesetze hier, und ich muß mich nach dem Gesetz richten. Wie gern ich es auch wollte, ich kann Ihnen nicht helfen.«
»Bitte, der Vertrag muß täglich ankommen, können Sie nicht einmal eine Ausnahme machen?«
»Und wenn der Ministerpräsident persönlich käme, ich könnte nichts machen. Vorschrift ist auch hier bei uns Vorschrift.« Und damit ist unser Gespräch beendet.
In dieser Not fällt mir meine Protektion ein. Ich rufe Herrn Stern an und bitte um einen Termin. Wir verabreden uns für den nächsten Tag.
»Wie geht es Ihnen denn?« empfängt er mich.
»Danke gut«, erkläre ich.
»Und wie kommen Sie inzwischen in Israel zurecht?«
»Bestens, ein wunderbares Land.«
Um es kurz zu machen, wir bereden dieses und jenes, bis ich mit der Sprache herausrücke.
»Ich habe ein winziges Problem«, beginne ich und umreiße kurz meine Lage. »Ich brauche den Kredit vom Wohnungsamt, der Leiter will den Kredit nicht bewilli-

gen, wenn nicht bereits eine Grundbucheintragung vorgenommen worden ist; die israelische Botschaft hat den bestätigten Kaufvertrag noch nicht zurückgeschickt, ich brauche aber das Geld dringend und weiß mir nicht mehr zu helfen.«
»Und was soll ich in der Sache tun?« fragt mich Herr Stern. »Herrn Kahn von der Wohnungsbehörde anrufen.«
Er hebt den Hörer ab, läßt sich von seiner Sekretärin die Nummer der Behörde geben, bekommt Herrn Kahn an den Apparat und sagt zwei Sätze: »Hier Dr. Stern, Vorsitzender der Lehrergewerkschaft. Frau Fleischmann ist mir bekannt, und ich bitte Sie, ihr behilflich zu sein.« Das Gespräch dauert nicht einmal eine Minute.
»Gehen Sie morgen zu ihm«, rät mir Herr Dr. Stern. »Er wird alles tun, was in seiner Macht steht.«
Am nächsten Morgen gehe ich zum Wohnungsamt. Herr Kahn, der Wohnungsamtsleiter, kommt mir bereits im Vorzimmer entgegen. Wenn er mir die Schuhe hätte küssen dürfen, er hätte es getan.
»Ich habe schon alles veranlaßt«, sagt er, »der Kredit wird innerhalb vierundzwanzig Stunden an Sie ausgezahlt. Falls Sie sonst irgendwelche Schwierigkeiten haben, wenden Sie sich vertrauensvoll an mich, ich werde Ihnen jederzeit entgegenkommen.«

Mein Telefon

Jeder weiß, was ein Telefon ist, und jeder benutzt es so selbstverständlich wie eine Zahnbürste, einen Kochtopf oder ein Radio. Das Telefon ist solch eine Selbstverständlichkeit unseres Lebens geworden, daß man gar nicht auf die Idee kommt, sich ein Leben ohne Telefon vorzustellen. Ich zumindest verschwendete niemals einen Gedanken an das Telefon. Es ist da, und

wenn man es braucht, benutzt man es, oder besser, es war da, bis ich im Einwanderungszentrum landete. Hier gibt es für über 1000 Menschen vier Telefone, eines davon gehört dem Direktor und eines seiner Sekretärin, zwei fallen demnach für die Allgemeinheit von vornherein aus, bleiben zwei öffentliche Telefone. Ich kann natürlich verstehen, daß der Mangel an Telefonapparaten einen psychologischen Grund hat, der Neueinwanderer soll sich von Anfang an an die Bedingungen Israels gewöhnen. Dies ist ein Entwicklungsland, und der Mensch, der sich zu entwickeln hat, verspürt kein Bedürfnis nach Telefongesprächen.
Das einzige Problem im Einwanderungszentrum ist, daß die Neueinwanderer bereits entwickelt sind und das Telefon die einzige Verbindung nach außen, zum Beispiel zu Verwandten oder möglichen Arbeitgebern, darstellt. Die israelische Post hätte es mit Sicherheit verkraftet, wenn man wenigstens zehn Telefonzellen aufgestellt hätte, aber, wie gesagt, aus psychologischen Gründen beschränkt man sich auf zwei. Praktisch sieht das so aus: Ich will anrufen und gehe zum Telefon. Vor mir stehen mindestens 15 Leute, die dasselbe im Sinn haben.
»Wer ist der letzte?« frage ich wie beim Arzt.
»Ich«, meldet sich Alfredo aus Argentinien. Die Engländerin, die gerade telefoniert, hat vergessen, daß es sich um ein öffentliches Telefon handelt, sie spricht seit zehn Minuten. »Hören Sie zu«, sagt jemand hinter ihr, »das ist ein Telefon und keine Toilette, wo man vielleicht stundenlang draufsitzen muß.« »So kann doch nur ein Russe reden«, mischt sich die Amerikanerin hinter ihm ein. »Ist Amerika besser?« wendet sich der Russe zu ihr hin. »Amerika ist wenigstens ein zivilisiertes Land«, antwortet die Amerikanerin. »Dann hätten Sie in Ihrer Zivilisation bleiben sollen.« »Ich bin eine Zionistin«, regt sich die Amerikanerin auf und bekommt rote Flecken auf den Wangen. »Ich bin aus

idealistischen Gründen nach Israel gekommen«, brüstet sie sich. »Und wer sagt Ihnen, daß ich nicht aus idealistischen Gründen nach Israel gekommen bin?« wirft der Russe ein. »Weil die Leute Rußland nur aus materialistischen Gründen verlassen«, weiß die Amerikanerin. »Ich will Ihnen einmal etwas sagen, verehrte zionistische Dame, materiell ging es uns in Rußland gut, es hat an nichts gefehlt, und wenn ich gewußt hätte, wie unfreundlich man hier zu uns ist, dann hätte ich mir das mit der Auswanderung dreimal überlegt.«
Inzwischen ist die Schlange weitergerückt, und Rußland übernimmt das Telefon. Nun muß man wissen, daß die Telefone einfach an einer Hauswand angebracht sind, es gibt kein Telefonhäuschen, das einen vor den herumstehenden Wartenden schützt und in dem man Privates äußern kann, ohne daß es gleich der Öffentlichkeit preisgegeben ist. Hier hört jeder jedes Gespräch mit, und die einzige Intimität bietet die Sprache, die nicht unbedingt von jedem verstanden wird.
Deutsch ist eine ausgezeichnete Sprache. Ich kann so laut und so intim reden, wie ich will, keiner der Mitwartenden versteht mich. Englisch und Hebräisch sind die unangenehmsten Sprachen, denn jeder versteht, zumindest bruchstückhaft, was gesagt wird. Spanisch, Französisch und Russisch halten sich die Waage, es gibt zwar immer einige, die verstehen, worum es geht, aber nicht alle.
Nun steht eine Kanadierin vor dem Apparat. »Darling«, sagt sie, »warum bist du gestern abend nicht gekommen?« Ihre Stimme ist enttäuscht, jedem ist klar, sie spricht mit ihrem Freund und Liebhaber.
»Weil ich eine andere habe«, wirft der Franzose, der hinter ihr steht, ein. Ein Gespräch mit dem Freund in Englisch zu führen kommt einem Spießrutenlaufen gleich. »Aber warum, warum?« ruft die junge Kanadierin ins Telefon, den Tränen nahe.
»Mach dir doch nichts daraus, die Männer sind halt

so«, tröstet sie Marischa, die mit mir in dieselbe Klasse geht.
»Das ist doch das ganze Problem, daß die Manner so sind«, regt sich Sophia auf. »Hier in Israel hat man von Gleichberechtigung der Frauen noch nichts gehört.« Sophia ist emanzipierte Brasilianerin.
»Als ob man in Brasilien je etwas von Gleichberechtigung gehört hätte«, wirft Alfredo ins Gespräch.
»Ihr Männer seid doch auf der ganzen Welt gleich«, Sophia steigert sich hinein, »außer Herzschmerzen und Kindern könnt ihr gar nichts machen.«
»Aber das macht doch wenigstens Spaß«, lacht Alfredo.
»Euch vielleicht, aber guck dir das arme Kind da am Telefon an, irgend so ein Kerl hat sie bestimmt sitzenlassen.«
Die Kanadierin hat ihr Telefongespräch beendet und kriegt noch den Gesprächsfetzen mit. »Keiner hat mich sitzenlassen, das war mein Bruder.«
»Das ändert nichts an der Tatsache, daß die Männer unnütz sind«, rechtfertigt sich Sophia.
Ich warte inzwischen eine dreiviertel Stunde und bekomme langsam Hunger. Es sind noch vier Leute vor mir dran. Ich werde ausharren, und tatsächlich, es dauert nicht mehr lange, und ich stehe vor dem Apparat und wähle 287739. Es tutet und tutet und tutet und tutet, ich wähle noch einmal, es tutet wieder, keiner zu Hause. Ich hänge ein.
Am Tag, an dem ich in meine Wohnung in Ramat Gan einziehe, gehe ich zum Postamt, um ein Telefon zu bestellen. Nachdem ich den Antrag ausgefüllt habe, frage ich den Postbeamten: »Wie lange dauert es, bis man ein Telefon bekommt?«
»Wer weiß«, ist seine Antwort.
»Ungefähr«, möchte ich wissen, irgendeinen Anhaltspunkt brauche ich.
»Es kann drei Monate dauern, ein halbes Jahr oder ein

Jahr. Manche warten schon fünf Jahre auf ihr Telefon.«
»Danke für die präzise Auskunft«, sage ich.
Ich beginne zu warten, ich warte, es tut sich nichts. Ein halbes Jahr später habe ich weder eine Nachricht, daß irgend jemand meinen Antrag erhalten, geschweige denn bearbeitet hat, noch den geringsten Hinweis darauf, daß meine telefonlose Zeit sich ihrem Ende zuneigt. Ich bin ein geduldiger Mensch, und so warte ich noch einen Monat und noch einen Monat, es tut sich immer noch nichts, bis ich mich aufraffe und ins Fernsprechamt gehe. Das Fernsprechamt ist eine Mischung von westlichem Know-how und orientalischer Trägheit. Das westliche Know-how drückt sich darin aus, daß an verschiedenen Pulten Sachbearbeiter sitzen und vor jedem ein kleiner Monitor, eine Art Computer, aufgebaut ist. Ich nehme an, es sind gespendete Apparate aus Amerika, und keiner bedient sie. Sie stehen da und geben dem Ganzen einen Anstrich von moderner Technologie. Nachdem ich den entsprechenden Sachbearbeiter herausgefunden habe, frage ich ihn, ob denn mein Antrag, der vor acht Monaten von mir ausgefüllt und ordnungsgemäß beim Hauptpostamt eingereicht wurde, überhaupt angekommen sei. Daraufhin holt der Sachbearbeiter einen riesigen Ordner hervor, auf dem Namen und Adressen notiert sind, und sagt zu mir: »Such hier drin, ob du deinen Namen findest.«
»Wie soll ich denn zwischen den unzähligen Namen meinen finden?«
»Wie man eben einen Namen findet, du gehst Namen für Namen durch, bis du deinen findest.«
»Und wenn ich ihn nicht finde?«
»Dann mußt du zum Hauptpostamt gehen und einen Antrag ausfüllen, der wird hier eingereicht.«
Nun sitze ich vor einem Ordner mit Tausenden von Namen, die nicht alphabetisch geordnet sind, und suche, und vor mir steht ein herrlicher Kleincomputer mit allen technischen Finessen und Raffinessen und

schweigt. Ich habe Glück, mein Name findet sich, mein Formular ist angekommen.
»Hier«, sage ich dem Sachbearbeiter, »hier stehe ich.«
»Gut«, sagt er, »in zwei Wochen bekommst du Nachricht, wann du die Anmeldegebühr bezahlen mußt.«
Es vergehen zwei Wochen, vier Wochen, nichts. In der Zwischenzeit lerne ich die öffentlichen Fernsprechanlagen in meiner Umgebung kennen, sie sind meistens defekt, und notgedrungen hat sich mein Leben auf telefonlose Zeiten eingestellt.
Zu jedem sage ich: »Komm doch einfach vorbei, ich bin telefonisch nicht zu erreichen, aber meistens zu Hause.«
Und so kommen sie vorbei. Ein Freund kommt aus Jerusalem angereist an einem Tag, an dem ich in Jerusalem bin, um ihn zu besuchen. Eine Freundin kommt zum Kaffee, als ich keinen Kaffee im Haus habe, und eine Journalistin besucht mich vormittags um elf, als ich noch im Morgenrock am Tisch sitze, gerade frühstücke, das Geschirr des Vortages im Abguß steht und schmutzige Wäsche verstreut herumliegt. »Ich bin nur mal vorbeigekommen, um zu sehen, wie es dir geht.«
»Prima«, sage ich, wobei ich den Tisch ein wenig abräume. »Setz dich, magst du einen Kaffee?« So sitzen wir, ich ungekämmt, in Pyjama und Morgenmantel, während sie schon einen halben Arbeitstag hinter sich hat, in der unaufgeräumten Küche. Sie ist kurz zuvor in Libyen gewesen, um Gaddafi zu interviewen. Wir unterhalten uns über Libyen, Ägypten und den gesamten Nahen Osten, und ich bemerke, daß unter ihrem Stuhl eine nicht mehr ganz saubere Unterhose liegt. »Hoffentlich schaut sie nicht unter den Stuhl«, denke ich und sage gleichzeitig: »Meiner Meinung nach wird es zu einer Annäherung der unterschiedlichen Standpunkte im nahöstlichen Raum kommen.« »Daß du nie aufräumen kannst«, beschimpfe ich mich innerlich. »Leute, die mit den Großen dieser Erde verkehren, be-

suchen dich, und deine schmutzige Wäsche muß herumliegen.« Das wäre natürlich nie passiert, wenn sie sich vorher telefonisch angemeldet hätte.
Ich beginne zu leiden und jeden, der ein Telefon hat, zu beneiden. Sich hinsetzen, wählen, sprechen und nicht mehr stundenlang an der Telefonzelle stehen, von Apparat zu Apparat laufen, sich mit den Leuten herumärgern, weil jeder behauptet, er warte schon viel länger; in Ruhe telefonieren, ohne dämliche Kommentare der Umstehenden – wie ersehne ich diesen Zustand.
Nach vier Wochen gehe ich wieder zum Fernmeldeamt, um nachzufragen, wo denn eigentlich die Benachrichtigung bleibe.
»Die haben wir bereits vor zwei Wochen zugeschickt, aber sie ist zurückgekommen«, sagt der Sachbearbeiter. »Was heißt, sie ist zurückgekommen, ich habe überhaupt nichts erhalten.« Der Sachbearbeiter beharrt darauf, daß die Benachrichtigung zurückgekommen ist, aber zur Sicherheit soll ich mir in zehn Tagen eine neue Benachrichtigung im Fernmeldeamt abholen. Drei Tage später wird in den Abendnachrichten mitgeteilt, daß die Anmeldegebühr für Telefone ab sofort von 17000 Lira auf 56000 Lira erhöht werde, eine schlagartige Erhöhung von 230 Prozent. Diese Form von Überraschungen gehören zu Israels politischem Lebensstil. Abends in den Nachrichten werden die Überraschungen unerwartet, es soll ja eine Überraschung sein, präsentiert. Beispielsweise haben sich die Kosten für Milchprodukte innerhalb eines Tages verdoppelt, lächelnd erklärt die Nachrichtensprecherin, daß morgen früh das Frühstück ein wenig teurer sein werde. Die Milch, die Butter, der Käse, alles kostet morgen das Doppelte. Israels Bevölkerung ist so sehr an Überraschungen dieser Art gewöhnt, daß politische Entscheidungen, mögen sie noch so sinnlos oder auch von internationaler politischer Tragweite sein, keine nennenswerten Reaktionen hervorrufen. Was bedeu-

tet schon die unerwartete Annexion der Golanhöhen angesichts der überraschenden Kostenerhöhung für Milchprodukte oder Telefongebühren.

Am nächsten Morgen stehe ich ganz gegen meine Gewohnheit um sechs Uhr früh auf, ich will die erste im Fernmeldeamt sein. So klug wie ich waren die anderen auch, denn als ich ankomme, steht bereits eine Schlange vor dem geschlossenen Amt. Die Aufregung ist unbeschreiblich. »Aufhängen sollte man den Postminister«, ereifert sich ein dunkelhaariger, gedrungener Mann. »Er hat ja schon ein Telefon, er braucht keine Anmeldegebühr mehr zu zahlen.«

»Drecksregierung«, pflichtet ihm eine Frau bei, »auf unsere Kosten wollen sie die Inflation bekämpfen.«

»Begin kann auf den Knien zu mir gekrochen kommen, meine Stimme kriegt er nicht mehr!« schreit ein anderer. »Alles muß man sich hier gefallen lassen, woher nimmt man 56000 Lira für ein Telefon?« fragt eine junge Frau hinter mir. »An junge Ehepaare denken die nicht, ich arbeite, mein Mann arbeitet, und nichts kann man sich leisten.«

Endlich wird das Fernmeldeamt geöffnet, und die Menge stürmt in die Räume.

»Vor zwei Wochen hat man mir angeblich eine Benachrichtigung zugeschickt, ich solle meine Telefongebühren bezahlen«, erkläre ich aufgeregt dem Beamten, »aber ich habe nichts bekommen, und gestern abend wurde in den Nachrichten durchgegeben, daß die Anmeldegebühren drastisch erhöht worden sind. Ich möchte gerne wissen, ob ich noch den alten Tarif zahlen kann oder ob ich schon den neuen zahlen muß.«

»Nur keine Aufregung, alles wird in Ordnung sein«, antwortet er.

»Dauernd hört man hier, daß alles in Ordnung sein wird, und nichts ist in Ordnung!« schreie ich. »Überall ist ein Durcheinander, ihr macht ja das Volk verrückt mit eurer Schlamperei!«

»Wir machen das Volk verrückt?« schreit er zurück. »Die Regierung macht das Volk verrückt. Jeden Tag denkt man sich neue Gesetze aus, und die vom Vortage werden revidiert.«
Er blättert in irgendwelchen Papieren und stellt fest: »Du hast Glück, dein Antrag ist schon bearbeitet worden, du zahlst den alten Tarif.«
Um die Sache kurz zu machen, ich bekomme eine Aufforderung, die Anmeldegebühr zu bezahlen, bezahle, warte noch zwei Monate, und eines Morgens stehen zwei Techniker vor der Wohnung mit einem Telefon, einem richtigen, weißen Telefon, meinem Telefon.

Ich bin kein Rassist

Ich bin kein Rassist, ich schwöre es. Alle Menschen sind gleich, haben dieselben Rechte, Unterschiede gibt es nicht. Diese Sätze hätte ich jederzeit blind unterschrieben, wahrscheinlich habe ich das auch auf irgendwelchen Petitionen getan, Gleichberechtigung für Neger und Indianer, für Juden und Araber, für Weiße, Gelbe, Schwarze. Außer daß ich mich in Diskussionen für die Gleichheit aller Menschen einsetzte, hatte ich mit diesem Problem weiter nichts zu tun. In meinem Freundeskreis gab es weder Farbige noch Gastarbeiter, familiäre Beziehungen zu Menschen aus der Dritten Welt hatte ich ebenfalls nicht, und ich wäre nie auf die Idee gekommen, sie zu knüpfen.
Was hat die Dritte Welt mit Israel zu tun? Das ist doch ein moderner, entwickelter, und soweit ich es bisher beurteilen konnte, europäischer Staat. So steht es in jedem Israelbuch, so stellen es die offiziellen Touristenbüros dar, und so sieht es auch in den diversen Hotels aus, die ich seinerzeit als Touristin besuchte.
Im Einwanderungszentrum ist die Welt in dieser Hinsicht noch in Ordnung. Der Hauptanteil der Einwoh-

ner kommt aus der Sowjetunion oder den Vereinigten Staaten, ein paar Südamerikaner und wenige Europäer bilden die Randgruppe, die Angestellten sehen alle zivilisiert aus, auch hier keine Dritte Welt, bis auf eine kleine Ausnahme. In meiner Klasse sind zwei Frauen aus Persien. Die Perserinnen sind dunkelhäutiger als die anderen und sehr religiös. Eines Tages meint Wanda, meine Nachbarin aus der Sowjetunion: »Weißt du, Lea, ich kann mir gar nicht vorstellen, daß das richtige Juden sind, sie sehen aus wie Araberinnen.« Es dauert nicht lange, und ich werde mit Israels Wirklichkeit konfrontiert. Der größte Teil unserer Bevölkerung sieht aus wie die Gastarbeiter in Deutschland: dunkle Typen mit Kohleaugen, die ich von den Arabern nicht unterscheiden kann. Der rotblonde kräftige Kibbuznik, der von den Reklameprospekten lächelt oder in den vielen Büchern abgebildet ist als der neue jüdische Typ, den wir im Nahen Osten hervorgebracht haben, existiert, aber in verschwindend kleiner Zahl. Ich wußte zwar, daß es in den fünfziger Jahren eine Einwanderung von Juden aus dem nordafrikanischen Raum und aus den arabischen Ländern gab, aber daß sie sich so vermehrt haben, das Land sozusagen in Besitz genommen haben, war mir, ehrlich gesagt, unbekannt. Nun lerne ich schnell, daß die ost- und mitteleuropäischen Juden Aschkenasim genannt werden, die orientalischen Sephardim*, die Aschkenasim natürlich kultivierter, gebildeter, intelligenter, politisch verantwortlicher, die Sephardim ärmlicher, schmutziger, dümmer, ungebildeter sind. Jedenfalls sind sie nicht zum Vorzeigen. Nur wenn irgendwelche Sozialprogramme von Amerika finanziert werden sollen, werden die armen, unterentwickelten Dritte-Welt-Menschen abgebildet, damit die gebildeten Amerikaner se-

* Ursprüngl. nur Bezeichnung für die span.-portug. Juden.

hen, wieviel Arbeit noch in diese Typen investiert werden muß, und dementsprechend zahlen.
Ich bin ein Mensch, der sich über alle Vorurteile hinwegsetzt, und deswegen beginne ich gegen die Aschkenasim zu wüten, und überall wo ich bin, ich bin natürlich nur bei gesitteten Ex-Europäern eingeladen, rege ich mich über diese Ungerechtigkeit auf, verurteile, wie ein großer Teil der eigenen Bevölkerung mit einem Stigma belegt wird, mache deutlich, welch eine Schande und Schmach das ist und wie gemein ich das alles finde.
Inzwischen bin ich in meine Wohnung in Ramat Gan eingezogen. Wir sind vier Mietparteien im Haus. Mein Nachbar ist ein alter Mann aus Polen, der seit dreißig Jahren in Israel lebt und kein Hebräisch spricht, meine Nachbarn im unteren Stockwerk sind eine Familie aus Rußland und eine Frau aus Rumänien. Alle sprechen sie jiddisch, und ich habe keine Verständigungsschwierigkeiten. Mein alter Nachbar, er ist bereits über achtzig, aber noch gut auf den Beinen, freut sich, daß keine hebräisch sprechenden Israelis eingezogen sind: »Mit denen kann man kein normales Wort reden, sie verstehen sowieso nicht, was man von ihnen will.« Und die Nachbarin aus dem Erdgeschoß sagt mir, daß sie froh sei, daß keine Schwarzen hier wohnten.
»Was für Schwarze?« frage ich sie.
»Na solche aus den arabischen Ländern.« Ich halte daraufhin meinen Vortrag von der Gleichheit der Menschen, daß das alles nur Vorurteile seien und so weiter, wie gehabt.
Eines Tages gehe ich in Ramat Gan spazieren und sehe einen kleinen Laden, in dem Bilder und Bilderrahmen verkauft werden. Der Laden liegt in einer Passage versteckt, und weil ich eine schöne Zeichnung habe, gehe ich hinein, um zu fragen, ob man hier einen entsprechenden Rahmen anfertigen könne. In dem Laden steht ein Mann, vielleicht Ende Dreißig, und malt. In

meinem unbeholfenen Hebräisch frage ich: »Kannst du mir einen Rahmen machen?« Wenn ich gewußt hätte, was sich aus dieser Frage entwickeln würde, ich hätte mir den Schritt in den Laden genau überlegt.
»Ja, natürlich«, sagt er. Ich schaue mir die Bilder an den Wänden an und frage: »Sind die Bilder von dir?«
»Die meisten schon«, erwidert der Maler und fragt mich dann: »Woher kommst du?«
»Aus Deutschland.« Jetzt beginnt er deutsch zu sprechen und erzählt mir, daß er aus der Schweiz komme und seit drei Jahren in Israel lebe. Er spricht gut Deutsch, aber man merkt, daß es nicht seine Muttersprache ist. »Wie lange hast du in der Schweiz gelebt?« will ich wissen. »Sechzehn Jahre«, antwortet er, »aber ursprünglich bin ich aus Frankreich. Ich bin in Paris geboren und dort aufgewachsen.«
Es ist eine Wohltat, deutsch zu sprechen, ich muß nicht dauernd nach Worten suchen, und wir kommen ins Erzählen. Ich berichte von Deutschland, er von der Schweiz, wir trinken Kaffee, und ich verspreche, mit meinem Bild vorbeizukommen, damit er den Rahmen anfertigen kann.
Nun gehe ich öfter ins Studio zu Dudu, so heißt der Maler, trinke Kaffee, wir sprechen über dieses und jenes, und wie es einem halt so geht, ehe ich mich versehe, sind wir befreundet.
Eines Tages stelle ich Dudu einer israelischen Bekannten vor. Vorher hatte ich ihr erzählt, daß ich einen netten Menschen kennengelernt habe, der Franzose und Künstler sei. Wir gehen zu dritt ins Kino, danach setzen wir uns in ein Café und unterhalten uns über den Film, den ich nur zur Hälfte verstanden habe, weil er in Englisch war. In Israel werden weder die Kino- noch die Fernsehfilme synchronisiert, und so plage ich mich zusätzlich zu meinen hebräischen Sprachsorgen mit Englisch herum, einer Sprache, in der ich mich seit dem Abitur nicht mehr geübt habe und mit der ich seit mei-

ner Schulzeit auf Kriegsfuß stehe. Am nächsten Tag ruft mich meine Bekannte an, und weil sie eine gute Freundin ist, sagt sie: »Du, Lea, ich möchte dir etwas sagen. Dein Freund ist kein Franzose, er ist ein Sepharde, einer von den Schwarzen.« »Wie kommst du denn auf solch eine absurde Idee?« frage ich.
»Glaube es mir, ich lebe lange genug in dem Land und habe einen Blick dafür.« Ich bin perplex. Der Gedanke, daß Dudu kein Aschkenase ist, gefällt mir überhaupt nicht. Ich mache, wie gesagt, grundsätzlich keine Unterschiede zwischen Weiß, Schwarz und Gelb, aber ich muß mich ja nicht gleich mit Dritte-Welt-Menschen einlassen. Schweizer wäre gut, Franzose meinetwegen auch, Italiener geht gerade noch, aber wer weiß, was er ist. Jemenit vielleicht oder Libyer oder gar Marokkaner. Mich so an der Nase herumzuführen! Und dabei ist dieser Mensch nett, spricht deutsch und ist ein Künstler dazu, repariert mir alles in der Wohnung, ich muß mich nicht mit unfähigen Installateuren und unqualifizierten Elektrikern herumärgern, und nun so was. Vielleicht, tröste ich mich, hat sie unrecht. Schließlich sieht er »normal« aus, aber nun ist mir einmal der Floh ins Ohr gesetzt, und ich muß es genau wissen. Es ist mir peinlich, Dudu direkt zu fragen, inzwischen bin ich sensibilisiert genug, um zu merken, daß ich es hier mit einem nationalen Problem zu tun habe, mit einer Kluft, über die man nicht spricht, die aber da ist.
Als ich ihn treffe, lenke ich wie beiläufig das Gespräch auf den Zweiten Weltkrieg und frage, wo denn seine Familie überlebt habe.
»Wir waren in Frankreich versteckt«, antwortet er.
»Alle?«
»Ja, alle.« Das ist möglich, vielleicht doch ein Franzose.
Eines Tages sagt er zu mir: »Ein Neffe von mir heiratet, und wenn du willst, können wir zur Hochzeit gehen.«

»Ja, das ist eine gute Idee.« Wir verabreden uns für sieben Uhr abends, ich mache mich schön, krame meine hochhackigen Schuhe hervor, die ich in Israel noch nie gebraucht habe, ziehe ein Sommerkleid an und warte. »Wenn das eine Hochzeit seines Neffen ist«, überlege ich, »dann wird seine ganze Familie da sein, und dann werde ich ja sehen, ob ich es mit Franzosen oder mit Nordafrikanern zu tun habe.«

Um halb acht kommt er, um mir mitzuteilen, er habe sich das mit der Hochzeit überlegt. »Warum?« frage ich.

»Ich habe keine Lust, alle Hochzeiten in Israel sind langweilig, und das Essen ist scheußlich.«

»Aha«, denke ich, »vielleicht doch eine Dritte-Welt-Familie.«

Ich wundere mich über mich selber. Ich bin doch diesen kleinlichen Vorurteilen längst entwachsen, was interessiert es mich, was die anderen denken, und trotzdem wurmt es mich. Aber es kann ja wirklich sein, daß er keine Lust hat, zur Hochzeit zu gehen, es ist ja möglich, daß es dabei langweilig zugeht und das Essen fad schmeckt, ich müßte ihn ganz einfach fragen. Was soll ich denn eigentlich fragen? Er erzählt doch, daß er Franzose ist, und Franzose ist europäisch. Ich bin mir weder des einen noch des anderen sicher. Abgesehen davon fühle ich mich wohl. Schon in der Bibel steht: »Es ist nicht gut für den Menschen, wenn er alleine ist«, und was zu seinen Zeiten galt, gilt heute ebenso. Mein feministisches Hauptziel habe ich emanzipierte Schwester längst errungen: meine Ehe aufgelöst; ich versorge mich selbst, bin unabhängig, frei, habe auch alle anderen Ziele der feministischen Bewegung mit Bravour erreicht, nur, daß das sehnlichst erhoffte Glücksgefühl ausgeblieben ist. Zurück zu Dudu und seiner mysteriösen Familie. Ich lade ihn für Freitag abend ein und koche die übliche aschkenasische Hühnerbrühe, mit der Generationen von Kindern großgezogen wurden. Das Huhn wird so verkocht, daß es seinen Eigengeschmack verliert, aber jede aschkenasische Mutter schwört darauf, daß diese ausgekochte Suppe das Heilmittel für alle Krankheiten ist und die Kinder groß und stark macht, daß dieses Gericht unübertrefflich ist und der Auftakt eines jeden Festmahles sein muß. Gewürzt wird die Suppe nur mit Salz. Ich präsentiere an diesem Freitagabend meine über Generationen überlieferte Hühnersuppe, und was tut Dudu? Er holt Pfeffer und Paprika, würzt damit die Suppe nach und ißt sie. Das ist der Beweis. Das kann ich kaum mit ansehen. Unsere traditionsreiche Hühnersuppe mit Pfeffer und Paprika zu verderben ist, als würzte man eine rote Grütze mit Knoblauchsalz oder präsentierte eine Gewürzgurke in Schokoladensauce. Barbarisch. »Was machst du denn?«

»Ich würze die Suppe nach«, sagt er. »Sie schmeckt sehr gut, es fehlen nur etwas Pfeffer und Paprika.«

Ich nehme meinen ganzen Mut zusammen und sage: »Dudu, sag mir ehrlich, du bist ein Sepharde?«

Er hört auf zu essen, sieht mich an und sagt: »Ja.«

»Welch ein Landsmann bist du?«

»Ein Marokkaner, ich bin in Safi, einer kleinen Küstenstadt in Marokko, geboren.« Marokkaner, wenn er wenigstens ein Grieche oder meinetwegen ein Türke wäre, aber ausgerechnet Marokkaner! Von allen ethnischen Gruppen haben die Marokkaner in Israel den schlechtesten Ruf, sie sind als Messerstecher und Raufbolde verschrien, als hitzig und unzivilisiert bekannt, und ausgerechnet ich muß mich mit einem Marokkaner anfreunden.

»Warum hast du denn nicht gleich gesagt, daß du in Marokko geboren bist?«

»Du weißt gar nicht, welchen Vorurteilen man hier als Sepharde, und dabei vor allem als Marokkaner, ausgesetzt ist, deswegen erzählen viele Marokkaner und Tunesier, sie kämen aus Frankreich, während die Libyer erzählen, sie kämen aus Italien.« Durch Dudu nehme ich meine ersten Kontakte zum sephardischen Bevölkerungsteil Israels auf.

Die Sucht nach Luxus

Jeden Tag gehe ich in Dudus Studio. Das Atelier ist ein vier mal vier Meter großer Raum, vollgestopft mit Bildern und Holzleisten, Pinseln, Öl- und Wasserfarben, Nägeln, Schmirgelpapier, Lappen, Werkzeugen, und alles liegt durcheinander. In einer Ecke steht ein Tisch mit zwei Stühlen. Er ist mit Papieren, Bleistiften und Rechnungen übersät und zu allem Überfluß mit einer vertrockneten Rose in zerbrochener Vase dekoriert. Dahinter befindet sich ein Waschbecken, das seine ursprüngliche Farbe verloren hat und durch Farbflecke und -kleckse in ein abstraktes Kunstwerk umgewandelt worden ist. An den Wänden hängen Bilder, leere Rahmen, Zettel, Notizen, und wenn man das Studio betritt, hat man das Gefühl, in einem Tohuwabohu unterzugehen.

»Warum schaffst du denn nicht ein bißchen Ordnung?« frage ich Dudu.

»Die Ordnung in der Schweiz hat mir gereicht. Ein Wahnsinn, was dort getrieben wird. Ich arbeitete in einem Architekturbüro einer großen Firma, und der Gipfel der Sauberkeit war die Telefonkosmetikerin, die jeden Donnerstag um 14 Uhr kam. Sie putzte das Telefon und besprühte es mit einem Desinfektionsspray. Danach konnte ich stundenlang nicht telefonieren, denn ich vertrug diesen Klinikgeruch nicht.«

Als Fünfzehnjähriger kam Dudu mit der Jugend-Alijah* von Marokko nach Isarel.

* Die Jugend-Alijah war eine Institution, die die Jugendeinwanderung nach Palästina organisierte. Die Jugendlichen wurden in Kibbuzim untergebracht, bevor ihre Familien nachkamen.

»Am Anfang war es wie ein Schock«, erzählt er. »Die meisten von uns kamen aus sehr religiösen Familien, während es in den Kibbuzim überhaupt nicht religiös zuging. Bis dahin war ich gewohnt, ein Käppchen zu tragen, im Kibbuz trug niemand eine Kopfbedeckung, und so legte auch ich mein Käppchen ab. Meine Mutter beachtete sorgfältig die Speisegesetze, während im Kibbuz Milch und Fleisch gemischt wurden. Einmal bekamen wir sogar ein Schweinesteak zu essen, jedenfalls erzählte jemand, daß es Schweinefleisch gewesen sei, und ich meinte, ich müßte das Fleisch auskotzen.«
»Religion und Tradition sind nicht das Wichtigste im Kibbuz«, bemerke ich. »Die Kibbuzim sind für ihre soziale Lebensweise bekannt.«
»Kann schon sein, daß sie dafür bekannt sind, aber so besonders sozial waren die Kibbuzniks nicht. Wir waren eine Gruppe von siebzig marokkanischen Jugendlichen, Jungen und Mädchen, und glaubst du, daß irgendeine von den eingesessenen Kibbuzfamilien jemanden von uns zu sich eingeladen hätte? Wir hatten unsere Gruppenleiter, ansonsten blieben wir unter uns. Es gab überhaupt keine Gemeinsamkeiten mit den Kibbuzmitgliedern. Sogar am Freitagabend, wenn gefeiert wurde, aßen wir in einem Raum und die Kibbuzfamilien in einem anderen.«
»Wart ihr nicht mit den Jugendlichen des Kibbuz zusammen?«
»Nein«, sagt Dudu, »wir hatten unseren Club, und sie hatten ihren. Ihre Eltern sahen es auch nicht gerne, wenn wir uns zu sehr mit ihnen anfreundeten. Im Schulunterricht sah das Ganze auch nicht anders aus.«
»Wie meinst du das?«
»In der zionistischen Ideologie«, erklärt Dudu, »gab es keinen Platz für uns. Im Unterricht lernten wir die Geschichte des europäischen Judentums und der zionistischen Bewegung, deren Ursprung in Wien war, kennen. Sie vermittelten uns die Ideen Theodor Herzls,

dem ein europäischer Staat im Nahen Osten vorschwebte. Wir lasen die jiddischen Geschichten der ostjüdischen Erzähler von Menschen und einer Landschaft, die wir nicht kannten, aber wir lernten nichts von den marokkanischen Gemeinden. Dagegen hörten wir, daß wir uns noch entwickeln müßten, daß die Orientalen schmutzig und laut seien und zu viele Kinder hätten und die Marokkaner Messerstecher und Schläger seien.«

»Bist du deswegen später weggegangen aus Israel?«

»Nicht nur deswegen. Ich war jung und wollte die Welt kennenlernen. Da ich noch in Marokko Französisch gelernt hatte, ging ich nach Paris, um Architektur zu studieren. In Paris habe ich meine Frau kennengelernt, und weil sie Schweizerin war, zogen wir nach Zürich. Schon nach einem halben Jahr wollte ich zurück nach Israel.«

»Hast du dich in der Schweiz nicht wohl gefühlt?«

»In der Schweiz fühlt sich kein Mensch wohl.«

Die Schweiz war nicht das richtige für ihn, die Schweizerin auch nicht, und nach ein paar Jahren ließen sie sich scheiden. Aber es dauerte noch einige Jahre, bis er nach Israel zurückkehrte.

Eine Kundin betritt den Laden. Sie ist eine typische Vertreterin der israelischen Mittelschicht, zwischen dreißig und vierzig Jahre alt, trägt eine moderne weite, weiße Hose und ein T-Shirt mit Goldflimmer. Allein die Art, wie hier die Kleider gearbeitet sind, zeigt eine charakteristische Eigenschaft dieses Landes. Äußerlich sehen sie dekorativ und hübsch aus, innen sind die Nähte nicht einmal versäubert.

Die Frau hat ein Bild mitgebracht. Eine Schneelandschaft in Öl, im Vordergrund eine Skihütte und dahinter Berge. Es ist eines der Ölbilder, die zu Hunderttausenden in Malfabriken in Hongkong hergestellt werden, billigste Fließbandarbeit.

»Ich brauche einen Rahmen«, sagt sie zu Dudu, »aber etwas Schönes.«

Dudu hält einen braunen Holzrahmen vor das Bild.
»Nicht so etwas, einen Rahmen, der Eindruck macht.«
»Vielleicht etwas mit Gold?« fragt er.
»Zeig her.«
Nun holt er einen Holzrahmen, der mit einem dünnen goldenen Streifen verziert ist.
»Ach, ich weiß nicht, ich dachte an etwas anderes.«
»Was hast du dir denn vorgestellt?« fragt er.
»Ich weiß nicht, was ich mir vorgestellt habe, aber das Bild soll richtig wirken.«
»Vielleicht machen wir einen Doppelrahmen, innen Gold und außen Palisanderholz?« Er sucht einen Musterrahmen hervor und hält ihn vor das Bild. Das gefällt ihr. Danach verhandeln sie den Preis. »Was, so teuer?« regt sie sich auf.
»Was heißt hier teuer, nimm einen einfachen Rahmen, der ist billiger.«
»In einem einfachen Rahmen wirkt das Bild nicht. Gib mir einen Nachlaß.«
Sie streiten sich um den Rabatt, einigen sich schließlich, und die Frau verläßt das Studio.
»Du kannst dir gar nicht vorstellen, wie viele Kunden von dieser Sorte ich habe. Sie kaufen sich billige Bilder und lassen dazu teure Rahmen anfertigen«, sagt Dudu. »Ich muß dich mal mitnehmen, wenn ich Bilder abliefere, manche Wohnungen sehen wie Galerien aus.«
Nach einigen Tagen fahren wir abends nach Ramat Hascharon, einem Vorort von Tel Aviv. Ein Betonklotz steht dort neben dem anderen, Israel strotzt von einfallsloser Architektur. Wir haben Bilder für Ronit und Gabriel dabei. Ronit war am Nachmittag im Atelier. Sie hat sich einige Bilder angesehen und konnte sich nicht entscheiden, was sie kaufen sollte. »Vielleicht kannst du am Abend vorbeikommen, dann kann Gabriel sich auch die Bilder ansehen, und wir suchen zusammen etwas aus?« fragt sie Dudu.
»Gut«, antwortet er.

Wir klingeln im dritten Stock, und Ronit öffnet die Tür. Sie ist etwa 35 Jahre alt, sorgfältig geschminkt, Wimperntusche und Lippenstift, die Fingernägel passend zu den Lippen lackiert. Sie trägt Jeans und eine gelbe Bluse. »Das ist Gabriel«, stellt sie ihren Mann vor. Während sich Gabriel mit Dudu über Kunst unterhält, geht sie in die Küche, um Kaffee zu kochen.
»Komm mit«, fordert sie mich auf. »Gefällt dir die Küche?« fragt sie.
»Ja«, antworte ich.
Es ist eine mit grünem Kunststoff beschichtete Einbauküche, dazu abgestimmt hellgrüne Kacheln an der Wand.
»Die Küche haben wir anfertigen lassen, und das sind italienische Keramikkacheln. Der Marmor hat ein Vermögen gekostet«, sie deutet auf die Arbeitsplatte aus braunrotem Marmor. »Wir wollen das Bad auch neu kacheln lassen«, fährt sie fort. »Italienische Kacheln sind das Beste.«
Die Sucht nach Luxus hat den Pioniergeist und, wie mir scheint, auch den sonstigen Geist in Israel verdrängt. Ramat Gans Hauptstraße repräsentiert das moderne Israel. Boutique reiht sich an Boutique, dazwischen Banken und unverhältnismäßig viele Geschäfte mit Badezimmerzubehör. Toiletten in allen Farben, himmelblau, grün, lila, was man will, dazu passende Badewannen und Kacheln mit Sternchen und Blümchen, mit Vögeln und Ornamenten. Israels Mittelstand will sein Geschäft in einer bunten Umgebung machen. »Voriges Jahr waren Freunde von uns in Europa«, erzählt Ronit. »Einfach toll, was sie berichtet haben. Ganze Straßenzüge mit Kaufhäusern, und was man alles kaufen kann, unglaublich.«
Ronit und Gabriel suchen zwei Bilder aus, und als wir uns verabschieden, lädt sie mich zum Kaffeekränzchen am Sonntagnachmittag ein. Ich verspreche, vorbeizukommen. Beim Kaffeekränzchen sind noch zwei

Frauen anwesend, offensichtlich schicker Lebensstil. Sie haben flotte Frisuren, sind gut geschminkt, Boutiqueneleganz; unterhalten sich darüber, was man wo kaufen kann. So ähnlich sehen die Kaffeekränzchen in Frankfurt, New York und Wien aus. Es kommt mir vor, als könne man in Israel leben, ohne den Nahostkonflikt wahrzunehmen. Man kann farbige Badezimmer zum Lebensinhalt machen, abends im Fernsehen die Beschießung von Naharia durch die Palästinenser und die Bombardierung des Libanon durch die israelische Luftwaffe sehen und sich dabei über die neueste Modefarbe unterhalten. Man kann das Gefühl haben, die Gefahr sei weit weg und betreffe einen gar nicht.
Ich rede mit Ronit darüber. »Man kann sich nicht dauernd mit den Konflikten hier beschäftigen. Auch ohne das Araberproblem ist es schwer genug in Israel. Aber wir bekommen die politische Situation zu spüren, ob wir wollen oder nicht. Jedes Jahr muß Gabriel einen Monat zum Reservedienst, und im letzten Krieg 1973 ist mein einziger Bruder im Sinai gefallen.« Sie regt sich auf. »Du hast den Krieg nur aus Erzählungen kennengelernt, ich habe wochenlang um meinen Mann gezittert, und meine Mutter ist schier wahnsinnig geworden nach dem Tod meines Bruders. Jetzt kommst du aus Europa und willst mir Ratschläge über meinen Lebensstil geben. Deine Ratschläge brauche ich nicht.« Und plötzlich sehe ich Bitternis hinter den italienischen Kacheln und der farbigen Badezimmereinrichtung.

Eine Frau schaut auf den Boden

»Wer ein braves Weib gefunden, höher als Perlen ist ihr Preis.«
»Hör gut zu«, sagt Dudu, es ist Freitag abend, ich habe die Kerzen angezündet, wir sitzen am gedeckten Tisch,

und Dudu liest mit Genuß das Abendgebet für den beginnenden Schabbath: »Wer ein braves Weib gefunden, höher als Perlen ist ihr Preis. Auf sie vertraut des Gatten Herz, und es fehlt ihm nicht an Gütern. Sie erweist ihm Gutes und nie Schlechtes alle Tage ihres Lebens. Kümmert sich um Wolle und Flachs und wirkt mir willigen Händen.«

Und mit verklärtem Blick sagt er: »Schön, nicht wahr?«

»Sehr schön«, antworte ich. »Wenn du so ein braves Weib haben willst, mußt du dir eine Neue suchen.«

Wir sind beim Kernstück der europäisch-orientalischen Spannungen angelangt. Die Zierde des Orients ist ein braves, fleißiges Weib und keine Emanze. Ich schaffe es nicht, fleißig zu sein, Trägheit ist ein Wesenszug meines Charakters. Zunächst einmal schlafe ich gerne bis Mittag. Der Morgenschlaf erfrischt mich, was nicht bedeutet, daß der Abendschlaf mich nicht auch erfrischte, ich könnte Tage im erquickenden Bett verbringen, ohne daß ich das Gefühl hätte, es ginge mir etwas verloren. Und dann kann ich nicht brav sein, und schon gar nicht im orientalischen Sinn, was bedeutet, möglichst keinen anderen Mann anzusehen und nicht mit ihm zu sprechen, von anderen Dingen ganz zu schweigen.

Als wir zusammemzogen, war eine der ersten Belehrungen, die ich von Dudu erhielt: »Hier schaut man den Männern nicht ins Gesicht, sie denken dann, du willst etwas von ihnen.«

»Was?!«

»Eine Frau schaut auf den Boden.«

»Bist du verrückt geworden, schau du auf den Boden.«

Die nächste Belehrung betraf meine Kleidung.

»Hier läuft man nicht mit ausgeschnittenen Kleidern herum.«

»Bist du noch zu retten, es ist doch heiß.«

»Trotzdem, dein Busen geht niemanden etwas an, du

mußt ihn nicht jedem zeigen, und außerdem denken dann die Männer erst recht, du willst etwas von ihnen.«
»Sag mal, glaubst du, ich werde mir jetzt hochgeschlossene Kleider mit langen Ärmeln in der Hitze anziehen?«
»Sie müssen ja nicht hochgeschlossen sein, aber so, daß man nichts sieht, und außerdem mußt du nicht in durchsichtigen Stoffen herumlaufen.«
Seit neuestem gehe ich mit gesenktem Blick durch die Straßen und trage hochgeschlossene Kleider, meine Weiblichkeit ist gut verpackt. Unglücklicherweise habe ich noch nette Bekannte aus der Zeit, als ich noch keine reinrassige Orientalin war, und die rufen von Zeit zu Zeit an. Nur einfach so, um zu fragen, wie es mir geht. Das Telefon klingelt, ein alter Studienfreund, der Ferien in Israel macht, ist am Apparat. Ich freue mich, ihn wiederzutreffen, und wir verabreden uns in einem Café.
»Wer war das?« fragt Dudu.
»Ein Bekannter.«
»Was für ein Bekannter?«
»Ich kenne ihn noch von früher.«
»Wie gut kennst du ihn?«
»Wie haben zusammen studiert.«
»Was will er?«
»Mich treffen.«
»Wozu?«
»Zum Reden.«
»Was gibt es zu reden?«
»Das geht dich nichts an.«
»Wen sonst geht es an?«
»Mich.«
»Du glaubst wohl, du lebst in Deutschland, wo die Frauen machen, was sie wollen.«
»Marokkaner!«
»Wenn du mich betrügst, bringe ich dich um.«
»Orientale!«

Zu guter Letzt kommt er mit ins Café, wo wir uns zu dritt unterhalten.
Vor zwei Tagen klingelt das Telefon. Dudu hebt den Hörer ab. »Ein Mann möchte dich sprechen«, sagt er zu mir. »Schon wieder irgendein Kerl.« Es ist ein »Spiegel«-Redakteur, der wegen irgendwelcher Recherchen in Israel ist und mich anruft, nur um mal so zu hören, wie es mir ergeht. Ich sehe, ich bin Gegenstand öffentlichen Interesses. Ob er vorbeikommen könne, fragt er.
»Aber natürlich.«
»Wer war das?« fragt Dudu.
»Ein Redakteur.«
»Was für ein Redakteur?«
»Vom ›Spiegel‹.«
»Was will er?«
»Er will wissen, wie es mir geht.«
»Deswegen mußt du ihn nicht gleich einladen.«
»Vielleicht sieht er deine Bilder und entdeckt dich.«
»Er braucht mich nicht entdecken, besonders jetzt, wo ich in die Werkstatt gehen muß, das Auto abzuholen.«
Eine halbe Stunde später kommt der Redakteur vorbei, er ist in meinem Alter, und wir unterhalten uns über die schönen unruhigen siebziger Jahre, über Frankfurt und Hamburg, über die politische Lage in Ost und West, ein gepflegtes Gespräch, ganz wie in alten Zeiten. Und weil es so gepflegt ist, trinken wir einen Kaffee nach dem anderen, die Zeit vergeht wie im Fluge, Dudu kommt inzwischen nach Hause, setzt sich zu uns, und wir unterhalten uns zu dritt weiter. Wir sind längst vom Sie zum Du übergegangen, erstens wird in Israel ohnehin jeder geduzt, und zum zweiten sind der Zeitungsmensch und ich ehemalige Genossen, und als er aufbricht, gibt er mir seine Karte: »Die wird vom ›Spiegel‹ gedruckt«, entschuldigt er sich und lädt mich ein. »Wenn du mal nach Hamburg kommst, ruf mich an. Und wenn du nicht weißt, wo du wohnen sollst,

kannst du ruhig bei uns in der Wohngemeinschaft übernachten.« Dann verabschiedet er sich und läßt mich mit meinem rückständigen Orientalen allein.
»Wieso lädt er dich ein, bei ihm zu übernachten?«
»Weil das in unseren Kreisen so üblich ist.«
»Was ist üblich?«
»Daß man, wenn man jemanden kennt, ihn ruhig einlädt zum Übernachten.«
»Und was macht man bei der Übernachtung?«
»Nichts macht man bei der Übernachtung, man schläft.«
»Miteinander?«
»Wenn man will.«
»Bist du noch bei Sinnen«, beginnt Dudu zu toben, »läßt dich mir nichts dir nichts zum Übernachten einladen!«
»Hör zu«, sage ich, »ich kann nun wirklich nichts dafür, daß die gesamte sexuelle Fortentwicklung in Europa an dir spurlos vorübergegangen ist, daß du beschränkt bist und daß du von der Gleichberechtigung der Frau noch nichts gehört hast. Freud ist dir wohl kein Begriff.«
»Freud, Schmeud, ich will wissen, was er von dir will.«
»Nichts will er.«
»Und warum lädt er dich zum Übernachten ein?«
»Weil er freundlich ist und mir einen Gefallen tun will.«
»Schöner Gefallen, und warum hast du ihn nicht sofort rausgeschmissen nach diesem eindeutigen Angebot?«
»Geht es nicht in deinen marokkanischen Kopf hinein, daß man eine Frau zum Übernachten einladen kann, ohne etwas von ihr zu wollen?«
»So etwas gibt es nicht.«
»Natürlich gibt es das.«
»Kein Mann denkt so. Wenn er eine Frau einlädt, dann will er mit ihr schlafen.«
»Aber nicht die Linken.«

»Linke, Rechte, wenn sie nicht impotent sind, dann wollen sie es.«
»Aber nicht die progressiven, linken politisch bewußten Männer.«
»Die vögeln in Deutschland wohl nicht?«
»Doch, aber nicht um jeden Preis. Wenn die Frau nicht will, dann respektieren sie das.«
»Auch wenn die Frau bei ihnen übernachtet?«
»Ja, auch wenn sie bei ihnen übernachtet und sogar bei ihnen im Bett liegt.«
»Die sind ja krank.«
»Du bist krank und rückständig.«
»Ich bring dich um, wenn du mich betrügst.«
»Das hast du mir schon tausendmal gesagt.«
»Noch am selben Abend verlasse ich dich.«
»Ich weiß.«
»Wenn du nach Hamburg fährst, fahre ich mit.«
Ach, wo bin ich gelandet! Ich, die keine Rücksicht nahm, auf niemanden, die die volle sexuelle Freiheit genoß, ich bin an einen Aufpasser geraten, der wie ein Wolf sein Revier verteidigt. Jeder, der nur in die Nähe des Reviers kommt, wird vergrault und verbissen, meine emanzipatorischen Ideen verstauben. Freud und Reich, Schwarzer und Jong, wie habe ich euch geliebt, die ihr meinen Geist geöffnet und mir gezeigt habt, wie man frei von Schuldgefühlen mit jedem ins Bett gehen kann, auch wenn es nicht immer ein reines Vergnügen war, aber was tut man nicht alles der Freiheit zuliebe! Und nun habe ich mich mit einem Orientalen eingelassen, für den meine heiligen Vorbilder nur leere Namen sind und der von ihren Lehren keine Ahnung hat. Dafür weiß er um so besser, was sich für eine Frau gehört, hochgeschlossene Kleider, züchtiger Blick auf den Boden, eine große Küche und ein dicker Hintern. Zumindest das Schönheitsideal des Orients kommt mir entgegen. Die dünnen, ausgemergelten Mannequinfiguren reizen hier keinen, der

Orientale mag es rund und weich. Wenigstens kann ich hier mit Genuß essen, ohne mich über jedes Gramm zu ärgern, im Gegenteil, ich esse mit dem Gefühl, daß meine runden und weichen Formen sexuellen Hochgenuß vermitteln, aber eben nur Dudu und mir.

Die Börse

Als Kind liebte ich die Märchen aus Tausendundeiner Nacht. Die Geschichten vom Kalifen Harun al Raschid, von herrlichen Palästen, fliegenden Teppichen, schönen Prinzessinnen, von goldenen Gefäßen und glitzerndem Reichtum, der die Märchengestalten umgab. In den orientalischen Märchen wurde nicht schwer gearbeitet und fleißig gespart, sie boten ein Bild prächtigen Überflusses. Märchen werden ja manchmal wahr, und so verwirklichten sich die arabischen Märchen. Im Orient begann das Öl aus dem Boden zu sprudeln und das Gold vom Himmel zu regnen. Der ganze Orient scheint in Öl zu schwimmen, nur in Israel findet sich kein Tropfen. Man sucht, gräbt, forscht, vergebens. Vielleicht hat man hier die verkehrten Geschichten erzählt. Bei uns lernen die Kinder, daß der Herr zu Adam sprach: »Im Schweiße deines Angesichts sollst du dein Brot essen, bis du wieder zu Erde werdest, davon du genommen bist.« Und was dieser Satz bedeutet, lerne ich erst jetzt kennen. Es ist Hochsommer. Morgens wache ich schweißgebadet auf. Die Dusche kühlt mich ein wenig ab, aber nach einer halben Stunde ist mein T-Shirt wieder durchgeschwitzt. Was man anzieht, klebt am Körper, und jede Erledigung außerhalb des Hauses wird zur Qual. Auf dem Asphalt brennt die Sonne noch stärker, die Menschen sind nervös und gereizt, die Stadt ist wie ein kochender Kessel.

Ich habe mich in Tel Aviv im Café Kasit mit einer Freundin verabredet und nehme Dudus Auto. Es ist ein Triumph, Modell 1965, museumsreif, und ich hasse es, mit ihm zu fahren. Aber noch schlimmer ist es, den Bus zu nehmen und zwischen schwitzenden Menschen eingekeilt zu stehen. Der israelische Verkehr hat seine eigene Gesetzgebung, man überholt rechts und links, wechselt, ohne zu blinken, die Spur, stoppt unerwartet, und so bewege ich mich vorsichtig und langsam vorwärts. Es ist zwölf Uhr mittags, und die Sonne steht im Zenit. Wegen der Hitze und der Abgase sehe ich die Fahrbahn wie durch einen grauen Schleier, der Plastiksitz brennt, und im Zeitlupentempo schiebt sich die Autokolonne durch die Tel Aviver Innenstadt. An einer Ampel bleibt das Auto stehen. Fertig. Aus. Die ganze Zeit habe ich befürchtet, daß mir das passieren wird. Ich drehe den Zündschlüssel, trete aufs Gaspedal, das Auto rührt sich nicht. Die Ampel springt auf Grün, und hinter mir beginnen die anderen Autofahrer zu hupen.
»Idiotin«, höre ich, »wenn du nicht fahren kannst, dann bleib zu Hause!«
»So ist das, wenn geistig zurückgebliebene Frauen den Führerschein bekommen«, ereifert sich eine andere Stimme. »Fahr schon!«
Ich kann nicht fahren, das Auto rührt sich nicht. Zwei Männer kommen auf mich zu. »Was ist los?« fragen sie. »Der Wagen springt nicht an.« Wir schieben das Auto zu dritt an den Straßenrand, und die beiden Kavaliere machen sich über das Auto her. »Die Zündung ist nicht in Ordnung«, sagt der eine. »Quatsch, Zündung, die Batterie ist alt.« »Wenn die Zündung nicht funktioniert, dann arbeitet die Batterie auch nicht«, kommentiert der erste.
Ich verstehe von alledem nichts, ich will nur ein Glas Wasser und einen schattigen Raum. Der eine setzt sich in das Auto und hantiert am Armaturenbrett. »Ein Mistauto hast du«, bemerkt er zu mir gewandt, zieht

irgendeinen Draht fest, und das Auto springt an.
Ich bin völlig ausgelaugt, bedanke mich, lasse Verabredung Verabredung sein und fahre nach Hause. Erschöpft nehme ich eine kalte Dusche und lege mich aufs Bett.
Zusätzlich zu der sommerlichen Hitze ist ein Fieber in Israel ausgebrochen, das Börsenfieber. In Israel wird Arbeitsmoral kleingeschrieben und Arbeit nicht geliebt. Der Mensch muß aber leben, und demzufolge muß man auch hier notgedrungen arbeiten. Nichtsdestotrotz verwendet das Volk einen großen Teil seiner geistigen Energie auf die Lösung des Problems, wie man ohne Arbeit zu Reichtum gelangen kann, und blickt neidisch auf Saudi-Arabien und Kuwait, wo der Reichtum nur so aus der Erde quillt. Es gibt mehrere Möglichkeiten, ohne Arbeit zu Besitz zu kommen. Eine wäre das Spielkasino. Man geht mit ein paar Lira ins Spielkasino, kauft einige Jetons, setzt, gewinnt, und schon ist man ein gemachter Mann. Das geht in Israel nicht, denn Kasinos sind nicht zugelassen, und zwar aus einem guten Grund. Die Staatsgründer kannten ihr Volk und wußten, daß es sich statt bei der Arbeit am Spieltisch aufhalten würde.
Eine andere Möglichkeit ist, man wird Künstler, malt ein paar Bilder, wird berühmt und kassiert Tausende von Dollars für jedes Bild. Und deswegen versinkt Israel in einem Meer von Malern, Ausstellungen und Galerien. Wir haben das Potential, die gesamte Welt mit Bildern zu versorgen, von realistisch bis abstrakt ist jeder Stil vorhanden. Aber auch dieser Weg klappt nicht immer, und man kann die Künstler, die über Israels Grenzen bekannt werden, an den Fingern abzählen.
Aber etwas gibt es, woran sich jeder beteiligen kann, Omas, Opas, Kinder, Künstler, Hausfrauen, Mütter, Arbeiter und Kapitalisten – die Börsenspekulation.
Das hat zwei Vorteile, erstens kann man schnell und ohne Arbeit reich werden, und zweitens muß man

keine Steuern auf Börsengewinne zahlen. Für jede Lira Zinsen muß ich dem Staat meinen Anteil geben, an jeder verdienten Münze beteiligt er sich unverschämt, nur aus den Börsengewinnen hält er sich heraus.
Die Börsenspekulation ist denkbar einfach. Man kauft sich ein paar Aktien, sobald sie steigen, verkauft man sie und kauft andere: die, die gerade gefallen sind, und sobald diese steigen, wiederholt man das Spiel, und im Handumdrehen ist man reich. Mich hindert nur eine einzige Charaktereigenschaft daran, an diesem Spiel teilzunehmen – mein krankhafter Geiz. Wenn ich mir vorstelle, ich könnte Aktien kaufen, und die würden wider Erwarten nicht steigen, sondern fallen, und mein Geld wäre hin, dann läuft mir ein kalter Schauer über den Rücken, und ich verzichte auf potentielle Riesengewinne. Lieber eine Lira sichere Zinsen als zehn Lira unsicherer Gewinn. Bei Dudu hingegen bricht die orientalische Großzügigkeit durch.
»Wenn ich eines Tages ein berühmter Maler bin, kaufe ich dir einen Palast«, verspricht er mir. »Aus goldenen Tellern werden wir essen, in antiken Möbeln werden wir wohnen und auf handgeknüpften Teppichen laufen.« Und zur Bekräftigung seiner Worte malt er mir gleich den Palast auf, mit einem riesigen Parkareal drumherum, kunstgeschmiedeten Toren und einer Kuppel. Inzwischen sind wir vom Palast noch sehr weit entfernt und müssen uns noch mit der Fantasie begnügen.
Eines Abends sehen wir fern. Schon in den Nachrichten erwähnt der Sprecher, daß die Aktienkurse sprunghaft gestiegen seien und enorme Summen an der Tel Aviver Börse umgesetzt wurden. Danach kommt eine Sendung, in der über Vermögensbildung und Investitionsmöglichkeiten informiert wird. Ein Fachmann berichtet über den außergewöhnlichen Anstieg der Aktienkurse, zeigt auf ein Schaubild, und jeder kann sehen, daß die Linie permanent nach oben verläuft. Nun

kommt ein Schnitt, und wir befinden uns im Vorraum der Börse. Ein junger Mann wird interviewt, er erzählt, daß er sein ganzes Geld in Aktien angelegt und, wie wir sehen, sein Glück gemacht habe. Er hat es nicht mehr nötig zu arbeiten, wenn er an einem Börsentag mehr Gewinn macht als in einem Monat Arbeit.
»Aktien muß man kaufen«, ist Dudus Kommentar. Er hat Feuer gefangen.
»Ich habe schon gehört, daß manche ihr ganzes Geld durch Aktien verloren haben«, bemerke ich.
»Ach was, du hast doch gesehen, wie einfach das ist. Jetzt ist die Zeit. Der Zug rollt, und man muß sich noch schnell auf den Zug schwingen.«
»Meinetwegen kann der Zug rollen.« Mich hat die Sendung kaltgelassen. Zwei Tage später überrascht mich Dudu mit einer Neuigkeit.
»Ich habe meine Wohnung verkauft.«
»Was hast du?«
»Die Wohnung verkauft, es war ohnehin ein mieses Loch, das Geld investiere ich in Aktien, in zwei Monaten kaufe ich eine große Wohnung, vielleicht sogar ein kleines Häuschen. Du wirst sehen, den Palast baue ich dir schneller als gedacht.«
Zugegeben, seine Wohnung war wirklich kein Prunkstück, aber ein Dach über dem Kopf ist doch etwas Elementares.
»Du vergißt, daß ich ein ehemaliger Architekt bin, mit dem Geld, das ich jetzt bald verdiene, baue ich die schönste Villa.«
Schlagartig ändert sich unser Lebensrhythmus, er wird ganz und gar der Börse angepaßt. Morgens steht man noch auf, das bleibt. Danach wird eine Zeitung gekauft, und man studiert die Aktienkurse. Dudu hat einen kleinen Notizblock neben sich liegen, auf dem notiert er, was er gekauft und verkauft hat, wieviel es gestiegen und gefallen ist, was gewonnen, was verloren.

Energieaktien sind stark gefallen, dreißig Prozent innerhalb einer Woche, das bedeutet, daß sie jetzt steigen.«
»Und wenn sie nicht steigen?« wende ich ein.
»Sie steigen, verlaß dich darauf, ich mache mir meine private Statistik, und die ist untrüglich. Banken sind leicht gestiegen, lieber nicht kaufen, weil sie noch fallen werden«, kommentiert er. So geht er Aktie um Aktie durch, danach rennt er zur Bank.
Die Banken sind überfüllt, das jüdische Volk tummelt sich in den Wertpapierabteilungen. Jeder gibt seinem Nebenmann Ratschläge, was er unbedingt kaufen solle und was unbedingt sofort zu verkaufen sei, politische Sachverhalte werden mit Gewinnspekulationen verknüpft; wer heutzutage noch arbeitet, dem ist nicht zu helfen, und die Aktien steigen und steigen. Dudus Studio bleibt geschlossen, seine Pinsel verstauben, dagegen hat der Bleistift Hochkonjunktur. Es wird geschrieben und gerechnet, kalkuliert und radiert, Dudu wird von Tag zu Tag reicher. Die Börsennachrichten verdrängen die politischen Ereignisse aus den Schlagzeilen der Zeitungen, die Kurse steigen sprunghaft täglich um 10, 20, 30 Prozent, der Palast rückt in greifbare Nähe. Sogar ich werde mitgerissen, wir schmieden Pläne, sehen uns Wohnungen und Grundstücke an und finden sogar ein hübsches Grundstück mit einem Haus in der Tel Aviver Innenstadt.
Dudu hat sich mit dem Eigentümer verabredet, und wir treffen ihn in der Stadt. Der Mann schwärmt uns vom Haus und von seiner Frau vor, welch eine Schönheit sie sei, welch ein edler Charakter, welch eine vollendete Hausfrau. Er ist um die 50 Jahre alt, hager, kommt aus Tunesien, und seine Julietta muß nach seinen Erzählungen so etwas wie eine tunesische Ex-Schönheitskönigin sein.
Danach fahren wir zur Orts- und Hausbesichtigung. Julietta empfängt uns an der Tür. Ich schätze, daß Julietta

120 Kilo wiegt; ein Berg aus Fleisch mit rotgefärbten Haaren, die sie neckisch zu einem Pferdeschwanz gebunden hat. Sie trägt einen grünen Hosenanzug und dazu passend ein grünes Schleifchen im Haar. Das Haus ist nicht überwältigend, ein bißchen sehr primitiv, finde ich. »Die schönste Villa kann man daraus machen«, meint Dudu, er ist vom Haus angetan. Danach trinken wir mit Julietta und ihrem Mann türkischen Kaffee, essen süße Datteln und getrocknete Feigen, und Julietta vertraut mir Lebensweisheiten an.
»Das Wichtigste im Leben ist die sexuelle Befriedigung. Essen und Kleider kommen erst danach.« Ich schaue mir ihren hageren, fast ausgemergelten Mann an. »Ja, ja«, bemerke ich. »Ihr Mann muß ja bei ihr einiges zu tun haben«, denke ich.
Die Männer verhandeln die geschäftliche Seite. Sie werden handelseinig und verabreden sich für den nächsten Donnerstag beim Rechtsanwalt, um den Vorvertrag aufzusetzen.
»Dudu«, sage ich, als wir das Haus verlassen haben, »heute ist Sonntag, warum habt ihr euch denn erst für Donnerstag verabredet?« »Wegen der Aktienkurse, bis Donnerstag steigen die Aktien nochmals um zwanzig Prozent, ich habe meine genauen Berechnungen gemacht, und dann habe ich das Geld für das Haus zusammen. Die schönste Villa werde ich dir bauen.«
Montag morgen schlagen wir die Zeitung auf, die Kurse haben sich nach oben bewegt, Dienstag morgen, die Kurse halten sich, Mittwoch morgen, die Kurse sind gestiegen, und Dudu steht vor einer schweren Entscheidung. »Ich werde noch einen Tag warten, die Kurse steigen so schön, jetzt darf man nicht vom fahrenden Zug abspringen.«
»Warte nicht«, dränge ich, »geh zur Bank.«
»Nur noch einen Tag, morgen früh verkaufe ich alle Aktien, und am Nachmittag schließen wir den Kaufvertrag beim Rechtsanwalt ab.«

Donnerstag früh geht er zur Bank und verkauft. Die Stimmung im ganzen Land war in den vergangenen Tagen fieberhaft, die Kurse sind ungewöhnlich hoch, Menschen verkaufen ihre Wohnungen, Grundstücke, Autos, um Aktien zu erwerben. Die Börse brodelt vor Aktivität, die Banken sind überfüllt, es wird gekauft, gehandelt, spekuliert. Israel ist im Börsentaumel.
Am Donnerstag mittag ist der Börsenkrach da. Plötzlich, aus heiterem Himmel, sind die Aktien in den Keller gefallen. Sie fielen nicht um 10, nicht um 20, nicht um 30 Prozent, sie fielen um 50, 60, 70 Prozent. Manch einer, der am Morgen noch ein reicher Mann war, findet sich jetzt als armer Schlucker wieder. So wie Dudu. Haus und Grundstück sind davongeflogen. Von dem Geld ist so wenig geblieben, daß er sich nicht einmal mehr ein Kellerloch hätte kaufen können. Adieu, Villa, adieu, Palast, adieu, ihr goldenen Teller und handgewirkten Teppiche, adieu!
Dudu hat sein Atelier wieder geöffnet und die Pinsel hervorgeholt. So sitzen wir dort, trinken Kaffee und warten auf Kunden, und er malt mir Paläste mit riesigen Parkarealen, kunstgeschmiedeten Toren und goldenen Kuppeln.

Das Land der Diebe

Von Rabbi Wolf aus Sabaraz wird folgende Geschichte erzählt:
Diebe schlichen sich eines Nachts in Rabbi Wolfs Haus und steckten ein, was ihnen unter die Hände kam. Der Weise sah ihnen von seiner Kammer aus zu und störte sie nicht. Am Ende ergriffen sie mit anderem Gerät einen Krug, in dem vorher einem Kranken der Abendtrunk gereicht worden war. Rabbi Wolf lief ihnen nach. »Ihr guten Leute«, rief er, »was ihr bei mir gefunden habt, das seht als mein Geschenk an, und wißt, daß ich

es euch gönne. Aber mit diesem Krug, darum bitte ich euch, geht vorsichtig um, es haftet Krankenatem dran, der euch anstecken könnte!«
Seither sagte er jeden Abend vor dem Schlafengehen: »Ich gebe all meinen Besitz frei.« So wollte er, wenn wieder Diebe kämen, die Schuld von ihnen wenden.
Ich lese die Geschichte von Rabbi Wolf, und sie gefällt mir sehr. Ich beneide ihn, er hängt nicht an irdischem Besitz und zerbricht sich nicht den Kopf darüber, ob nun Diebe kommen oder nicht. Wäre ich schon so weit wie er, dann würde ich mir keine Sorgen um meinen Farbfernseher und meine Stereoanlage machen, so aber liegen mir diese Statussymbole westlicher Wohnkultur schwer im Magen. Ich brauche weder einen Farbfernseher noch eine Stereoanlage, ich könnte ohne sie auskommen, und daß ich sie mir gekauft habe, daran ist nur der Staat schuld. In Israel werden Luxusartikel verzollt, und zwar so hoch, daß sie wirklich zum reinen Luxusartikel werden. Vom Zoll ausgenommen sind, wie erwähnt, Neueinwanderer wie ich, die innerhalb von drei Jahren nach ihrer Einwanderung zollfrei elektrische Geräte erwerben können. Eigentlich wollte ich mir einen kleinen Schwarzweißfernseher kaufen, aber im Geschäft erklärte mir der Verkäufer: »Das lohnt sich nicht, schon gar nicht für dich als Neueinwanderer.«
»Warum lohnt sich das nicht?«
»Du kannst nur einen Fernseher zollfrei erwerben, egal ob schwarzweiß oder Farbe. Wenn du dir aber jetzt ein Schwarzweißgerät zulegst, dann wird in deinem Ausweis Fernseher eingetragen, und du kannst dir nie mehr einen Farbfernseher zollfrei kaufen.« Da mich der Fernseher die Hälfte des Preises kostet, den die sonstige Bevölkerung bezahlen muß, lasse ich mich überzeugen und kaufe einen Farbfernseher. Daß drei Monate später unser Finanzminister die Zölle für Farbfernseher senken würde, konnte damals keiner voraus-

ahnen. Mit der Stereoanlage erging es mir nicht anders. Ich brauche keine Stereoanlage, aber wegen des Zolls, den ich nicht zahlen muß, kaufe ich mir eine Anlage, und weil ich nur eine einzige zollfrei erwerben darf, kaufe ich schon eine teure, Hi-Fi, 200 Watt, Dolby-System, mit allen Schikanen, ein Gerät, wie es eine Diskothek braucht. Nur ich brauche es nicht. Ich traue mich ohnehin nicht, es auf volle Lautstärke aufzudrehen. Nicht etwa, weil ich Angst vor den Beschwerden der Nachbarn habe, sondern weil ich nicht will, daß jemand weiß, daß ich eine Stereoanlage besitze, denn Israel ist das Land der Diebe.
Es gibt hier Gelegenheitsdiebe, jugendliche Diebesbanden und professionelle Einbrecher. Soziale Menschen, die eine Umverteilung des Besitzes vornehmen, indem sie die Farbfernseh- und Stereoanlagenbesitzer von ihrem Gut befreien und es denen verkaufen, die es nicht haben. In Israel haben sowohl Einbrecher wie Hersteller von Eisentüren und Sicherheitsschlössern Hochkonjunktur. Im Nu verschwindet hier alles. Vor zwei Wochen sind von unserem Auto die Rückscheinwerfer und der Rückspiegel abmontiert worden, bei meiner Nachbarin ist ein Plattenspieler und bei meiner Schwester ein Radio verschwunden. Versehentlich ließ meine Tochter ihr Fahrrad vor der Haustür stehen, und schon hatte es sich in Luft aufgelöst, im Religionsministerium verschwanden Gelder und beim Militär Kriegsmaterial. »Du sollst nicht stehlen« ist ein Gebot, an das sich weder die Minister noch das Volk halten.
Jeder sieht nur, was aus dem Ausland kommt, Fernseher aus Deutschland, Kühlschränke aus den Vereinigten Staaten, Waschmaschinen aus Frankreich, Stereoanlagen aus Japan, gesehen wird nicht, daß der westliche Wohlstand seinen Preis hat. Der Preis ist der Fleiß, ist das Arbeiten um des Arbeitens willen, das Verzichten zugunsten einer späteren Anschaffung. Hier hingegen ist jemand, der fleißig für den Arbeitgeber arbei-

tet, dumm, gearbeitet wird mit der Absicht, so wenig wie möglich zu tun, und verzichtet wird überhaupt nicht, weil man nicht weiß, was der morgige Tag bringt und wie hoch die Inflation im nächsten Monat sein wird. Und viele Jugendliche haben nie die Moral des Arbeitens erfaßt und rechnen sich aus, daß man von Gelegenheitsdiebstählen leben kann. Und so sitzen sie in Grüppchen, überlegen, wo man hier und dort etwas mitgehen lassen könnte, und die anderen kaufen Eisentüren, vergittern die Fenster, um sie abzuwehren, und bekommen Kopfschmerzen wie ich, wenn ich an meine Stereoanlage und meinen Farbfernseher denke. Das Polizeipräsidium kenne ich schon in- und auswendig, es geht dort zu wie auf einem Bahnhof, ein ständiges Kommen und Gehen. Die Diebstähle werden registriert, und die Beamten ersticken in einer Woge von Formularen, nur mit der Aufklärung hapert es.
Aber weil unsere Polizei findig ist, hat sie sich etwas einfallen lassen. »Wir haben es mit zwei Problemen zu tun«, erklärt der Polizeisprecher im Radio. »Das eine ist, daß bei uns unverhältnismäßig viel gestohlen wird – wir stehen an zweiter Stelle in der Weltrangliste –, und das andere ist: Wenn wir schon Diebstähle aufklären, wissen wir häufig nicht, wem die gefundenen Wertgegenstände gehören. Und aus diesem Grund läuft eine Polizeiaktion an, in deren Verlauf der persönliche Besitz gekennzeichnet werden soll. Wenn morgen ein Beamter vor deiner Tür steht, mit einem elektronischen Griffel, dann zeige ihm deine Wertgegenstände, und er kennzeichnet sie mit deinem Namen oder deiner Paßnummer. Das hat einerseits den Vorteil, daß Diebe abgeschreckt werden, weil sich markiertes Gut schwer veräußern läßt, und führt zum anderen dazu, daß, wird es doch gestohlen und von der Polizei gefunden, der Besitzer leichter ausfindig gemacht werden kann.« Danach folgt eine ausführliche Beschreibung, um was für einen Griffel es sich handelt – eine Erfindung aus Ame-

rika, wie kann es auch anders sein – und wie er gehandhabt wird, und zum Schluß würdigen einige Kommentatoren das kluge Vorgehen unserer Polizei. Mir gefällt der Vorschlag im großen und ganzen, ich habe nur ein Bedenken. Nehmen wir an, ein Dieb beschafft sich diesen Griffel, besorgt sich eine Polizeiuniform, geht von Wohnung zu Wohnung und bekommt ungehindert Einblick in die Besitzverhältnisse. Dann weiß er genau, wo das Einbrechen sich lohnt und wo nicht. Und weil ich unseren Dieben mehr zutraue als unserer Polizei, scheint mir meine Skepsis berechtigt.
Ich sehe, es bleibt mir nichts anderes übrig, als der Größe Rabbi Wolfs nachzustreben, der nicht an irdischen Gütern hängt. Bis dahin muß ich mich mit Eisentüren und Kopfschmerzen begnügen.

Der Schekel

Wir haben eine neue Währung, den Schekel. Am Freitagnachmittag, als die Banken bereits geschlossen sind, wird die Nachricht über Rundfunk verbreitet.
»Israels Währungseinheit wird ab Sonntag der Schekel sein. Zehn alte israelische Lira sind künftig einen Schekel wert.« Das klingt ganz einfach, und damit hat unsere Regierung eine kosmetische Korrektur der Inflation vorgenommen. Ein Kleid kostet in Zukunft 700 Schekel anstatt 7000 Lira, das Brot zwei Schekel anstatt 20 Lira. Weil man aber eine Währung nicht von heute auf morgen ändern kann, wird eine Übergangsphase geschaffen, in der sowohl die alte wie die neue Währung gilt. Nun gibt es auf einmal zwei Sorten Geld, Lira und alte Agorot, das sind die kleineren Einheiten der Lira, und Schekel und neue Agorot. Ich habe über ein Jahr gebraucht, um mich an die Umrechnung zu gewöhnen. Es sieht so logisch und simpel aus, daß 31 Schekel und 23 neue Agorot 312 Lira und 30 alte Ago-

rot sind, aber nur auf dem Papier. Die Verkaufsgespräche sind nun von folgender Qualität:
Gemüsehändler: »Das macht 31 Schekel und 23 Agorot.«
Kundin, ältere Dame, kramt umständlich 300 Lira und 23 neue Agorot hervor.
Gemüsehändler: »Es fehlen noch zehn Lira.«
Kundin: »Wieso zehn Lira?«
Gemüsehändler: »Die Rechnung macht 312 Lira und 30 Agorot.«
Kundin: »Warum sagst du das nicht gleich.« Sie nimmt zwölf Lira aus dem Portemonnaie.
Gemüsehändler: »Jetzt hast du mir zwei Lira zuviel gegeben.«
Kundin: »Willst du mich verrückt machen, hast gerade 312 Lira gesagt.«
Gemüsehändler: »Du hast mir aber doch schon 23 neue Agorot gegeben, das sind schon zwei Lira und 30 alte Agorot.«
Beim Gemüsehändler steht ohnehin immer eine Schlange, er hat eine Art Tante-Emma-Laden, jede Ware muß einzeln gewogen und abgepackt werden, dann macht er die Rechnung, zählt die einzelnen Posten zusammen, und nun verlängert sich der Einkauf um Stunden, denn ähnliche Diskussionen führt er mit jedem. Nachdem ich festgestellt habe, daß das Umrechnen nicht nur älteren Damen, sondern auch mir Schwierigkeiten bereitet, leere ich stets mein Portemonnaie auf den Tisch aus und bitte ihn, sich das Geld einfach selbst abzuzählen.
In einem Schuhladen sehe ich ein paar Sandalen, eine Sohle und zwei Riemchen. Ich betrete das Geschäft und frage: »Was kosten diese Sandalen?«
»Fünfhundert«, sagt der Händler.
»Was?« frage ich, es ist mir einfach unangenehm zu sagen, daß ich nicht weiß, ob er Lira oder Schekel meint.
»Fünfhundert.«

»So«, sage ich, »fünfhundert Lira.«
»Für fünfhundert Lira kannst du dir zwei Kilo Bananen kaufen, aber nicht diese eleganten Sandalen«, antwortet er.
»An zwei Kilo Bananen ist auch mehr dran als an diesen eleganten Sandalen«, bemerke ich und verlasse das Geschäft.
In der Bank drehen sich die Gespräche natürlich immer um Geld, und jetzt werden Grundsatzdiskussionen über die neue Währungseinheit geführt. Wenn man in Israel zur Bank geht, um 500 Schekel, das sind weniger als 100 Mark, abzuheben, dann nimmt das einen halben Vormittag in Anspruch. Erst hier ist mir die Bedeutung des Wortes Bank klargeworden, man sitzt stundenlang herum. Und wie überall gibt es Streitereien, wer denn nun zuerst dagewesen ist.
Bei meiner Bank hatte man in dieser Situation die rettende Idee, Nummernschildchen einzuführen. Jeder zieht eine Nummer, und wenn diese auf einer kleinen Anzeigetafel erscheint, geht der Betroffene zum Schalter. Ich habe heute die Nummer 89 gezogen. Gerade ist die Nummer 72 dran, ich habe also noch eine Weile Zeit und setze mich auf eine der Bänke, die massenweise in der Bank herumstehen.
»Wozu hat man den Schekel gebraucht?« ereifert sich ein junger smarter Israeli. »Was allein die Umstellung kostet, das Drucken von neuen Geldscheinen, Prägen von Münzen! Damit wird die Inflation nur noch mehr angeheizt.«
»Siehst du, was für ein Dummkopf du bist«, entgegnet der ältere Mann, der neben ihm sitzt. »Der Schekel gehört zum Volk Israel wie die Bibel.«
»Was hat der Schekel mit der Bibel zu tun?« mische ich mich ein. Der Alte schüttelt den Kopf über so viel Unwissenheit. »Und es hörte Abraham auf die Stimme von Efron und wog ihm das Geld ab, davon er gesprochen hatte in Anwesenheit der Söhne Chets, vier-

hundert Silberschekel gab er ihm«, rezitiert er. »Für vierhundert Silberschekel hat Abraham die Höhle gekauft, in der er seine Frau Sara begraben hat.«

»Das wußte ich nicht«, entschuldige ich mich.

»Was wißt ihr denn heute schon, mag die Inflation Israels so hoch werden wie der babylonische Turm, der Schekel wird bleiben.«

Der Bibelkenner geht zum Schalter, und ich warte geduldig. Wer keine Geduld hat, ist in Israel verloren. Alles dauert lange, überall stehen Schlangen, auf der Post, in der Krankenkasse, beim Elektrizitätswerk, in der Stadtverwaltung und natürlich auf der Bank. Die einzige Möglichkeit, sich die Zeit zu verkürzen, ist, sich mit den anderen Wartenden zu unterhalten, und davon wird rege Gebrauch gemacht. Manchmal höre ich die ganze Lebensgeschichte meines Vorder- oder Hintermannes, bis ich dran bin. Wo geboren, wie viele Kinder, welcher Beruf, wie die Ehe ist, wirtschaftliche und soziale Situation, dadurch wird die Wartezeit erträglich. Inzwischen ist Nummer 87 dran. Jetzt erscheint Nummer 88 auf der Anzeigetafel, und bald kann ich Geld abheben. Nummer 88 ist eine dicke, schwarzhaarige, etwa 45 Jahre alte Frau mit einer blauen Plastikeinkaufstasche. Sie geht auf den Schalterbeamten zu, in diesem Moment erscheint ein etwa 40jähriger Mann, ein wenig außer Atem, und will sich auf dem Stuhl vor dem Schalter niederlassen.

»Ich bin dran«, sagt die Schwarzhaarige, »hier meine Nummer 88.«

Der Vierzigjährige zieht seine verknüllte Nummer aus der Tasche und hält sie ihr vor die Nase.

»Ich habe die Nummer 62.«

»Wieso die Nummer 62?« will sie wissen, »62 ist längst vorbei.«

»Ich mußte am Nebenschalter etwas erledigen, deswegen hat es länger gedauert, und inzwischen sind die Nummern weitergegangen.«

»Dann zieh gefälligst jetzt eine neue Nummer!« schreit die Frau. »Ich habe lange genug gewartet.«
»Wer ist nun dran?« Der Schalterbeamte drängelt.
»Ich«, sagt der Mann.
»Du wirst vor mir nicht drankommen. Was denkst du dir eigentlich. Ziehst einfach eine Nummer, dann erledigst du noch andere Geschäfte, und wenn du wiederkommst, willst du dich kurzerhand auf den Stuhl setzen. Nicht bei mir. Ich habe drei Kinder, die warten zu Hause, und ich warte hier schon zwei Stunden, und jetzt bin ich dran.«
»Ich habe es eilig«, regt sich der Mann auf, »ich habe vorhin schon zwei Stunden gewartet.«
»Wann denn, gestern? Ich habe dich hier nicht eine Minute warten sehen.« Ich merke, das wird ein längerer Disput, deswegen stehe ich auf und stelle mich neben den Schalter.
»Welche Nummer hast du?« fragt der Bankbeamte.
»89.«
»Setz dich, und sag mir, was du willst.«

Könntest du mir einen Gefallen tun?

Ich reise ins Ausland. Das ist hier etwas Besonderes. So schnell fährt man von Israel nicht ins Ausland, denn das Ausland ist weit. Das neueste Ausland, Ägypten und der Sinai, zählt nicht richtig. Erstens gehörte uns der Sinai 15 Jahre, und wir wissen, was es dort zu sehen gibt, ein bißchen Meer, ein paar Sanddünen und einige Beduinen, und zweitens steht Ägypten nicht hoch im Kurs, denn Ägypten ist nicht weit genug weg. Das richtige Ausland beginnt hinter Zypern, und ich fliege in die Schweiz. Vor einigen Wochen wurde ich eingeladen, auf einem Kongreß in Davos eine Rede zu halten. Ob ich bereit sei, für drei Tage nach Davos zu kommen – Flugkosten und Logis werden übernommen –, frag-

ten die Veranstalter an. Auch eine Frage.
Ich wollte nicht schreiben, daß ich vor Freude Luftsprünge gemacht hatte, und so antwortete ich: »Ich werde mir große Mühe geben, zum angegebenen Datum in die Schweiz zu reisen, um an Ihrem Kongreß teilzunehmen.« Meine Freude muß man mir angesehen haben, jedenfalls merkt Gerschon, mein Lebensmittelhändler, sofort, daß irgend etwas mit mir los ist.
»Warum freust du dich?« fragt er, als ich Milch hole.
»Ich verreise ins Ausland.«
»Ins Ausland? Wunderbar, wohin fährst du?«
»In die Schweiz«, antworte ich.
»Was du nicht sagst, in die Schweiz«, wiederholt er. »Da hätte ich eine kleine Bitte an dich. Könntest du mir einen Gefallen tun und etwas für mich mitbringen?«
»Ja, warum nicht«, erwidere ich.
»Dann bring mir bitte zehn Tafeln Schweizer Schokolade mit.«
»Wozu brauchst du Schweizer Schokolade?« wende ich ein. »Du hast doch genug Schokolade hier im Laden.«
»Was vergleichst du Schweizer Schokolade mit israelischer Schokolade? Schweizer Schokolade schmeckt doch nach Schokolade!«
Ich finde die israelische Schokolade gut und bin überhaupt im großen und ganzen mit den israelischen Produkten zufrieden, aber diese Meinung teile ich mit einer Minderheit unserer Bevölkerung. Die meisten Israelis ordnen die Waren zwei Kategorien zu, made in Israel und made in Ausland. Made in Israel heißt, es schmeckt nicht, es funktioniert nicht, es taugt nichts; made in Ausland, egal in welchem, heißt toll, fantastisch, damit kann man angeben, es ist etwas wert. Weil die ausländischen Waren mit hohen Zöllen belegt werden, hat es sich eingebürgert, jeden, der ins Ausland fährt, um Gefallen zu bitten.
»Eine Kleinigkeit kannst du mir doch mitbringen«, bit-

tet eine Freundin, der ich von meiner bevorstehenden Reise erzähle. »Aber wirklich nur eine Kleinigkeit«, sage ich, denn ich habe keine Lust, kiloweise Gefallen zu importieren.

»Bring mir doch bitte einen Toaster mit, einen ganz einfachen, wo man obendrauf auch Brötchen rösten kann.«

Ich schlucke meinen Ärger herunter, und weil ich mich mit ihr nicht zerstreiten will, werde ich den Toaster mitbringen. Gleichzeitig nehme ich mir vor, niemandem mehr von meiner Auslandsreise zu erzählen. Es spricht sich aber herum, und am Abend klingelt meine Nachbarin. »Ich habe eine Bitte an dich«, fängt sie an. »In Europa gibt es Stützstrümpfe. Ich leide an Krampfadern, sieh her.« Sie hebt ihr Kleid hoch, um mir die Krampfadern zu zeigen. »Tu mir einen Gefallen, und bring mir ein paar elastische Stützstrümpfe mit.« »Ich muß schon genug Sachen mitbringen«, entgegne ich gereizt. »Aber ein paar Stützstrümpfe nehmen doch keinen Platz im Koffer weg«, bettelt sie.

»Gut, ich werde die Stützstrümpfe mitbringen.« Ich habe mich erweichen lassen.

Ansonsten ist meine Freude ungetrübt. Hoffentlich regnet es in der Schweiz, ein paar Tage Regen im Sommer sind doch etwas Erfrischendes. Ich werde in den Bergen spazierengehen, durch den Wald laufen, vor Vorfreude bin ich ganz aufgeregt. Der Flug ist für Donnerstag gebucht, und am Montagabend ist mein Koffer fertig gepackt. Die Flugkarte ist inzwischen zugeschickt worden, mein israelischer Reisepaß liegt bereit, und am Donnerstag, sieben Uhr morgens, geht es los. Vor Aufregung schlafe ich in der Nacht vor der Abreise schlecht, dauernd wache ich mit Alpträumen auf, in denen ich verschlafen habe und das Flugzeug ohne mich abgeflogen ist, und unaufhörlich kontrolliere ich, ob der Wecker richtig eingestellt ist. Es ist ein elektrischer Wecker. »Und was mache ich, wenn mitten in der

Nacht der Strom ausfällt«, geht es mir plötzlich durch den Kopf. Hier fällt öfter unerwartet der Strom aus, manchmal eine Stunde, ein anderes Mal einen halben Tag, und warum nicht einmal eine ganze Nacht?
Bei Tagesanbruch stehe ich auf und fahre zum Flughafen. Sicherheitshalber habe ich nochmals alles überprüft, Handtasche, Flugkarte, Paß, Geld, alles in Ordnung, die Reise kann losgehen. Am Flughafen wird der Koffer abgefertigt, eine etwas mühsame Prozedur, denn jeder Koffer wird nach Waffen oder Munition durchsucht, dann gehe ich durch die Sperre zur Paßkontrolle. Eine junge Beamtin in Uniform nimmt den Ausweis entgegen, kontrolliert ihn und stellt fest: »Dein Reisepaß ist abgelaufen, du kannst das Land nicht verlassen.«
Mir stockt der Atem. »Das kann nicht sein«, antworte ich. »Den Reisepaß habe ich vor einem Jahr bekommen, und ein Paß ist doch fünf Jahre gültig.«
»Nicht bei Neueinwanderern«, belehrt sie mich. »Bei Neueinwanderern wird in den ersten drei Jahren der Paß nur jeweils für ein Jahr ausgestellt. Dein Paß wurde vor dreizehn Monaten ausgestellt, und seit einem Monat ist er abgelaufen. Es tut mir leid, du kannst nicht abfliegen.« »Kann man den Paß denn nicht ausnahmsweise hier vorläufig verlängern oder mir sonst ein Papier ausstellen, bitte!« Ich bin den Tränen nahe.
»Das können wir nicht machen, nur das Innenministerium kann Pässe verlängern.«
Vor Aufregung beginne ich zu toben: »Das ist ja wie im Gefängnis! Auf der ganzen Welt werden Pässe für fünf Jahre ausgestellt, nur hier nicht. Alles läuft hier verkehrt.«
»Entschuldige«, sagt die Beamtin, »ich habe die Gesetze nicht gemacht. Beschwere dich beim Innenministerium, was schreist du mich an.«
Ich muß umkehren. Mein Koffer ist auf dem Weg nach Zürich, und ich bin auf dem Weg ins Innenministerium.

»Schöne grüne Schweiz«, denke ich, während ich im Bus Richtung Ramat Gan zurückfahre, »schöne grüne Schweiz mit deinen herrlichen Bergen, der klaren Luft und dem erfrischenden Regen, nun sehe ich dich doch nicht.«

Was hier Innenministerium heißt, ist eigentlich das Einwohnermeldeamt. Ich hole mir beim Portier das Formular zur Paßverlängerung, fülle es aus und gehe zum Schalter. Eine Frau ist in eine heftige Diskussion mit der Beamtin verwickelt.

»Du mußt die israelische Staatsbürgerschaft annehmen. Du lebst über drei Jahre in Israel als zeitweiliger Einwanderer und mußt jetzt endgültig israelischer Staatsbürger werden«, fordert die Beamtin. In Israel gibt es mehrere Sorten von Einwanderern. Es gibt Neueinwanderer wie mich, das sind diejenigen, die bei ihrer Einwanderung sofort die israelische Staatsbürgerschaft annehmen, als Entgelt eine Reihe Sonderrechte bekommen und das Wahlrecht erhalten. Von dieser Sorte gibt es wenige. Die meisten wandern auf Zeit ein, man nennt sie zeitweilige Einwanderer. Drei Jahre lang kann man hier auf Probe leben, und wenn man dann die Nase von Israel nicht voll hat, wird man israelischer Staatsbürger. Als zeitweiliger Einwanderer hat man dieselben Rechte wie ein Neueinwanderer, außer dem Wahlrecht, aber wen interessiert schon die Politik. Die nächste Gruppe sind die Rückwanderer. Das sind Israelis, die mehrere Jahre im Ausland gelebt haben; zum Dank, daß sie zurückgekehrt sind, erhalten auch sie Steuervorteile und Sonderrechte, nicht ganz so viele wie die Neu- und zeitweiligen Einwanderer, aber immerhin. Außerdem gibt es permanente Touristen, das sind solche, die mit einem Touristenvisum kommen und hier jahrelang leben. Touristen haben auch das Recht, Waren zollfrei einzuführen, sofern sie eine Wohnung im Land nachweisen können. Die wenigsten Rechte haben die gebürtigen Israelis, außer dem Wahl-

recht natürlich, aber wen interessiert schon die Politik. Die Frau vor mir ist zeitweilige Einwanderin, und sie möchte die Probezeit von drei Jahren verlängern lassen. Sie hat sich bis jetzt noch nicht entschließen können, die israelische Staatsbürgerschaft anzunehmen.
»Man kann die Frist von drei Jahren nicht verlängern. Du mußt jetzt die israelische Staatsbürgerschaft annehmen«, wiederholt die Beamtin.
»Ich habe vier Jahre in Amerika gelebt. Glaubst du, da wäre mir jemand mit der amerikanischen Staatsbürgerschaft so nachgelaufen wie ihr mit der israelischen? Keiner hat mich gebeten, Amerikanerin zu werden, und hier nervt man mich vom ersten Tag an mit der israelischen Staatsbürgerschaft«, beschwert sie sich.
Die Beamtin kommt mit ihr nicht klar und verweist sie an den Abteilungsleiter. Jetzt bin ich dran und lege mein Formular zur Paßverlängerung auf den Tresen.
»Wo ist der Reisepaß?« fragt sie.
Ich gebe ihr den Paß. Sie schreibt irgendwelche Formeln auf das Formular und sagt: »In vier Wochen kannst du den verlängerten Paß abholen.«
»Ich brauche den Paß nicht in vier Wochen, ich brauche ihn heute.«
Sie schaut mich an: »Was heißt heute?«
»Heute heißt heute. Ich war auf dem Weg nach Zürich zu einem Kongreß. Ich repräsentiere Israel auf diesem Kongreß, und am Flughafen hat man festgestellt, daß der Paß ungültig ist«, erkläre ich.
»Warum bist du nicht früher gekommen?«
»Wer soll ahnen, daß man hier Reisepässe für ein Jahr ausstellt? Ich bin gewöhnt, daß Reisepässe fünf Jahre gültig sind.«
»Jeder ist in diesem Land an etwas anderes gewöhnt«, antwortet sie ärgerlich. »Was soll ich jetzt machen?« fragt sie.
Meine Gründlichkeit kommt mir zustatten. In meiner

Handtasche habe ich den Brief mit der Einladung zu dem Kongreß.
»Hier«, ich zeige ihr den Brief, »da steht es geschrieben. Am Samstag muß ich einen Vortrag halten. Ich will Israels Bild im Ausland verbessern, und man läßt mich nicht ausreisen.« Der Brief wirkt. Sie nimmt ihn und meinen Paß mit zum Abteilungsleiter. Ein offizielles Schreiben hat doch überall durchschlagende Wirkung. Zwei Stunden später habe ich meinen verlängerten Paß. Den Flug kann ich umbuchen, und am Freitag um sieben Uhr früh fliege ich in die erfrischende, verregnete Schweiz.

Nachrichten

Ich habe in Israel eine neue interessante Erfahrung gemacht. Fast zwei Jahre lang habe ich keine Zeitung gelesen und keine Nachrichten gehört. Das heißt, gelegentlich brachte jemand, der Israel besuchte, den »Spiegel« oder die »Frankfurter Rundschau« mit, und ich erfuhr aus deutschen Quellen, was sich in der Welt und insbesondere in Israel tat, aber nur sporadisch. Ich war mindestens zwei Jahre von den Informationsmedien ausgeschlossen. Nicht, daß ich jetzt jedes Wort in den Nachrichten verstünde, ganz und gar nicht, aber ich kann den Sinn bereits erfassen, und ich trauere der schönen Zeit nach, als ich noch ohne Nachrichten lebte. Ich muß feststellen, daß ich keine Nachrichten für mein Seelenheil brauche. Solange ich nicht verstand, was im Land vorging, kam mir alles sehr idyllisch und ruhig vor.
Ich wohne in Ramat Gan, inmitten eines Parks, morgens drehe ich das Radio an und höre Musik. Sobald gesprochen wird, drehe ich ab oder höre nicht zu.
Gelegentlich, wenn mir jemand eine deutsche Zeitung mitbringt, lese ich von der Atombewaffnung in Eu-

ropa, der Umweltverseuchung in Amerika und anderswo und von der bedrohlichen Situation an unseren Grenzen.
Ansonsten merke ich gar nicht, daß die Lage bedrohlich ist. Ramat Gan sieht friedlich aus, es gibt keine dramatischen Bombenanschläge und keine eskalierende Bewaffnung. Hebräische Zeitungen habe ich mir erst gar nicht gekauft, und so lebe ich die ersten zwei Jahre friedlich inmitten eines Kriegsgebietes. Danach endet die Idylle langsam. Zuerst verstehe ich nur Brocken von den Nachrichten, Krise hin, Krise her, dann halbe Sätze, und nun verstehe ich fast alles, leider. Dieses Land wird von Krisen nur so geschüttelt. Innenpolitisch, außenpolitisch, wirtschaftlich, was man will. Heute streiken die Ärzte. Das geht mich im Grunde genommen nichts an, ich bin nicht krank. Aber solange ich nicht wußte, daß die Ärzte streiken, machte es mir nichts aus, jetzt ärgert es mich. Erstens streiken sie auf Kosten der Allgemeinheit, und zweitens werden danach die Lehrer streiken. Nicht etwa, daß in der Zeit meiner großen Informationslücke die Lehrer und Kindergärtnerinnen nicht gestreikt hätten, im Gegenteil, sie taten es dauernd, ich habe es nur erst am Tage des Streiks erfahren, wenn meine Tochter einfach vom Kindergarten wieder nach Hause geschickt wurde. Wütend lief ich einmal in den Kindergarten, um zu hören, was denn eigentlich los sei.
»Wir streiken«, sagte die Kindergärtnerin.
»Und was ist morgen?« fragte ich.
»Das weiß ich doch nicht, du mußt heute abend Radio hören, da wird bekanntgegeben, ob wir morgen noch streiken.«
»Wer sagt es denn den Kindergärtnerinnen, ob morgen Streik ist?«
»Wir hören auch Radio.«
Wenn der Gewerkschaftsvorsitzende oder irgendein kleines Gremium beschließt, es wird gestreikt, fallen

von heute auf morgen Schulen und Kindergärten aus. Davon wurde im letzten Jahr reichlich Gebrauch gemacht, etwa einen Monat des Schuljahres fand überhaupt kein Unterricht statt, und die Kinder saßen entweder unbeaufsichtigt oder bei ihren Eltern am Arbeitsplatz herum. Der Kassierer meiner Bank hatte kurzerhand seinen zehnjährigen Sohn zur Arbeit mitgenommen, und damit er sich früh übt, durfte der Kleine das Geld abzählen, das den Kunden ausgezahlt wurde. Als ich ihn fragte, ob die Bank inzwischen jüngeren Nachwuchs schule, zuckte der Kassierer mit den Schultern und sagte: »Streik.«

Die Streiks bekam ich trotz meiner informationslosen Zeit mit, ansonsten blieb ich von israelischer Politik relativ verschont. Nun erfahre ich, daß ein Skandal den nächsten ablöst, die Minister wechseln ebensohäufig, Pöstchen werden hin und her geschoben, bei Debatten werden Abgeordnete des Saales verwiesen, sofern sie überhaupt zu den Parlamentssitzungen erscheinen. Unser Ministerpräsident Begin hat seinen eigenen Regierungsstil, er verschwindet in der Versenkung, monatelang hört man nichts von ihm, bis er dann vor den Wahlen erwacht und anfeuernde Reden hält. Um die Opposition scheint es auch nicht so toll bestellt zu sein. Vor den Wahlen wurde ein Schattenkabinett vorgestellt, und drei Tage vor dem Wahltermin gab es eine personelle Umänderung. Der potentielle Verteidigungsminister, der dem Volk als Hort der Sicherheit und Vernunft angepriesen worden war, wurde plötzlich zugunsten des ehemaligen Regierungschefs Rabin abgesetzt, der wegen einer Finanzaffäre seinerzeit abtreten mußte. Aber wie bekannt, das Ganze hat der Arbeiterpartei ohnehin nicht geholfen. Mit der Arbeiterpartei hatte ich übrigens schon Kontakt.

Einmal lud eine Gruppe Jungsozialisten der israelischen Arbeiterpartei eine Gruppe Jungsozialisten aus der Bundesrepublik zu einem Meinungsaustausch ein.

Einige der deutschen Jusos fragten nach mir, und so wurde ich gesucht und auch eingeladen. Die deutschen Jungsozialisten interessierten sich für das Palästinenserproblem und die israelischen Jungsozialisten für die Kaufhäuser in der Bundesrepublik. Ein israelischer Funktionär, den ich hier traf, erzählte mir, wo er überall im Jahr zuvor gewesen sei, in Stockholm und Los Angeles, in Wien und Rom, dienstlich selbstverständlich. Reisen scheint überhaupt eine Hauptbeschäftigung israelischer Politiker zu sein, großer und kleiner, Kongresse hier, Veranstaltungen dort, die Rechnung geht an den Staatssäckel.
Nun, ich habe es nicht verhindern können: Ich habe die Sprache gelernt und verstehe die Nachrichten. Ich weigere mich noch standhaft, hebräische Zeitungen zu lesen, aber mein Weichwerden ist auch nur eine Frage der Zeit. Doch eines weiß ich inzwischen genau, ohne Informationsmedien lebt man hier wesentlich ruhiger.
Mein Vater erzählte, daß gerade zu Zeiten, in denen die Lage der Juden sich verschlechterte und wirtschaftliche Schwierigkeiten überhandnahmen, der Humor und das jüdische Theater blühten. »Man erzählte sich Witze und lachte, daß einem die Seiten weh taten.«
Etwas von dieser Eigenschaft ist uns in Israel geblieben. Je schlechter es uns geht, desto mehr sorgen die Minister für Unterhaltung. Gerade wurde in den Nachrichten bekanntgegeben, daß die Regierung einen Untersuchungsausschuß einberufen habe, um den Mordfall Arlosoroff aufzuklären. Es geht um die Frage, ob hier ein politischer Mord seitens der Revisionisten vorliegt oder ob es sich um ein gewöhnliches Verbrechen handelt. Nun ist ein politischer Mord immer eine Untersuchung wert, auch wenn bei solchen Untersuchungsausschüssen nicht viel herauskommt, aber unser Mordfall liegt fünfzig Jahre zurück. Die Zeugen sind inzwischen gestorben, Täter wurden nie ausfindig gemacht, alle Dokumente schon tausendmal durchge-

gangen, trotzdem wird eine Untersuchungskommission gebildet. Es ist eine Diskussion in den hiesigen Medien entbrannt, ob der Untersuchungsausschuß notwendig sei oder nicht, und die Meinungen sind wie immer geteilt. Die Opposition benutzt den Untersuchungsausschuß, um der Regierung wieder einmal die Verschleierung aktueller Schwierigkeiten und Unfähigkeit beim Umgang mit Gegenwartsproblemen vorzuwerfen. Die Regierung greift die Opposition an, weil sie die Aufklärung des damaligen Mordfalles verhindern will. Arlosoroff war Sozialist, und angeblich wurde er von den Rechten zur Strecke gebracht. Der Likud (Zusammenschluß der Rechtsparteien) will den Mordvorwurf nicht auf sich sitzen lassen und Arlosoroff beherrscht die aktuelle Nachrichtensendung. Auffallend an den israelischen Nachrichten ist, daß sie ausgesprochen provinziellen Charakter haben. Sie beginnen mit Israel und hören mit Israel auf. Israel ist mit Israel in der Regel vollauf beschäftigt, augenblicklich aber hat sich der Gesichtskreis erweitert, denn Israel ist dabei, die Energieprobleme des gesamten Erdballes zu lösen. Monopol der Araber? Von wegen! Aber diese Geschichte muß ich von Anfang an erzählen.

Es ist kurz vor den Wahlen, 32 Parteien kämpfen um die Gunst von drei Millionen Wählern. Dudu und ich sitzen auf dem Balkon und streiten darüber, was wir wählen. Ich bin für Perez, er für Begin.

»Die Arbeiterpartei hat das Land zerstört«, ist seine unumstößliche Meinung.

»Welches Land hat sie zerstört? Ohne die Arbeiterpartei gäbe es kein Israel, sie hat alles aufgebaut«, entgegne ich.

»Eine Vetternwirtschaft wurde hier getrieben«, beharrt Dudu, »und die orientalischen Juden systematisch unterdrückt.«

»Begin ist auch kein Orientale, er stammt aus Polen.«

»Aber er gibt uns Sephardim ein gutes Gefühl, von ihm fühlen wir uns nicht diskriminiert.«
»Aber man kann doch nicht nach Gefühl wählen, man muß mit dem Verstand wählen.« Ich ereifere mich.
»Du kannst ja nach deinem Verstand wählen, und ich werde nach meinem Gefühl wählen.«
Ich merke schon, bei Dudu kann man, wie bei den meisten Sephardim, mit logischen Argumenten nichts ausrichten. Während wir so sitzen und streiten, spricht auf einmal Minister Meridor im Radio. Was er sagt, klingt wie ein Märchen: »Einem israelischen Wissenschaftler ist eine Erfindung gelungen, mit der das gesamte Energieproblem weltweit gelöst werden kann. Diese Erfindung ist der Erfindung des Rades vergleichbar und weist einen völlig neuen Weg zur Energieerzeugung. Leider ist es nicht möglich, in diesem Stadium nähere Einzelheiten zu geben, nur so viel: In kürzester Zeit wird Israel hinsichtlich seiner Energieversorgung unabhängig sein.«
»Likud«, ist Dudus Kommentar, »nur Begin.«
»Was hat diese Erfindung mit dem Likud zu tun?« Ich rege mich schon wieder auf.
»Nur unter Begin werden solch hervorragende Wissenschaftler gefördert.«
»Unsinn«, aber ich finde es schon toll, was hier erfunden worden ist, man wird vom arabischen Öl unabhängig werden. Ich bin begeistert. Dudu ist ein wenig skeptischer: »Weißt du, vielleicht ist das Ganze nicht so großartig, wie es Meridor darstellt. Wieso haben nicht die Amerikaner oder die Europäer mit ihren komfortablen und reich ausgestatteten Labors so eine Erfindung gemacht? Man forscht ja schon jahrelang.«
Ich lasse mich von dieser Skepsis nicht abschrecken. Wenn das irgend jemand gesagt hätte, dann hätte ich es nicht geglaubt, aber es war ein Minister, der Wirtschaftsminister persönlich, also, ich glaube daran. Wie kann es auch anders sein, die Erfindung wird Gegen-

stand des allgemeinen Interesses und der Spekulation. Ich treffe Beni, den Automechaniker, auf der Straße. »Hast du schon gehört«, begrüßt er mich, »wir werden reich wie Kuwait.«
»Ja, fantastisch! Was das wohl sein könnte, was er erfunden hat?« frage ich rein rhetorisch.
»Energiegewinnung auf Pflanzenbasis.«
»Woher weißt du das?«
»Ich kenne mich aus.«
»Woher kennst du dich aus? Du bist doch Automechaniker.«
»Gerade deswegen. Ich sage dir, wir werden eine Art Benzin aus Pflanzen herstellen.«
Möglich ist alles. Minister Meridor hat das Land in Euphorie versetzt, und das kommt bei den Wahlen natürlich dem Likud zugute. Was bedeuten wirtschaftliche Schwierigkeiten und Inflation angesichts dieser weltrevolutionierenden Erfindung, es ist nur noch eine Frage von Wochen, und wir werden es den anderen zeigen. Dann wird man ja sehen, ob die Europäer weiterhin den Arabern in den Arsch kriechen, dann wird man ja sehen, ob sich unsere Feinde weiterhin so aufspielen können. Stimmt, ihr habt das Öl, aber dafür haben wir unseren jüdischen Kopf.
Die Wahlen sind vorübergegangen; wie bekannt, hat Begin knapp gewonnen, und bei uns zu Hause werden politische Trümpfe ausgespielt.
»Siehst du, ohne die Sephardim geht es nicht mehr, wen wir wollen, der gewinnt, siebzig Prozent des Volkes sind orientalischer Herkunft, siebzig Prozent, merke dir das.«
»Du mußt nicht gleich übertreiben«, entgegne ich. »Wir werden ja sehen, wohin uns der Likud führen wird.«
Aber ich muß gestehen, Likud hin, Begin her, mit Meridors Erfindung in der Tasche kann uns nichts Ernsthaftes mehr passieren, denn Meridor ist Wirtschaftsmi-

nister, und unsere wirtschaftlichen Probleme sind nun gelöst.
Nach den Wahlen wird es still um Meridor, und über die Erfindung wird nicht mehr gesprochen. »Das ist auch besser so«, erklärt Beni, »je weniger man spricht, desto weniger wissen die anderen, sonst stehlen sie uns noch das Patent.«
»Aber ein bißchen könnte er doch von der Erfindung reden, nur so ein kleines bißchen, damit man nicht an seinen Worten zweifelt«, wende ich ein.
»Woran zweifelst du noch? Ich habe dir doch schon genau erklärt, daß eine Art Benzin auf pflanzlicher Basis hergestellt wird. Übrigens habe ich mir Gedanken gemacht und bin zur Schlußfolgerung gelangt, daß es sich um Sisal handelt.«
»Aus Sisal werden Fußabtreter gemacht, aber kein Benzin«, entgegne ich. »So kann nur einer denken, der keinen technischen Verstand hat. In einem neuen Verfahren wird Sisal in Benzin umgewandelt, und die Fußabtreter werden in Zukunft aus Kunststoff gemacht.«
Vor so viel technischem Verstand muß ich kapitulieren, aber wie auch immer, es begleitet mich ein gutes Gefühl bei der ganzen Angelegenheit.
Natürlich gibt es auch in Israel ein paar Skeptiker. Die Wissenschaftler sind sich nicht einig, ein Teil meint, an der Sache sei etwas dran, ein anderer Teil, das sei wieder mal eine Erfindung des Likud; an der Einstellung der Wissenschaftler kann man erkennen, wohin sie politisch tendieren, ich jedenfalls neige zur Zeit der Pro-Meridor-Gruppe zu. Dudu hingegen zweifelt. Wenn es um seine Bilder geht, ist er orientalisch überschwenglich und davon überzeugt, daß ihm eine außerordentliche Zukunft bevorsteht, wenn es um Technik geht, hat er etwas schweizerisch Begeisterungsloses an sich.
»Diese Erfindung will ich erst einmal sehen«, sagt er. »Was die Schweizer, die perfekt auf technischem Gebiet sind, noch nicht gefunden haben, wollen die Is-

raelis entdecken? Ich glaube nicht daran.« »Die Schweizer können nichts entdecken, weil sie keine Fantasie haben, sie sind wie die Deutschen stur und genau in der Ausführung, aber um so etwas zu erfinden, braucht man andere Qualitäten.«
»Ja, ja«, sagt Dudu, »aber die Israelis sind etwas zu fantasievoll.«
»Wir werden ja sehen.«
Die Monate vergehen, Meridors Erfindung scheint eingeschlafen zu sein, und ich gelange zu der Überzeugung, daß es vielleicht doch nur eine Wahlerfindung des Likud war. Ich Trottel habe jedes Wort geglaubt. Ich habe mich inzwischen daran gewöhnt, daß, wenn man mir sagt, man komme um acht Uhr vorbei, es zehn Uhr bedeuten kann oder am nächsten Tag oder überhaupt nicht. Ich weiß, daß, wenn man mir sagt: »Mach dir keine Sorgen, alles wird erledigt«, es bedeutet, nichts wird erledigt, oder vielleicht wird es erledigt. Ich habe mich an die ungenauen Auskünfte in den Büros gewöhnt, aber daß ein Minister, ein amtierender Wirtschaftsminister, Märchen erzählt, das kann ich einfach nicht glauben. Mit der Zeit geht mir Meridors Erfindung aus dem Kopf, und ich finde mich mit der Realität ab: Es bleibt bei der schweren Lage und beim Energiemonopol der Araber. Beni ruft an. »Am Freitag, dem 13. März, wird das Geheimnis gelüftet. Die Erfindung wird im Fernsehen vorgestellt werden.«
»Bist du sicher, Beni?«
»Ja, ganz sicher, in der Zeitung ist ein Artikel darüber, wir werden die Erfindung sehen, und in einigen Wochen wird die ganze Welt nach unserer Pfeife tanzen.«
Wie immer vor solchen Anlässen wächst die Spannung in Israel. Am Freitag, dem 13. wird das Geheimnis gelüftet. Ich mache mir ein wenig Sorgen wegen des Datums, Freitag, der 13. ist doch ein Unglückstag. »Aber nur bei den Gojim«, beruhigt mich Beni. »Bei den Juden ist es ein Glückstag, du wirst sehen, welch ein Glückstag.«

Und weil er so glücklich ist, lädt er uns zu sich nach Hause ein. Alisa, seine Frau, hat wie jeden Freitagabend gekocht, aber wem steht schon heute abend der Sinn nach Essen, der Fernseher läuft pausenlos, und die Spannung wächst. Das israelische Fernsehen hat eine penetrante Art, Spannung zu erzeugen. Wichtige Sendungen werden erst am späten Abend ausgestrahlt, und die ganze Zeit erscheinen Hinweise auf dem Bildschirm: »In Kürze wird die Erfindung Meridors vorgestellt.« Natürlich ist nicht Meridor der Erfinder, sondern ein israelischer Wissenschaftler, sein Name ist noch geheim, er selber ist bis jetzt unbekannt, aber das wird sich in wenigen Minuten ändern. Ich muß aufs Klo, will aber nicht, weil die Sendung anfangen könnte. Beni hat hektische Flecken auf den Wangen, Dudu und Alisa sind relativ gelassen. Und dann wird die Erfindung vorgestellt. Um es vorwegzunehmen, es ist keine Neugewinnung von Energie auf pflanzlicher Basis. Der Fernsehjournalist macht zur Erläuterung der Erfindung zunächst eine Vorbemerkung: »Wasser wird durch eine Energiequelle erhitzt und in Dampf umgewandelt, der Dampf treibt eine Turbine an, und diese erzeugt Strom. Dadurch wird der Dampf wieder abgekühlt und in Wasser umgewandelt und muß nun wieder durch die Engergiequelle erhitzt werden. Das ist das herkömmliche, bekannte Verfahren.
Die Erfindung ist folgendermaßen: Wasser wird durch die Energiequelle erhitzt und in Dampf ungewandelt, der Dampf treibt eine Turbine an, und diese erzeugt Strom, nun wird der Dampf in einen schwarzen Geheimkasten geleitet, dieser Geheimkasten bewirkt, daß sich der Dampf nicht in Wasser umwandelt, sondern Dampf bleibt, dadurch kann die Energiequelle reduziert werden, und man kann fünfzig Prozent der Energie sparen.«
So ungefähr erklärt es der Fernsehsprecher. Danach wird der schwarze Geheimkasten gezeigt; an ihm sind

sieben Glühbirnen angebracht, die nach dem neuen Verfahren mit Strom versorgt werden und aufleuchten. Hinterher wird Minister Meridor interviewt, der sich prophetisch äußert: »Der Wissenschaftler selber kann nicht absehen, was er hier erfunden hat. Diese Erfindung wird weltweites Aufsehen erregen und zu einer globalen Lösung des Energieproblems führen.«

Am nächsten Tag ist der schwarze Geheimkasten Gesprächsstoff Nummer eins in Israel. Einige Wissenschaftler werden interviewt, die meisten sind der Meinung, daß technisch nichts Überwältigendes erfunden worden ist; man könne auf gar keinen Fall von einer Erfindung, vergleichbar der des Rades, sprechen, einige meinen, etwas sei an der Erfindung Meridors dran, aber man brauche noch mindestens zehn Jahre, um sie so weit zu entwickeln, daß sie industriell nutzbar wäre. Im großen und ganzen herrscht tiefe Enttäuschung.

In den Abendnachrichten wird Minister Meridor erneut befragt, und der Journalist weist ihn auf seinen Vergleich mit dem Rad hin, fragt, ob er denn immer noch dieser Meinung sei.

»Könnt ihr Journalisten eigentlich nichts anderes fragen, diese Frage wurde mir heute schon x-mal gestellt. Ich gebe zu, daß mein Vergleich etwas spontan und übertrieben war«, verteidigt sich der Minister. Die Opposition ruft Meridor zum Rücktritt auf, damit das Volk von solchen Schwachköpfen verschont bleibe, Meridor besteht darauf, eine Erklärung im Parlament abzugeben, die Opposition will davon nichts wissen, sie hat noch nicht vergessen, daß er seinerzeit mit dieser Erfindung Wählerstimmen gefangen hat, die Regierung stellt sich hinter Meridor, und die Opposition fordert wie üblich den Rücktritt der Regierung Begin.

Eines habe ich jedenfalls aus der Affäre Meridor gelernt. In diesem Land kann noch nicht einmal ein Minister zwischen Wunschdenken und Realität unterscheiden.

Israel ist ein Land, das von Krisen gebeutelt wird. Irgend etwas Weltbewegendes geschieht immer, und wenn nichts geschieht, wird es kurzerhand inszeniert, damit wir die Schlagzeilen der internationalen Presse füllen. Es gibt Hunderte von Ländern, die kaum erwähnt werden, Finnland zum Beispiel oder Luxemburg oder meinetwegen Burma oder Sri Lanka. Hier und da erscheint ein Artikel, aber doch nicht so permanent wie über uns. Wir sorgen für außenpolitische Krisen und innenpolitische Krisen, und wenn es keine Krise gibt, wird mit Sicherheit eine gefunden.
Zur Zeit ist Ruhe. Die Wahlen sind vorüber, der Atomreaktor in Irak zerstört, die Inflation hat sich auf normale zehn Prozent monatlich eingependelt, die Raketenstützpunkte in Syrien stehen da, wie die Syrer sie aufgestellt haben, wochenlang wurden wir in panischen Schrecken versetzt, inzwischen redet keiner mehr davon. Es geschieht, wie gesagt, nichts Aufregendes in Israel. Nur etwas fällt mir auf. Seit einer Woche wird jeden Abend im Fernsehen auf eine Sendung hingewiesen: »Sehen Sie am kommenden Dienstag fern, eine äußerst wichtige Sendung erwartet Sie.«
Während eines Telefongesprächs macht mich auch meine Freundin aufmerksam: »Ich weiß, daß du nicht regelmäßig fernsiehst, aber etwas sehr Wichtiges wird am Dienstag gezeigt.«
»Was kann das sein?« frage ich. »Keine Ahnung, aber mein Sohn hat eine Anweisung aus der Schule mitgebracht, daß alle Dienstag abend fernsehen müssen.«
Das ist interessant. Was gibt es so Wichtiges zu zeigen, daß man solch ein Geheimnis darum macht? Die Kinder in den Kindergärten und Schulen bekommen Zettel, auf denen die Eltern ermahnt werden, ja nicht die Sendung am Dienstagabend nach den Nachrichten zu versäumen, sogar im Radio wird auf diese Sendung hingewiesen, und keiner weiß, worum es sich handelt. Ausgenommen Gerschon, mein Lebensmittelhändler.

Er weiß längst, worum es geht.
»Es gibt Neuwahlen, die Regierung tritt geschlossen zurück.«
»Woher weißt du das?« frage ich ihn.
»Ich kenne mich aus, die Regierung tritt zurück, und sie machen ein Geheimnis daraus, damit die Opposition es nicht erfährt.«
»Quatsch«, mischt sich seine Frau ein. »Wenn die Regierung zurücktritt, macht sie kein Geheimnis daraus, sie drohen jeden zweiten Tag mit Rücktritt, es kann nur sein, daß die Brotpreise um hundert Prozent erhöht werden.«
»Du hast recht«, bestätigt Gerschon, »die Brotpreise werden erhöht. Ich rate dir, Brot auf Vorrat zu kaufen«, sagt er zu mir gewandt.
»Ich habe schon Brot gekauft.«
In diesem Moment betritt Halina, eine Nachbarin von mir, den Laden. »Hast du schon gehört, die Brotpreise werden erhöht, am Dienstagabend wird es bekanntgegeben«, empfängt Gerschon sie. »Was für Brotpreise werden erhöht, Preiserhöhungen werden in den Nachrichten durchgegeben, und vorher wird darüber nicht gesprochen. Unsere Kinder haben aber Zettel von der Schule mitgebracht, wir sollen Dienstag abend fernsehen, also ist es etwas Wichtiges. Mein Mann sagt, wir haben uns mit der Sowjetunion ausgesöhnt, und Breschnew kommt zu Besuch.«
»Sei mir nicht böse«, entgegnet Gerschon ihr, »dein Mann sollte sich nicht mit Politik befassen, er versteht nichts davon.«
»Das ist ja mein Unglück, anstatt zu arbeiten, mischt er sich in die Politik ein, er weiß genau, was Begin tun müßte.«
»Und was müßte er tun?« frage ich.
»Arbeiten gehen.«
Von Tag zu Tag wächst die Spannung. Überall wird inzwischen spekuliert, was Dienstag abend dem Volk mitgeteilt werden wird.

Alles ist möglich, entweder wurde eine Ölquelle entdeckt, und es wird Öl wie in Kuwait sprudeln, oder Israel hat in einem Generalstreich die syrischen Raketen demontiert; entweder ist die Inflation auf 200 Prozent gestiegen oder Begin ist zu Friedensverhandlungen mit Arafat bereit; entweder haben die Lehrer einen langfristigen Streik ausgerufen oder das Kindergeld ist drastisch erhöht worden, Dienstag abend muß man fernsehen.

Und gerade für den Dienstagabend habe ich schon vor einigen Wochen Avi und Miriam zum Essen eingeladen. Nun weiß ich nicht, was ich tun soll, sie ausladen oder sie vor den Fernseher setzen? Lieber wäre es mir, sie auszuladen, wer weiß, gerade wenn die wichtige Meldung durchkommt, brennt das Essen auf dem Herd an, aber sie einfach auszuladen ist mir peinlich, und so kommen die Gäste. Der mit Spannung erwartete Moment ist da. Wir, das heißt Dudu, Miriam, Avi und ich, haben uns beeilt. Wir haben das Essen hinuntergeschlungen, damit wir die Sendung nicht verpassen, und sind schon beim Kaffee angelangt. Spekulationen beherrschen den Abend, die Meinungen stehen fifty-fifty, ob es sich um eine gute oder schlechte Nachricht handeln wird.

»Nach dieser Sendung wird Israel mit Freudenküssen in der UNO begrüßt werden«, glaubt Avi, während Miriam überzeugt ist, daß irgendein Unglück bevorsteht.

»Bei einem Unglück wären wir schon eingezogen worden«, widerspricht Avi, und ich neige zu seiner Ansicht.

Die Wettervorhersage ist abgeschlossen, der Sprecher erscheint auf dem Bildschirm und gibt mit ernstem Gesicht bekannt: »Israel wird von einer Läuseplage heimgesucht. In sämtlichen Schulen und Kindergärten wurden Läuse festgestellt, deswegen starten wir eine gemeinsame Aktion mit dem Erziehungsministerium. Am Freitag kommender Woche ist Kopfwaschtag. In

einer beispiellosen Zusammenarbeit mit der pharmazeutischen Industrie wird Läuseshampoo zum halben Preis verkauft werden, jedoch nur von morgen früh bis Freitag mittag.« Nun folgt eine genaue Beschreibung der Kopflaus, die in vergrößerter Form auf dem Bildschirm erscheint. Danach eine Anweisung, wie der Kopf zu untersuchen ist, danach eine Warnung an die Eltern, falls ihre Kinder bis zum nächsten Montag nicht läusefrei seien, würden sie vom Schulbesuch ausgeschlossen, und zum Schluß nochmals Hinweise zum genauen Gebrauch des Shampoos.
Die Tafelrunde hat schweigend die Sendung angesehen. Mein Mohnkuchen steht unberührt auf dem Tisch, der Kaffee wird kalt, und mich juckt es auf einmal hinter dem Ohr. Normalerweise juckt es mich überhaupt nicht hinterm Ohr. Miriam faßt sich als erste: »Idioten«, und zu Avi gewandt: »Du mit deinen guten Nachrichten.«
»Besser als Schießereien mit Terroristen«, verteidigt sich Avi.
»Bei mir zu Hause gibt es keine Läuse«, beeile ich mich festzustellen, verdammt, gerade jetzt juckt es mich wieder hinter dem Ohr.
»Bei uns gibt es auch keine Läuse«, bestätigt Miriam.
»Läuse gibt es sogar in der sauberen Schweiz«, mildert Dudu die Schreckensnachricht.
»Die Touristen haben das hier eingeschleppt«, bestätigt Miriam. »Im Gegenteil«, ereifert sich Avi, »damit wollen die Araber unseren Tourismus untergraben, das ist ein Coup von Arafat.«
Der Rest des Abends dreht sich um Läuse und sonstiges Ungeziefer. Ich kann es nicht mehr aushalten und muß auf die Toilette gehen, um mir den Kopf zu kratzen. Mein Mohnkuchen wird nicht mehr angerührt, er sieht aus, als wanderten unzählige kleine Läuse darüber. Hatten uns die Wahlen in Aufregung versetzt, die syrischen Raketenstellungen in Spannung, so verset-

zen uns die Läuse jetzt in Hysterie. Ich meide nun jede Menschenansammlung, wohin ich blicke, sehe ich kopfkratzende Menschen, Läuse gehören plötzlich zum guten Ton. Im Fernsehen sprechen verlauste Kinder. Die Tocher eines Arztes äußert sich: »Schon das zweite Mal in diesem Jahr habe ich die Läuse, zuerst habe ich mich geniert, aber dann haben wir in der Schule darüber gesprochen, und ich habe mich mit meinen Eltern unterhalten, und sie haben mir erklärt, daß dies kein Mangel an Sauberkeit sei, sondern daß Läuse überall übertragen werden können, im Laden, im Bus, im Kino.«

Zur Bekräftigung spricht auch der Vater in weißem Kittel und hygienischer Praxis und beruhigt alle Betroffenen. Läuse seien kein soziales Problem, sondern ein allgemein menschliches.

Der Sprecher der Sendung weist darauf hin, daß schon zur Zeit Mosis Ägypten mit der Läuseplage geschlagen wurde, daß dies kein modernes Problem sei. Auf jeden Fall rät er, Shampoo zum verbilligten Preis zu kaufen und am Freitag den Kopf zu waschen.

Bei uns zu Hause gibt es wirklich keine Läuse, aber aus Solidarität kaufe ich das Haarwaschmittel. In der Apotheke, in der ich eine Packung Spezialshampoo verlange, höre ich eine Mutter ihrem Kind zuzischeln: »Stell dich nicht so dicht neben die Frau, sie hat Läuse.« Ich werde puterrot, verstaue das Shampoo eilig in meiner Tasche und verlasse verschämt die Apotheke.

Bis Freitag folgen drei schwere Tage in Israel. Was ist eine anti-israelische UNO-Resolution, was sind syrische Raketenstützpunkte im Vergleich zur Läusegefahr. Keinem kann man sich nähern und niemanden einladen, wer weiß, die engsten Freunde könnten befallen sein und es nicht mitteilen. Wie kann ich mich ins Café setzen, wenn ich nicht weiß, wer vorher da gesessen hat, und wie im Bus fahren, wo ich mir das Ungeziefer vom Nebenstehenden holen könnte, wie einkaufen, wenn der Verkäufer ein potentieller Läuseverbreiter ist. Eine Nisse, eine winzige, schuppengroße Nisse genügt, und die Plage breitet sich in der Wohnung aus. Alles muß gewaschen, gereinigt und desinfiziert werden, und kaum ist man fertig, entdeckt man ein winziges Läuschen, und der Zirkus beginnt von vorne.

Am Freitag beginnt die große Kopfwäsche. Israel wird sozusagen der Kopf gewaschen. In der Woche darauf werden in allen Schulen und Kindergärten Läuseuntersuchungen durchgeführt und heroische Taten gemeldet, von Kindergärtnerinnen, die auf eigene Kosten Shampoo gekauft und Kinderköpfe gewaschen haben, von Lehrerinnen, die von Haus zu Haus gingen und die Eltern im Kopfwaschen unterwiesen haben, von Apothekern, die an Modellpuppen Erwachsene und Jugendliche über die Handhabung des Shampoos unterrichteten. Es wurde gewaschen wie noch nie zuvor seit der Staatsgründung.

Das Erziehungsministerium nimmt gemeinsam mit dem Fernsehen eine erneute Untersuchung vor, lächelnd erklärt der Fernsehsprecher: »In Israel wurden die Läuse in einer vorbildlichen Aktion vertilgt. Wir können davon ausgehen, daß es fast keine Läuse mehr gibt.« Was für ein Glück, die Quarantäne ist aufgehoben, wir sind wieder ein Volk wie jedes andere. In Israels Stuben kehrt Ruhe ein. Die Politiker können wieder ernsthaftere Probleme heraufbeschwören. Und tatsächlich, es dauert nicht lange, und Begin hat in einer beispiellosen Aktion die Golanhöhen annektiert, sich mit Amerika angelegt, UNO-Resolutionen gegen Israel hervorgerufen, wir sind wieder in den Schlagzeilen.

Aber wenigstens ein Problem haben wir gelöst, wir haben die Läuse vertilgt, nur weiß ich nicht, warum es mich gelegentlich noch hinter dem Ohr juckt.

Deine Jeckes

Vor zwei Monaten bekam ich einen Brief von der Vereinigung ehemaliger Kölner und Rheinländer mit der Anfrage, ob ich einen Vortrag in Naharia halten könne. Da diese Gruppe aus ehemaligen deutschen Bürgern besteht, wie ja schon der Vereinsname sagt, sprechen sie untereinander deutsch und pflegen in Zusammenkünften deutsch-jüdische Kultur, was immer man darunter verstehen mag. Ich stimme zu und verlange ein Vortragshonorar in Höhe von 1000 Schekel. Das ist denkbar wenig, und ich schreibe dem Verein, daß ich nur ausnahmsweise mit einem solch geringen Betrag einverstanden sei. Die ehemaligen Kölner und Rheinländer sprechen zwar noch hervorragend Deutsch, lesen Deutsch, richten sich ihre Wohnungen nach deutschem Geschmack ein, aber nichtsdestoweniger ist der Orient auch an ihnen nicht spurlos vorübergegangen, denn sie beginnen mit mir über den Preis zu verhandeln. Sie trügen sich nur aus Spenden, keine Einnahmen, schwierige Situation, mit anderen Worten, sie schlagen 500 Schekel vor, und weil ich immer noch meine Diasporamentalität nicht abgelegt habe und mir die armen Jeckes leid tun, stimme ich dem Vorschlag zu, was sogleich Anlaß zu häuslichen Auseinandersetzungen bietet.

»Du bist blöd«, sagt Dudu, »für fünfhundert Schekel einen Vortrag zu halten. Die Fahrt alleine und eine Übernachtung kosten dich mehr als fünfhundert Schekel. Diese alten Jeckes, sie bekommen alle Pensionen aus Deutschland, könnten dir ruhig ein anständiges Honorar zahlen.«

»Jetzt habe ich aber schon zugesagt.«

»Sag ab.«

»Du bist wohl verrückt, man kann doch nicht einfach zusagen und dann absagen.«

»Dann schreib ihnen, daß du für fünfhundert Schekel

keinen Vortrag hältst.« »Das kann man nicht machen«, entgegne ich, »es ist ja nur einmal.« Die Vereinigung mietet einen Saal, gibt in Rundschreiben und sogar in der deutschsprachigen Zeitung bekannt, daß ich einen Vortrag halten werde. Zwei Tage vor dem Ereignis ruft mich der Vorsitzende an. »Ich würde Ihnen vorschlagen, schon nachmittags zu mir nach Hause zu kommen, wir könnten dann gemeinsam Kaffee trinken und uns ein wenig über den Vortrag unterhalten.«
»Gut«, verspreche ich, »ich werde gegen 16 Uhr bei Ihnen in Naharia sein.«
»Meine Frau und ich freuen uns sehr, Sie kennenzulernen, und erwarten Sie also übermorgen um 16 Uhr.«
Ich will mich nicht ganz genau festlegen und sage deshalb: »Zwischen 16 und 16.30 Uhr werde ich bei Ihnen sein.«
»Wunderbar, dann haben wir noch drei Stunden Zeit bis zum Vortrag.« Hinter mir höre ich schon böses Gemurmel. »Halb acht!« ruft Dudu in die Hörmuschel. Ich lege schnell auf.
»Du bist nicht ganz dicht«, regt er sich auf. »Für fünfhundert Schekel willst du dort einen ganzen Tag zubringen?«
»Es geht nicht ums Geld«, antworte ich, »die freuen sich doch, daß ich komme.«
»Dann hätten sie dir die Freude auch bezahlen können.« Dudu verspürt keine große Liebe zu den ehemaligen Kölnern und Rheinländern. Trotz allem freut er sich auf den Ausflug nach Naharia. Am Tag des Vortrages muß Dudu aufs Finanzamt und kommt erst gegen 14 Uhr zurück. Ich bin schon fertig angezogen, und er beginnt sich zu rasieren. »Beeil dich«, bitte ich.
»Wenn du eine halbe Stunde später da sein wirst, wird auch kein Unglück passieren«, sagt er und geht unter die Dusche. Es ist bereits halb drei, ich werde nie und nimmer um vier Uhr in Naharia sein, deswegen rufe ich meine Gastgeber an: »Es tut mir leid, ich bin noch in

Ramat Gan, aber ich gehe jetzt gleich aus dem Haus. Gegen fünf Uhr bin ich sicherlich bei Ihnen.«
»Gut, Frau Fleischmann, wir erwarten Sie.«
Ich lege auf, und Dudu ist noch nicht angezogen. »Wie lange dauert es noch bei dir?« Langsam rege ich mich auf.
»Einen Moment, ich bin fast fertig.«
Das »fast« dauert noch zwanzig Minuten, und wir hetzen zum Busbahnhof. »Wann fährt der nächste Bus nach Naharia?« will ich wissen.
»Um vier Uhr«, antwortet der Fahrkartenverkäufer.
»Und wann sind wir in Naharia?«
»So Gott will, um sechs Uhr.«
Da stehen wir nun, haben eine Dreiviertelstunde Zeit, bis der nächste Bus fährt, und ich beginne zu kochen: »Wegen dir, nur wegen dir, weshalb mußtest du überhaupt mitkommen?« »Was glaubst du, nur du darfst das Leben genießen?« »Was für ein Genuß, die Leute warten, haben sich extra so viel Mühe gegeben, haben Kuchen gebacken, und jetzt komme ich zu spät.« »Geizhälse, sollen sie ihren Kuchen allein herunterwürgen.«
»Dich könnte ich erwürgen, ich habe doch gewußt, daß ich mit dir nicht pünktlich sein werde, wegen dir komme ich überall zu spät.«
»Jetzt stell dich nicht so an mit deinem Vortrag.«
»Mir ist das unangenehm.«
Dudu zuckt die Schultern, er versteht meine Aufregung nicht. Die Dreiviertelstunde schleicht vorbei, wir sitzen schon im Bus und fahren Richtung Naharia. Wir zuckeln durch Israels Küstenlandschaft. »Schau, wie schön das Meer ist!« ruft Dudu begeistert, während ich nur »Idiot« murmele.
Unterwegs hat uns glücklicherweise nichts aufgehalten, wir sind fahrplanmäßig um sechs Uhr in Naharia angekommen. »Wir nehmen jetzt ein Taxi«, sage ich.
»Du spinnst wohl, für fünfhundert Schekel kannst du

dir kein Taxi leisten. Ich kenne Naharia, ein Taxi kostet hier mindestens dreihundert Schekel.« Das Argument leuchtet mir ein. Wir stellen uns hin und warten auf den Bus Nr. 21, der zur Straße des Vorsitzenden fährt. Jetzt kommen alle Busse Naharias an diese Haltestelle, der 24er und der 28er, der 30er und der 17er, der 23er und 18er, nur Nr. 21 kommt nicht. Es ist schon halb sieben, es wird bereits dunkel, und ich hüpfe von einem Fuß auf den anderen.

»Der Schlag soll dich und den Bus treffen«, schimpfe ich. »Das heißt Leben genießen, das heißt Ausflug, ich werde halbtot sein, bevor ich den Mund aufmache.«

Der Bus kommt und fährt im Schneckentempo durch Naharias Straßen. Ich kann mich mit meinen Vorwürfen nicht zurückhalten. »Ein Glück habe ich schon mit Männern, noch keinen einzigen anständigen habe ich getroffen, alle haben sie eine Macke.«

»Sei schon still«, flüstert mir Dudu zu, »in Naharia verstehen viele Leute Deutsch.«

»Dann sollen sie verstehen. Einen Marokkaner mußte ich mir aussuchen, einen Nichtsnutz, konnte ich nicht einen Mann treffen, der normal arbeitet; ein Künstler, ein Maler, wer braucht das, kein Mensch kauft deine Bilder.« Ich kann mich nicht mehr bremsen. »So eine intelligente Frau wie ich. Eine Schriftstellerin, Vorträge halte ich, mein Wort hat Gewicht, ein ganzer Saal voll Menschen wartet auf mich heute abend, und wir kommen nicht an.« Es fehlt nicht viel, und ich beginne zu heulen.

»Halt den Mund«, zischt Dudu leise, »die anderen gukken schon auf uns.«

Sollen sie gucken, sollen sie sehen. Ich stehe kurz vor einem Kreislaufkollaps. »Ist Ihnen nicht gut?« fragt die Frau, die hinter uns sitzt, in deutsch. »Sie ist nur ein bißchen aufgeregt«, sagt Dudu. »Das geht gleich vorbei.« Wir sind da, und die gesuchte Straße fängt mit der Hausnummer 2 bei der Bushaltestelle an. Wir hetzen

die Straße entlang, ich muß zum Haus Nr. 80. Wir laufen und laufen, rechts und links nur Einfamilienhäuser mit großen Gärten drumherum, wir rennen schon eine Viertelstunde und sind erst bei Haus Nr. 20 angelangt. Ich kann nicht mehr.
»Komm, wir rufen an«, schlägt Dudu vor. Ein Stückchen weiter ist ein Kiosk. Aufgeregt verlange ich das Telefon und wähle die Nummer des Vorsitzenden der ehemaligen Kölner und Rheinländer.
»Wo bleiben Sie denn nur, Frau Fleischmann, wir warten schon drei Stunden auf Sie.«
»Es tut mir leid«, sage ich, »die Verbindung war so schlecht, und Ihre Straße ist endlos, vielleicht können Sie mich hier am Kiosk abholen.«
»Aber selbstverständlich komme ich, warten Sie nur auf mich.«
Mit Dudu rede ich kein Wort mehr, für mich hat er sich inzwischen in Luft aufgelöst. Während wir auf den Vorsitzenden warten, beruhige ich mich ein wenig.
Er und seine Frau kommen mit dem Auto. »Ich freue mich, Sie endlich persönlich kennenzulernen. Wir haben uns so gefreut, Sie heute nachmittag bei uns zum Kaffee zu haben, aber das hat ja leider nicht geklappt.«
»Ich habe extra Kuchen gebacken«, betont seine Frau, »und den Kaffee lange warm gehalten, aber das macht nichts, Hauptsache, Sie sind angekommen.«
»Ja, das ist die Hauptsache«, antworte ich.
Wir steigen ein und fahren zum Vortragssaal. In einem repräsentativen Gebäude befindet sich das Auditorium.
»Möchten Sie sich noch schnell frisch machen?« fragt die Frau des Vorsitzenden, man merkt mir die Hetze wahrscheinlich an.
»Ja«, antworte ich, »und vielleicht noch eine Tasse Kaffee trinken.« Der Vorsitzende ist nervös: »Ich gehe schnell in den Saal und gebe bekannt, daß Sie angekommen sind.«

»Auf Wiedersehen«, sagt Dudu, »ich komme dich nach dem Vortrag abholen.«
»Wohin gehst du?« frage ich.
»Ich gehe etwas essen«, und damit verschwindet er.
Die Frau Vorsitzende schleust mich in eine Cafeteria und bestellt einen Kaffee: »Schnell, schnell«, sagt sie zum Kellner. Kaum habe ich mich gesetzt und den ersten Schluck getrunken, kommt der Vorsitzende angelaufen. »Wir müssen uns beeilen, der Saal ist gestopft voll, Leute werden sogar schon nach Hause geschickt, alle warten!« Ich lasse den Kaffee stehen und gehe hinter ihm in den Vortragsraum.
Ein paar hundert Menschen erwarten mich, alles ältere Gesichter, und wollen mich reden hören. Schon während ich in den Saal komme, drücken mir manche die Hand, überall höre ich meinen Namen flüstern. »Das ist die Lea.« Ich kann es gar nicht fassen. Nach einer kurzen Begrüßungsrede des Vorsitzenden halte ich meinen Vortrag, ich muß laut sprechen, weil mich die Anwesenden sonst schlecht verstehen, und schaue mir dabei die Gesichter der ehemaligen Kölner und Rheinländer an. Dieses Stück Israel wird bald vergessen sein. Die Kinder der Zuhörer verstehen kein Deutsch mehr, sie verstehen auch die sentimentalen Gefühle ihrer Eltern nicht und haben nur ein spöttisches Lächeln für die Alten übrig, mit ihrer Gründlichkeit und ihren Manieren und ihrem Tick für klassische Musik. Die alten Kölner und Rheinländer haben ein Deutschlandbild konserviert, das nicht mehr stimmt, das ist ein Deutschland, in dem Lyrik gelesen und Hausmusik gepflegt wird, ein Deutschland, das vielleicht einmal zur Kaiserzeit für bestimmte gutbürgerliche Schichten existiert hat, vielleicht. Da sitzen sie, die älteren Damen und Herren, neigen mir ihr Ohr zu, damit sie besser hören können, lächeln und freuen sich, daß sie jedes Wort verstehen, denn viele von ihnen haben niemals richtig Hebräisch gelernt.

Nach dem Vortrag kommen einige auf mich zu, drükken mir nochmals die Hand, bedanken sich, bitten um ein Autogramm, ich komme mir vor wie ein Filmstar, jeder möchte etwas sagen, und fast alle bedanken sich für das Buch, das ich vor meiner Auswanderung geschrieben habe. Ich bin noch ganz von der Atmosphäre gefangen, meine Aufregung von vorhin ist vergessen, da kommt Dudu zurück. »Wie war es?« fragt er.
»Gut.«
»Hat dir dein Vortrag Spaß gemacht?«
»Ja.«
»Das ist das Wichtigste.«
Der Vorsitzende bringt uns in seinem Auto zum Busbahnhof. Unterwegs murmelt er etwas davon, daß er mir den Scheck zuschicken werde. Ich fühle mich wunderbar und achte nicht auf seine Worte.
Am Bahnhof verabschieden wir uns, und der Vorsitzende lädt uns ein, einmal Naharia zu besuchen.
»Danke sehr«, sage ich, »auf Wiedersehen, Schalom.«
Er fährt davon.
»Und was hast du gemacht?« frage ich Dudu.
»Ich war essen.«
»Hat es geschmeckt?«
»Sehr gut. Hast du etwas gegessen?«
»Nein, aber ich habe Hunger.«
Es ist nach zehn Uhr abends, und der Busbahnhof schläft bereits. Kein Restaurant hat geöffnet, sogar der Kiosk ist geschlossen, nur ein einsamer Bus steht da und wartet.
»Gibt es noch einen Bus nach Tel Aviv?« frage ich.
»Nein, ihr müßt mit mir nach Haifa fahren, dort gibt es Spezialtaxis, die um diese Zeit noch nach Tel Aviv fahren«, erklärt der Busfahrer. Dudu und ich stehen vor dem Fahrer, keiner rührt sich.
»Warum kaufst du keine Fahrkarten?« frage ich.
»Wieso ich, du hast doch das Geld.«
»Was für Geld?«

»Die fünfhundert Schekel, dein Honorar.«
»Das habe ich nicht bekommen, das schicken sie mir erst zu, ich dachte, du hast Geld.«
»Ich habe kein Geld.«
»Du hast doch aber was gehabt.«
»Das habe ich für das Essen ausgegeben, ich dachte, du bekommst heute abend dein Honorar.«
»Was führt ihr für Diskussionen?« fragt der Busfahrer. »Wollt ihr mitfahren oder nicht?«
Wir kramen beide in unseren Geldbörsen, es findet sich noch genug Geld, um die Karten nach Haifa zu kaufen.
»Wie kommen wir nach Tel Aviv?« frage ich Dudu.
»Wir werden schon kommen.«
»Ja wie denn?«
»Wir borgen uns Geld«, antwortet er.
»Wo sollen wir uns mitten in der Nacht Geld borgen?«
»Reg dich nicht auf, ich werde das schon meistern.«
Ich habe schon so viel an diesem Tag gesprochen, ich kann nicht mehr, ich bin müde und hungrig, und halte den Mund. In Haifa steigen wir aus und warten auf das Spezialtaxi. Diese Taxis sind eine Art Konkurrenzunternehmen zu den Autobussen, sie fahren dieselbe Route, nehmen aber nur sieben Fahrgäste mit und sind ein wenig teurer als der Bus. An den Feiertagen und am Schabbath, wenn der offizielle Busverkehr ruht, lösen diese Spezialtaxis das Beförderungsproblem in Israel, ebenso in der Nacht.
Es ist bereits Mitternacht, und ich kann mich kaum noch auf den Beinen halten. Wir warten mit anderen Leuten auf ein Taxi. Dudu holt demonstrativ seine Geldbörse heraus und zählt.
»Es fehlt mir Geld«, sagt er laut. »Vielleicht kann uns jemand etwas borgen«, sagt er noch lauter zu mir, und zwar in hebräisch.
»Wieviel fehlt euch denn?« erkundigt sich tatsächlich einer der Umstehenden.

Ich laufe knallrot an. »Dudu«, sage ich leise, »du hast doch eine Tante in Haifa, vielleicht gehen wir zu ihr und holen uns Geld.«
»Was, mitten in der Nacht, kommt überhaupt nicht in Frage, mach dir keine Sorgen, wir kommen schon an.« Und laut: »Der Herr hier borgt uns Geld.«
»Es ist mir so peinlich«, sage ich zu dem Mann. »Das Ganze war ein Mißverständnis, morgen bringe ich das Geld vorbei.«
»Das macht nichts, ist schon gut«, antwortet er. Eine Frau hat unsere Unterhaltung mitangehört und mischt sich ein: »Wenn ihr Geld braucht, ich kann euch welches leihen.«
Inzwischen ist das Taxi gekommen, wir steigen ein, der Fahrer fährt los. »Jetzt ist Nachttarif«, sagt er, »es kostet fünfzig Schekel pro Person.«
Der nette Mann, der sich angeboten hat, uns Geld zu geben, fragt: »Wieviel braucht ihr genau?«
»Hundert Schekel«, sage ich verschämt.
Ich spüre, wie ihm der Atem stockt, er zieht aber 100 Schekel hervor und hält sie uns hin.
»Danke«, sagt Dudu, »morgen früh werden wir das Geld sofort vorbeibringen.«
In diesem Moment dreht sich die freundliche Dame um, kramt in ihrem Portemonnaie, holt zwei Münzen heraus und will sie mir in die Hand drücken. Ich wünschte, der Wagen würde sich unter mir öffnen und ich könnte verschwinden. »Nein, nein, danke«, wehre ich ab, »es ist schon in Ordnung, es war ein Mißverständnis.« Mir verschlägt es fast die Sprache.
»Und weißt du, wer schuld an allem ist?« fragt mich Dudu zu Hause, »deine Vereinigung von den ehemaligen Kölnern und Rheinländern, diese geizigen Jekkes.«
So endet unser Ausflug nach Naharia.

Ich bin in Jerusalem verliebt

Es gibt ein Fest, von dessen Existenz ich nichts wußte, wie auch? Es ist ein Fest der Sephardim. Einen Tag nach Passah findet bei ihnen die Maimuna statt. Mit diesem Fest begrüßen die Menschen den Sommer, denn die Regenzeit hat aufgehört, und gleichzeitig ist das Fest ein Ausdruck der Brüderlichkeit. Darum ist es Brauch, am Abend vor der Maimuna die Türen offenzulassen, jeder kann eintreten und wird als Gast herzlich begrüßt und bewirtet. Am Tag der Maimuna treffen sich die Familien in einem Park oder sonst irgendwo draußen. Dann kommt die gesamte Verwandtschaft zusammen, und bei den kinderreichen Familien der Sephardim kann die Sippe ein paar hundert Personen zählen. Es wird Picknick gemacht, Fleisch auf einem Holzkohlengrill gebraten, jeder hat andere Leckereien mitgebracht, und so sitzen sie alle zusammen und tauschen den neuesten Familientratsch aus. Die Kinder werden bewundert, wie sind sie inzwischen gewachsen, die hat geheiratet, jene ein Kind bekommen, einer ist gestorben. Es hat sich eingebürgert, daß die Marokkaner Israels sich jedes Jahr zur Maimuna im Saker-Park in Jerusalem treffen. Dudu schlägt vor, daß wir hinfahren.

Ich bin in Jerusalem verliebt, und seit dem Tag, an dem ich in Ramat Gan eingezogen bin, schaue ich mir regelmäßig Jerusalemer Wohnungsangebote in der Zeitung an. Von allen Städten Israels hat Jerusalem die teuersten Wohnungen, und so schnell werde ich nicht umziehen können. Am Morgen der Maimuna nehmen wir den Bus nach Jerusalem, und vom Busbahnhof laufen wir die Jaffa-Straße Richtung Innenstadt. Bevor wir in den Saker-Park gehen, wollen wir uns Jerusalem noch ein wenig ansehen. Nach ungefähr zwanzig Minuten Fußweg kommt man zum Machane-Jehuda-Markt. Wir biegen in den Markt ein, und weil wir durstig sind, setzen wir uns in ein winziges Café. Es ist eigentlich kein Café, sondern nur ein leerer Raum, spärlich möbliert mit zwei Tischen und je vier Stühlen. An der Wand hängt ein Bild Begins, die Wände sind schmutzig, und die Fliegen summen über unseren Köpfen. Heute ist Chamsin, eine Art Föhn, und es ist drückend heiß. Wir bestellen Sodawasser. Ich lege meine Beine auf den Stuhl neben mir und schaue durch die verschmierte Scheibe nach draußen.

Auf der gegenüberliegenden Seite ist ein Fischstand, daneben werden Hühner verkauft. Sie sind zu einem Berg aufgeschichtet, und gelegentlich jagt der Verkäufer die Fliegen, die sich über das Geflügel hermachen, mit einer Handbewegung fort. Eine Frau hat gerade zwei Hühner erstanden, die der Verkäufer mit einem Messer aufschlitzt, er nimmt die Eingeweide heraus, wirft sie in einen Abfallkübel, der neben ihm steht, viertelt die Hühner und packt sie in Zeitungspapier ein. Neben dem Hühnerstand befindet sich ein Laden, der wie ein Büro aussieht. Ein Tisch steht drin, darauf ein Telefon, an den Wänden hängen Zeitungsausschnitte, in der Ecke sehe ich einen alten Kühlschrank und zwei Stühle. Ich kann erkennen, daß eines der Stuhlbeine zerbrochen ist und mit einer Leiste und dünnem Draht notdürftig geschient wurde. Am Tisch sitzt ein dunkelhäutiger Mann, er hat eine Stirnglatze, und die ihm verbliebenen Haare sind ergraut. Er rechnet, und von Zeit zu Zeit wischt er sich mit einem grauen Taschentuch über die Stirn. Über dem Eingang zu dem Laden hängt eine Blechtafel.

»Schau mal, Dudu«, sage ich, »was steht da geschrieben?«

»Das ist ein Wohnungsmakler«, antwortet er. »Komm, wir gehen hinüber und erkundigen uns, was er für Wohnungen hat«, schlägt er vor. Wir bezahlen unser Sodawasser und betreten das Maklerbüro. »Wir wollen eine Wohnung kaufen«, sagt Dudu, »was hast du?« Der

Mann mustert uns, insbesondere mich. »Hier wollt ihr kaufen, in Nachlaoth?« »Ja«, sagt Dudu, »warum nicht in Nachlaoth.«
»Wieviel Zimmer sucht ihr?«
»Zwei Zimmer.«
»Ich habe gerade eine Zweizimmerwohnung, wir können hinübergehen und sie uns ansehen.«
Er zieht die Tischschublade heraus und sucht den Schlüssel. »Hier ist der Schlüssel, kommt, ich zeige euch die Wohnung.«
Wir gehen über den Markt Richtung Agrippa-Straße, biegen in eine kleine Gasse ein und überqueren eine etwas größere Straße. Zwischen zwei Häusern ist ein Durchgang, so schmal, daß wir hintereinandergehen müssen, dann kommen ein paar Steintreppchen mit einem rostigen Geländer an der Seite. Im Hinterhof steht ein zweistöckiges Haus. Vor dem Gebäude türmt sich Müll, und an der Hauswand läuft Wasser hinab, anscheinend ist die Installation irgendwo defekt. Die rechte Parterrewohnung schließt der Makler auf. Die Wohnung ist düster, die Eisenläden sind geschlossen, und ein muffiger Geruch schlägt uns entgegen. Der Makler öffnet die Fenster. Die Wohnung ist in einem entsetzlichen Zustand.
»Zu der Wohnung gehört ein Garten«, erklärt der Makler und öffnet die quietschende Eisentür des Balkons. Wir treten auf den Balkon hinaus. Der angebliche Garten ist übersät mit Abfällen, verrosteten Eisengestellen, zerbrochenen Holzbrettern. Katzen dösen faul auf dem Gerümpel in der Sonne. In diesem Unrat steht ein Granatapfelbaum, der gerade blüht. Wie rote Kelche sehen die Blüten aus, wie ein prachtvoller Blumenstrauß inmitten von Abfall. Vom Balkon führen ein paar Treppchen hinunter, und ich steige über weggeworfene Schuhe, einen morschen Kinderwagen und Lumpen hinweg. Der Garten oder besser gesagt, das Gärtchen ist klein, ein paar Bäume stehen drin, den

vorigen Bewohnern hat es anscheinend als Mülldeponie gedient. Wir fragen nach dem Preis, die Wohnung wäre erschwinglich. »Kauf«, rät Dudu, »überlege nicht lange.«
»Eigentlich wollte ich heute keine Wohnung kaufen.«
»Denk nicht nach, ich mache dir daraus eine Puppenstube.«
»Die Gegend ist so verwahrlost.«
»Das macht nichts, der Garten ist herrlich.«
»Ich sehe nur Dreck.«
»Den kann man wegräumen.«
»Die Wohnung ist vernachlässigt.«
»Eine Wohnung kann man renovieren.«
Ich habe die Wohnung gekauft.
»Warum ziehst du nach Jerusalem?« fragen meine Schwestern und meine Freunde.
»Ramat Gan ist mir zu heiß, Tel Aviv ist mir zu laut, das Meer fasziniert mich nicht, und die flache Landschaft der Küste sagt mir nicht zu«, antworte ich darauf.
Aber das ist es nicht. Es ist ein unerklärbarer Zauber, der von dieser Stadt ausgeht, der mich mit ihr verbindet, es ist die Geschichte dieser Stadt, die jahrtausendealten Geschichten und Gedichte, die in dieser Stadt zum Leben erwachen.
Lechzend klebe mir die Zunge
An dem Gaumen, und es welke
Meine rechte Hand, vergäß ich
Jemals dein, Jerusalem
Wie trefflich hat Heinrich Heine den 137. Psalm umschrieben. Er gedachte Jerusalems wie Tausende von Dichtern zu allen Zeiten.
»An den Wassern zu Babel saßen wir und weinten, wenn wir an Zion gedachten. Unsere Harfen hingen an den Weiden, die dort sind.«
Und als wir aus Babel zurückkehrten, freuten wir uns an dir, errichteten den Zweiten Tempel, auch er wurde zerstört und das jüdische Volk in eine zweitausendjäh-

rige Verbannung verjagt. Jerusalem ist mehr als eine Stadt, es ist ein Gedicht, ein Lied, eine Geschichte. Und dabei sieht man es der Stadt nicht an. Sie ist bescheiden und zurückhaltend, dörflich, wenn man sie mit Metropolen wie Wien, Berlin oder Paris vergleicht, so schamhaft und versteckt. Ihre Schönheit liegt nicht in grandiosen Bauten, nicht in herrlichen Theatern und nicht in breiten Alleen. Ihre Schönheit liegt in der Fantasie und im Geist, und so wie die Seele eines Menschen unsichtbar ist, so ist ihr Reiz verborgen. Und so wie der Körper vergänglich ist und der Geist und die Seele ewig bestehen, wird auch Jerusalems Ruhm bestehen, wenn andere Königsstädte und ihre Paläste sich längst in Staub aufgelöst haben.

»Um Zions willen will ich nicht schweigen, und um Jerusalems willen will ich nicht innehalten, bis daß ihre Gerechtigkeit aufgehe wie ein Glanz und ihr Heil entbrenne wie eine Fackel. O Jerusalem, ich will Wächter auf deine Mauern bestellen, die den ganzen Tag und die ganze Nacht nimmer stillschweigen sollen und die des Herrn gedenken sollen, auf daß euch kein Schweigen sei. Und ihr von ihm nicht schweigt, bis daß Jerusalem zugerichtet und gesetzt werde zum Lobe auf Erden.«

Der Prophet Jesaja hat seine Worte vor bald 3000 Jahren geschrieben, und sie haben nichts von ihrer Gültigkeit eingebüßt. Es gab so viele Wächter, die Jerusalems gedachten und es nicht in das Schweigen der Vergessenheit sinken ließen, und es wird noch viele geben, und ich will einer von ihnen sein.

Ich will von Jerusalem erzählen mit kleinen Worten, mit alltäglichen Begebenheiten, um es im Gedächtnis zu erhalten.

»Hierher willst du ziehen?« fragt mich eine Freundin.

»In Ramat Gan hast du so eine schöne Wohnung, inmitten eines Parkes, in der besten Wohngegend, und hier

begibst du dich in das Armenviertel, in den Dreck und in die Verwahrlosung.«
»Das macht nichts«, entgegne ich, »den Dreck kann man aufräumen und die Wohnung instand setzen.« Wir sind nach Nachlaoth, in eine ärmliche Wohngegend von Jerusalem, gezogen. Zwei kleine Zimmerchen in einem Hinterhaus mit einem Stückchen Garten hast du mir gegeben, Jerusalem. Aber was von außen so armselig aussieht, ist in Wirklichkeit reich, in dem Verfallenen liegt ein Zauber.
In meinem Garten stehen vier Bäume. Ein Feigenbaum, so hoch wie das ganze Haus, ein Apfelbaum, ein Granatapfelbaum und eine Weide.
Der Feigenbaum ist ein stolzer Baum, seine Frucht ist süß, seine Blätter groß, und er beschattet das ganze Grundstück. »Es sprachen die Bäume zum Feigenbaum: ›Komme du und sei unser König.‹ Aber der Feigenbaum sprach zu ihnen: ›Soll ich meine Süßigkeit und meine gute Frucht lassen und hingehen, daß ich über den Bäumen schwebe?‹.«
Er weiß um die Köstlichkeit seiner Frucht und holt aus der Tiefe den Saft für seine süßen Feigen.
Der Apfelbaum sieht neben ihm schwächlich aus. Er versteckt sich hinter ihm, aber seine Frucht ist saftig und schmackhaft. Der Granatapfelbaum hat eine leuchtende Farbe, Blüte und Frucht sind tiefrot, er schmückt den Garten mit einem bunten Kleid. Die Weide steht in der Ecke des Gartens, sie ist der bescheidenste von den Bäumen. Sie hat keine duftenden Blüten und trägt im Herbst keine Früchte. Und doch ist gerade sie der heiligste von allen meinen Bäumen. Vor dem Laubhüttenfest werden ihre Zweige geschnitten und auf den Markt getragen. Hier bindet man je einen Weiden-, einen Myrthen- und einen Palmzweig zu einem Strauß, und die Männer nehmen solch einen Strauß in die Synagogen mit, um dort für Regen und Ernte zu beten. Und so sind meine vier Bäume wie vier

Kinder, jedes mit einem anderen Charakter. Mein Feigenbaum ist wie ein Ältester, groß und beschützend, erfolgreich, er trägt wunderbare, süße Früchte. Der Apfelbaum ist kleiner und zurückhaltender, wie ein jüngerer Bruder, der dem älteren nachstrebt, der auch Erfolg im Leben sucht und seine Früchte hergibt. Der Granatapfelbaum ist wie ein Mädchen, dessen Anblick Freude bereitet, und wer es bekommt, wird mit saftigen Früchten gelabt, und mein Weidenbaum ist ein vergeistigtes Kind, das nach außen hin nichts gibt und nach nichts strebt, das aber auserwählt ist, und seine unscheinbaren Zweige genügen, das Herz zu erfreuen. Und so sind wir in dieses verwahrloste Haus gezogen und beleben die verlassene Wohnung. Wir bauen sie nach unserem Geschmack um, verstärken die Wände, die vom Regen porös geworden sind, legen neue Kacheln in Küche und Bad, bauen Schränke, stellen Tische und Betten auf, hängen Lampen und Bilder auf, und was vorher trostlos ausgesehen hat, ist beleuchtet, warm und geschmückt. Und jeden Tag gehe ich auf den Markt, der zwei Minuten entfernt liegt. Dieser Markt fasziniert mich. Obst und Gemüse sind in Fülle aufgehäuft, und die Jahreszeit läßt sich an den Obstsorten erkennen. Alles, was man sich wünschen kann, ist dort zu finden, und ich kaufe ein – Tomaten, Gurken, Erdbeeren, Avokados, Bananen, Nüsse, Mandeln, Mangofrüchte, Orangen, Grapefruits, Mandarinen, Äpfel, Datteln, Feigen und alle Sorten Gemüse. Das Obst reift in der Sonne, das gibt ihm den saftigen, frischen Geschmack. Jede Frucht wähle ich einzeln aus. Der Markt ist laut, die Händler preisen ihre Waren schreiend an, alles gibt es im Überfluß, Fleischstände, Fischstände, Obststände, Gemüsestände, Käsestände, Gewürzstände, einer neben dem anderen, die Augen könnten einem aus dem Kopf fallen. Die Märkte im Orient lassen die Märchen aus Tausendundeiner Nacht wahr werden. Während ich einkaufe, fällt mir das Wort

Jeremias ein, der da prophezeite: »Denn der Herr wird Jakob erlösen und von der Hand des Mächtigen erretten. Und sie werden kommen und auf der Höhe zu Zion jauchzen und werden zu den Gaben des Herrn laufen, zum Getreide, Most, Öl und jungen Schafen und Ochsen, daß ihre Seele wird sein wie ein wasserreicher Garten und sie nicht mehr bekümmert sein sollen.«

Helden in Israel

Nachlaoth ist einer der ersten Stadtteile, die außerhalb der alten Stadtmauer Ende des vorigen Jahrhunderts entstanden. Wenn man ganz genau sein will, gibt es keinen Stadtteil Nachlaoth, sondern das Gebiet setzt sich aus vielen Minisiedlungen zusammen, die im Laufe der Jahre zusammengewachsen sind. Ich wohne in Sichron Josef, hier siedelten sich die Kurden ab den dreißiger Jahren dieses Jahrhunderts an, ein Stückchen weiter liegen Sichron Achim, Sichron Tuvia, Nachalat Adum. Neben den Kurden kamen vor allen Dingen Jemeniten, allmählich zogen Marokkaner und Perser hierher. Hier und da findet man ein junges Paar, aus Europa oder Amerika stammend, das nicht in einem schablonenhaften Neubauviertel wohnen will und sich in dieser Gegend ein Haus oder eine Wohnung kauft und sie renoviert.
Es hat sich eingebürgert, dieses ganze Viertel hinter dem jüdischen Markt Nachlaoth zu nennen. Wenn ich erzähle, daß ich in Sichron Josef wohne, kann niemand etwas damit anfangen, sage ich Nachlaoth, dann weiß man sofort, welche Gegend ich meine.
Die Häuser müssen einmal stattlich ausgesehen haben, mit Innenhöfen, Brunnen und Torbögen, im Laufe der Jahre verarmte die Gegend, und Nachlaoth bot langsam das Bild eines Slums. Arme Leute, die keinen

Platz haben, beginnen anzubauen, hier wird eine Wand oder ein Zimmer angefügt, dort eine Nische mit Blechplatten geschlossen, man stockt die Häuser durch primitive Steinzimmer auf den Dächern auf, altes Eisen und Holzlatten werden gesammelt und in den Höfen und auf den Dächern gelagert, und so veränderte das Viertel nach und nach sein Gesicht.
In Nachlaoth herrschen eigene Gesetze. Jeder baut nach Belieben an, unfachmännisch und primitiv, weder Baugenehmigungen noch Bauaufsichten werden eingeholt. Und so kommt es, daß die Häuser ein pittoreskes Aussehen erhalten. Der Mörtel, soweit er überhaupt vorhanden ist, bröckelt, rostige Blechverkleidungen statt Mörtel und Verputz, fehlende Dachziegel werden durch Asbestplatten ersetzt.
Die Gärten sind mit alten Bettgestellen eingezäunt, überall hängt Wäsche, ein Haus klebt auf dem anderen, winzige Gäßchen und wilde Katzen bestimmen das Bild von Nachlaoth. Die Bevölkerung ist überaltert, Frauen und Männer sitzen vor den Häusern, stundenlang, tragen schlottrige, ungepflegte Kleider und reden unaufhörlich. Die Söhne und Töchter sind in die Neubauviertel rund um Jerusalem gezogen, und so kommt es, daß die Gegend relativ kinderarm ist. Weil eine Kunstschule in der Nähe liegt, mieten viele Kunststudenten während des Semesters hier ein Zimmer, und häufig trifft man den einen oder anderen Künstler mit Skizzenblock und Farbstiften an, das Bild von Nachlaoth festhaltend.
Ich muß bekennen, daß ich starke Bedenken hatte, hierher zu ziehen. Ich bin zwar immer für die Gleichheit der Menschen eingetreten und habe mich für die Gastarbeiter und Unterprivilegierten eingesetzt, doch das bedeutet noch lange nicht, daß ich in ein Haus gezogen wäre, in dem vorwiegend Türken wohnten. Im Gegenteil. Ich schimpfte auf die Spießer, die gegen Ausländer hetzen, den ganzen Tag ihre Wohnung put-

zen, das Treppenhaus wienern, sich über Lärm beschweren, aber gewohnt habe ich mit ihnen. Und es kam mir schon ein wenig sonderbar vor, in solch eine vernachlässigte Gegend zu ziehen. Aber Jerusalem lockte, und so zogen Dudu und ich in Nachlaoth ein.

Wir sitzen das erste Mal in unserer neuen Wohnung auf dem Boden. Sie ist vollkommen leer, außer ein paar Brettern ist noch nichts drin, da geht die Tür auf, und eine wunderliche Gestalt tritt ein. Eine etwa 60jährige Frau mit langen Zöpfen, um den Kopf ein Tuch geschlungen, zwei schmalen Goldreifen um das Handgelenk, einem bunten Kleid und zwei verschiedenen Schuhen an den Füßen.

»Seid ihr die neuen Nachbarn?«

»Ja«, sage ich.

Sie geht von einem Raum in den anderen.

»Habt ihr die Wohnung gekauft oder gemietet?«

»Gekauft«, antworte ich brav.

»Wieviel habt ihr bezahlt?«

Erstens weiß ich nicht, wer sie ist, und zweitens geht es sie nichts an.

»Ich kann mich nicht mehr genau erinnern, antworte ich. »Ich kenne mich nicht so gut aus.«

»Ich wohne auch im Haus, im zweiten Stock, seid willkommen.«

»Sehr schön«, sage ich.

»Seid gesund«, verabschiedet sie sich.

Sie ist kaum draußen, da kommt ein altes Ehepaar, ebenfalls ohne zu klopfen, in die Wohnung.

»Seid ihr die neuen Nachbarn?« fragt uns der Mann.

Er ist gehbehindert, zu seinen Hosen trägt er eine Pyjamajacke, in der Hand hält er eine Zigarette.

»Ja.«

»Ach, wie schön«, sagt die Alte, seine Ehehälfte, eine etwa 65jährige Frau mit hennagefärbten Haaren, »kommt herüber und trinkt mit uns Kaffee, wir wohnen gegenüber.«

Mir ist das sehr unangenehm, ich möchte nicht bei fremden Leuten Kaffee trinken.
»Danke«, sage ich, »wir haben gerade Kaffee getrunken.«
»Das macht nichts, du kannst noch einmal Kaffee trinken.« »Kommt«, drängelt der Mann, »wir machen euch einen guten Kaffee.«
»Komm«, sagt Dudu, »wir müssen bei ihnen Kaffee trinken, wenn sie uns einladen.«
Man merkt natürlich sofort, daß Dudu ein Sepharde ist, es dauert eine Minute, und alle drei lachen, nennen sich Süßer und Schatz, erzählen aus ihrem Leben, und ich sitze steif mit meinem Glas Kaffee auf einem Liegebett. Die Wohnung meiner Nachbarn ist sehr spärlich eingerichtet. Zwei Liegebetten, ein kleiner Tisch, in der Ecke ein Farbfernseher, ein paar Hocker, ein Schrank. Zusammengewürfelte Möbel, die ihre Funktion erfüllen. Keine Tischdecke, keine Zierdeckchen, keine Gardinen. An den Wänden hängen ein paar Bilder von den Kindern, sonst kein schmückendes Beiwerk. Es ist nicht dreckig, aber auch nicht glänzend sauber. Sie heißt Chaja, seinen Namen habe ich auch später nicht herausbekommen, man nennt ihn einfach Aba, das hebräische Wort für Vater.
Aba und Chaja sind uns in den folgenden Wochen eine große Hilfe. Wir wohnen vorerst noch in Ramat Gan und fahren jeden Tag nach Jerusalem, weil die Handwerker in der Wohnung arbeiten. Man muß eine Mauer herausschlagen, eine neue bauen, Stromleitungen unter Verputz legen, den alten Boden herausreißen und neue Fliesen legen, Kacheln entfernen, neue anbringen, es ist eine wochenlange Arbeit in Bauschutt und Geröll. Ich bin wirklich kein verwöhnter Mensch und brauche keine Luxuswohnung, aber dem Nachlaother Wohnstil kann und will ich mich nicht anpassen. Und in jener Zeit lerne ich die Gastfreundschaft von Chaja und Aba schätzen. Eine Tasse Kaffee ist eigentlich eine

Kleinigkeit. Man nimmt ein wenig Kaffee, tut einen Löffel davon in eine Tasse, gießt heißes Wasser dazu, Milch und Zucker, fertig.
Aber wenn man keinen Herd hat, kann man kein heißes Wasser bereiten, und wenn man kein Geschirr hat, kann man kein Wasser in eine Tasse gießen, und wenn die Wasserrohre neu verlegt werden, gibt es überhaupt kein Wasser. Und wir waren sehr froh, daß wir jederzeit zu Chaja gehen konnten, um eine Tasse Kaffee zu trinken. Es wurde ihr nie zuviel. Mit Kaffee bekamen wir auch die Lebensgeschichte von Chaja und Aba serviert. Irgendwann einmal sind sie aus Spanisch-Marokko eingewandert. Er war Taxifahrer und sie mit ihren zehn Kindern beschäftigt.
»Jedes Jahr hat er mir ein Kind gemacht«, vertraut sie mir an. »Und in einem einzigen Zimmer haben wir gewohnt. Mein Ältester schlief immer draußen. Ojojojo, das waren schlechte Zeiten. Aber jetzt sind alle Kinder verheiratet.«
»Alle sind verheiratet«, bekräftigt Aba und holt ein Album aus dem Schrank. Ich sehe mir Hochzeitsbilder an.
»Alle haben sie schon Kinder«, sagt Chaja.
»Wieviel Enkelkinder hast du, Chaja?« will ich wissen.
»Ich weiß es nicht, so viele.« Sie lacht. Sie ist trotz ihres Alters eine junge Frau geblieben. »Und das«, Chaja zeigt auf den gelähmten Arm ihres Mannes, »das ist vom Krieg.« »Ja«, sagt er, »1967 ist eine Bombe in meiner Nähe explodiert, es gab Tote und Verletzte. Splitter«, erklärt er und zeigt uns einige Narben, »Splitter, die noch im Körper herumwandern.«
»Ojojojo«, klagt Chaja, »das waren schlechte Zeiten, so viele Kriege. Ojojojo, möge der Herr uns Frieden geben!«
Ein Sohn ist gefallen. »Hier«, sagt Chaja, »schau, wie schön er war, eine Frau und ein Kind hat er gehabt.«
»Jaja«, stimmt Aba ein, »wir haben schon viel erlebt.«

Dann wird der Fernseher gewürdigt. »Von unseren Kindern«, erklärt uns Aba, »die Kinder haben uns den geschenkt.«
»Wohnen eure Kinder auch in Nachlaoth?« frage ich.
»Nein, leider nein. Sie wohnen weit weg. Man muß mit dem Bus fahren, und Aba kann nicht mit dem Bus fahren, deswegen kommen sie jeden Schabbath zu uns.«
»Alle zehn auf einmal?«
Chaja lacht. »Nicht alle zehn, aber einige sind es immer. Möge der Herr sie gesund erhalten!«
Gibt es Helden in Israel? Natürlich gibt es sie. Einmal die Soldaten, die tapfere Taten vollbringen, dann die heldenhaften Einwanderer aus den europäischen Ländern, die die Sümpfe trocken legten und europäische Kultur hierherbrachten, dann gibt es die heldenhaften Kibbutzniks, die die sozialistischen Errungenschaften hier einführten. Von all diesen Helden habe ich gelesen, in jeder Broschüre über Israel wird über sie geschrieben, alle offiziellen Propagandastellen heben ihre Taten hervor. Aber Chaja und Aba? Sie werden übergangen. Zehn Kinder zu haben ist nichts Heldenhaftes, sie in einem winzigen Zimmerchen großzuziehen ist auch keine heldenhafte Tat. Im Krieg als Zivilist verletzt zu werden und anschließend von den paar Schekel Rente zu leben hat auch nichts Heldenmäßiges, in Nachlaoth zu wohnen ist schon ganz und gar unheldisch. Und deswegen werden sie kurzerhand ignoriert, sie existieren im offiziellen Israel nicht. Israel ist kultiviert, das gilt nicht für Abas und Chajas Gastfreundschaft, Israel ist schick, Abas Schlafanzugjacke dagegen peinlich, Israel ist westlich, Aba und Chaja sind dunkelhäutig. Und wenn Aba und Chaja schon erwähnt werden, dann nur, um zu zeigen, daß es noch Probleme in Israel gibt, die es zu lösen gilt, aber am liebsten versteckt man sie. Nachlaoth ist kein Touristenviertel.
Israel schämt sich ganz einfach für Aba und Chaja. Und

ihre Kinder schämen sich auch, je mehr sie sich dem westlich orientierten Israel angepaßt haben, desto peinlicher sind ihnen ihre Erzeuger, das sind keine Vorzeigeeltern, die können weder lesen noch schreiben, die haben nichts vorzuweisen. Aber für mich sind Chaja und Aba Helden in Israel, sie haben sich hier geplagt, sie haben ihr kleines Zimmer in den Kriegen verteidigt, sie haben ihre Gesundheit diesem Land geopfert, sie haben zehn Kinder großgezogen, die ihrerseits zehn Familien gründeten. Sie haben das Land mit Fröhlichkeit belebt, bei ihren Festen wird bis nach Mitternacht gesungen und gefeiert, sie haben Israel die laute Stimme gegeben, sie haben Israel den Orient gebracht.

Wie kann Israel Frieden mit den Arabern schließen, solange das offizielle Israel Chaja und Aba nur als unangenehme Begleiterscheinung sieht, wie kann Israel mit den Arabern verhandeln, solange Aba und Chaja ein Grund zur Scham sind?

Saadja sagt, Saadja macht

Will jemand sein Leben um Jahre verkürzen, dann rate ich ihm, in Israel eine Wohnung zu kaufen und sie anschließend durch israelische Handwerker renovieren zu lassen. Nach Abschluß der Renovierung werden seine Haare weiß, seine Taschen leer, sein Herz nervös und seine Wohnung unfertig sein, jedenfalls ist es mir so ergangen.

Die Wohnung, die ich in Nachlaoth kaufte, ist von Nachlaother Qualität, das heißt, die Wände schimmeln wegen der winterlichen Feuchtigkeit, die Fußbodenfliesen sind teilweise zerbrochen, die Wasserhähne ausnahmslos verrostet, Kleinigkeiten wie undichte Fenster oder Löcher in den Wänden sind nicht der Rede wert.

Die Vorgänger hatten einen etwas aufdringlichen Geschmack, die Wände waren teils orange, teils türkisblau angemalt, die Fensterrahmen in dunkelbraunem Lack gestrichen, wobei der Einfachheit halber die Fensterscheiben teilweise mitlackiert wurden. Die Küche ist eine größere Kochecke, und das Bad gammelte vor sich hin.

Trotzdem zählt diese Wohnung schon zum gehobenen Lebensstil in Nachlaoth, denn immerhin liegen Toilette und Küche innerhalb der Wohnung und nicht außerhalb, wie bei den meisten Häusern. Bei meiner Nachbarin im Haus gegenüber befindet sich die Toilette etwa fünf Meter vom Haus entfernt, ein Häuschen im Hof, »und du kannst mir glauben, im Winter ist das sehr unangenehm«. »Ja, das glaube ich.«

Es ist das erste Mal, daß ich mich mit ihr unterhalte, sie ist Anfang Vierzig und setzt mir ihre Wohnungsprobleme auseinander. Eigentlich habe ich überhaupt kein Interesse an einer längeren Unterhaltung, sie hat mich im Vorbeigehen abgefangen und beschwert sich bei mir über den verwahrlosten Zustand ihrer Wohnung, als ob ich etwas dafür könnte. »Du kannst dir gar nicht vorstellen, was mir vor drei Jahren passiert ist.« Sie ist nicht zu bremsen.

»Was ist passiert?«

»Ich war im dritten Monat schwanger und muß nachts auf die Toilette, und wie ich da sitze, springt eine schwarze Katze auf mich zu, die Katze ist einfach durch die Tür gekommen und auf mich raufgesprungen. Ich habe mich entsetzlich erschrocken, du kannst es dir gar nicht vorstellen. Am nächsten Tag bekam ich Bauchschmerzen, und am Abend mußte ich mit Blutungen ins Krankenhaus. Wegen dieser Toilette habe ich das Kind verloren.«

Irgendwie fühle ich mich überfahren von ihren Erzählungen, ich kenne sie gar nicht, wir haben uns noch nie unterhalten, und sie erzählt mir von ihrem Abort. Viel-

leicht sollte ich jetzt erzählen, daß ich als junges Mädchen immer starke Menstruationsbeschwerden hatte, aber dann lasse ich es doch, ich nicke ihr nur mitleidig zu und sage: »Traurig, traurig.«
Also wie gesagt, meine Toilette befindet sich in der Wohnung, wenn auch in einem unbrauchbaren Zustand.
Aber glücklicherweise gibt es auch in Israel Handwerker. In der Hauptstraße liegt ein Laden, darin steht ein Tisch mit einem Telefon, über der Ladentür ein Schild: »Renovierungen und Bauarbeiten werden übernommen«.
Dudu und ich betreten das Geschäft. Alleine darf ich hier keine Geschäftsabschlüsse tätigen, denn erstens merkt man, daß ich kein Hebräisch kann, zweitens glaubt man, daß ich Amerikanerin bin, und drittens, hört man, daß ich aus Deutschland komme, verdoppeln sich sofort die Preise. Im Laden sitzt ein schwarzhaariges, etwa 19jähriges Mädchen in engem Pullover und mit geschminkten Lippen. »Wer führt hier die Renovierungsarbeiten aus?« fragt Dudu.
»Saadja.«
»Und wo ist Saadja?«
»Nicht da.«
»Wann wird er da sein?«
»Weiß ich nicht, er kommt vielleicht gegen 12 Uhr vorbei.«
»Gut, dann kommen wir um 12 Uhr wieder.«
Um die Mittagszeit treffen wir Saadja in seinem Büro, noch ein anderer Mann und das Mädchen sitzen da und trinken türkischen Kaffee.
»Kannst du verschiedene Renovierungsarbeiten bei uns ausführen?« fragt Dudu. »Kannst du nach einem Plan arbeiten?«
Der andere, dessen Name Menachem ist, antwortet statt dessen: »Auf Saadja ist hundertprozentig Verlaß. Wenn es einen guten Maurermeister gibt, dann ist es

Saadja. Saadja liest jeden Plan wie ein Buch, er arbeitet tipptopp.« Saadja lächelt, er trägt kurze Khakihosen, verdreckt vom Baustaub, ein Hemd, halbhohe Schuhe und trotz der Hitze Wollsocken. Im Mund hat er drei Goldzähne.
»Saadja sagt, Saadja macht«, bestätigt Saadja noch einmal. Wir gehen alle zusammen in die Wohnung.
»Diese eine Wand muß man abreißen«, erklärt Dudu, »und 95 Zentimeter versetzt eine neue bauen, dadurch wird die Küche größer.«
»Und in einer kleinen Küche kann man nicht kochen?« wundert sich Menachem.
»Du verstehst von nichts, Dudu hat recht, die Mauer muß abgerissen und noch einmal gebaut werden«, bestätigt Saadja. »Wo willst du die neue Mauer haben?« fragt er.
»Hier«, Dudu zieht einen Plan aus der Tasche. »Du kannst genau sehen, wo die alte ist, und hier genau 95 Zentimeter verschoben ist die neue.« Man merkt, Dudu ist vom Fach.
»Aha, ich verstehe«, Saadja schaut nicht einmal auf den Plan. »Zeige mir genau, wo du die neue Wand haben willst.« »Ich habe dir doch gerade den Plan gezeigt, 95 Zentimeter verschoben.«
»Ach so«, sagt Saadja, »ich habe schon verstanden, hier ungefähr.« Er zeigt mit der Hand einen Abstand von ungefähr einem Meter. »Ja, hier«, Saadja zieht ein Stück Kreide aus der Tasche und macht ein Zeichen an die Wand.
»Gut, was noch?«
»Die Fußbodenplatten müssen entfernt und neue gelegt werden.«
»Wozu«, bemerkt Menachem, »der Fußboden ist doch noch gut.«
Saadja kann seinen Zorn nicht unterdrücken. »Was mischst du dich ein, Menachem, wer hat dich überhaupt gebeten mitzukommen. Dudu hat recht, der

Fußboden muß neu gemacht werden, was noch?«
»Die Wasserhähne müssen ausgewechselt werden, und im Badezimmer tropft der Siphon, der muß erneuert werden.«
»Kein Problem«, sagt Saadja. »Ich bin gelernter Installateur, sonst noch was?«
»Die Wände müssen weiß gestrichen werden.« Ich habe die ganze Zeit still dabeigestanden, aber nun mische ich mich ein. »Hier, wo der Flur aufhören wird, möchte ich einen Torbogen.«
»Einen was willst du?« fragt Saadja.
»Einen Torbogen.«
»Wozu brauchst du einen Torbogen?« fragt Menachem.
»Wegen der Schönheit.«
»Wegen was?« fragt Saadja.
»Wegen der Ästhetik«, murmle ich. Sie sehen mich alle entgeistert an.
»Bist du sicher, daß hier ein Torbogen her muß?« fragt Dudu.
»Ja.« Ich bestehe darauf.
»Gut, baue einen Torbogen, Saadja, das ist sogar eine gute Idee«, unterstützt Dudu mich.
»Mitten in der Wohnung einen Torbogen, wo hat sie das gesehen?« wundert sich Menachem.
»Misch dich nicht ein«, regt sich Saadja auf. »Wenn Dudu sagt, ein Bogen ist schön, dann ist er eben schön, ich werde den schönsten Bogen in ganz Nachlaoth anfertigen. Auf Torbögen bin ich spezialisiert.«
»Wie lange brauchst du für die Renovierungsarbeiten?« fragt Dudu.
Saadja wischt sich mit der Hand über das Gesicht und denkt scharf nach, macht sein Kalkül und sagt: »Heute ist Montag, morgen ist Dienstag, übermorgen Mittwoch, sagen wir Mittwoch in einer Woche.«
»Ich muß das genau wissen«, beharre ich, »weil ich den Umzug organisieren will.«

»Genau, genau, Mittwoch in einer Woche könnt ihr einziehen, alles wird tipptopp fertig sein. Saadja sagt, Saadja macht.«
Wir einigen uns über den Preis, zahlen die Hälfte an und fahren erleichtert und mit gutem Gefühl nach Ramat Gan, regeln den Auszug und bereiten uns auf den Einzug am Mittwoch in einer Woche vor. Nach drei Tagen fahren wir nach Jerusalem, nur um zu sehen, wie die Arbeit vorangeht. Die Mauer ist niedergerissen, der Boden mit Steinen übersät, Berge von Schutt, ansonsten Stille, kein Mensch in der Wohnung, der arbeitet.
Wir gehen zu Saadjas Laden. Seine Sekretärin sitzt wie beim ersten Mal dort und lackiert sich die Nägel.
»Wo ist Saadja?« frage ich.
»Nicht da.«
»Das sehe ich selber, ich will wissen, wann er kommt.«
»Am Nachmittag.«
Nachmittags treffen wir ihn wieder in Begleitung von Menachem.
»Warum arbeitet ihr nicht?« regt sich Dudu auf. »Wie sollen wir nächste Woche einziehen, wenn ihr noch nicht angefangen habt?«
»Wer hat nicht angefangen, die Mauer ist niedergerissen.«
»Und warum hast du heute den ganzen Tag nicht gearbeitet?«
»Ich werde schon fertig machen«, verspricht Saadja, »Saadja sagt, Saadja macht.«
»Saadja ist wie eine Uhr«, bestätigt Menachem.
»Sei still, keiner hat dich gefragt«, fährt Saadja ihm über den Mund.
»Ab morgen kommen wir jeden Tag und sehen, ob du arbeitest«, verspricht Dudu.
Ich will mich hier nicht weiter über die Qualität von Saadjas Arbeit auslassen. Die Mauer ist schief, aber das stört mich nicht, weil man das mit ungeübtem Auge

nicht sieht, die Platten des Fußbodens sind stellenweise an den Kanten abgehackt, so daß überall kleine Löcher sind, aber auch das stört mich nicht, denn auf den Fußboden kann man einen Teppich legen; was mich wurmt, das ist der Torbogen. Ich habe inzwischen Hunderte, was sage ich Hunderte, Tausende von Fenster- und Torbögen gesehen, überall in Jerusalem begegnen mir Bögen, auf Bildern sehe ich Fensterbögen, die ganze Welt scheint aus einem Bogen zu bestehen, und alle Bögen sind rund, wie mit dem Zirkel gezogen, ebenmäßig, herrlich, ästhetisch, nur mein Bogen ist krumm. Gebannt starre ich auf den Bogen, eine Seite ist schön ausgearbeitet, wie ein eleganter Viertelkreis, und die andere Seite fällt flach ab, statt einer Rundung ist eine verunglückte Linie herausgekommen, scheußlich. Mein Bogen sieht aus wie ein Mensch, dessen eine Wange glatt, rund und frisch ist und dessen andere abgeschlafft nach unten hängt mit kraftlosen Muskeln, und diese Asymmetrie gibt ihm ein unbeholfenes Aussehen. Ich kann meinen Blick nicht vom ihm wenden, ich kann es nicht fassen, was er mir da hingebaut hat. Saadja bemerkt, daß ich gebannt auf den Torbogen starre, und sagt: »Schön, nicht wahr?«
»Der Bogen ist krumm.«
»Was ist krumm, Menachem, sag, ist der Bogen krumm?«
Menachem schaut sich den Torbogen gründlich an und sagt: »Jeder Bogen ist krumm, wenn er nicht krumm wäre, dann wäre er doch kein Bogen.«
»Idiot«, entgegnet Saadja, »du sollst sagen, ob beide Seiten von dem Bogen gleich sind. Schau, wie schön der Bogen ist.« Menachem bekräftigt: »Der Bogen ist tadellos, sehr schön.«
Ich könnte heulen. Der Torbogen sollte der Blickfang der Wohnung sein, ihr ein orientalisches Aussehen verleihen, etwas Weiches, Rundes, aber doch nichts Krummes.

»Dudu, sag du, ist der Bogen krumm?«
Dudu hat keine Zeit, sich mit dem Bogen zu beschäftigen, er beschäftigt sich mit der schiefen Wand und den abgehackten Ecken der Bodenfliesen. Ich will mich nicht in weiteren Einzelheiten ergehen, das Arbeitsverhältnis zwischen Saadja und uns endete in einem bitterbösen Krach, wir siedelten verspätet um in eine ungestrichene Wohnung mit Löchern in den Wänden, verrosteten Wasserhähnen und tropfenden Siphon, und Saadja verbreitete in der gesamten Nachbarschaft: Hier zieht eine Irre ein, die sich mitten in der Wohnung Torbögen errichtet, der Schönheit wegen.

Mein Onkel Mottel

Nachdem ich mir die Wohnung in Nachlaoth gekauft hatte, erzählte ich allen Leuten von meinem Glück. »Stell dir einmal vor«, sagte ich zu einer meiner Schwestern: »Ich habe mir eine Wohnung in Jerusalem gekauft.«
»Was für eine Wohnung?« wollte sie wissen.
»Eine kleine Wohnung mit einem Garten.«
»Mit einem Garten?« wunderte sie sich.
»Ja, mit einem Garten und Bäumen darin.« Nun erzählte ich nicht nur meinen Schwestern, sondern jedem, den ich traf, von dem wunderbaren Kauf in Nachlaoth, eine Wohnung mit Garten, und in meinen Gesprächen wuchs die Wohnung täglich, sie wurde größer und schöner. »Glaube mir, meine Wohnung ist fast wie ein Einfamilienhaus«, schwärmte ich einer Bekannten aus Frankfurt vor, die gerade in Israel zu Besuch war und die ich zufällig am Strand von Tel Aviv traf, »sie ist fast wie ein Häuschen für sich.«
»Ein Häuschen?« staunte sie. »Wie viele Zimmer hat das Häuschen?«
»Zwei Zimmer.«

»Das ist aber ein kleines Häuschen«, stellte sie fest.
Was soll ich lange erzählen, meine Begeisterung nahm von Tag zu Tag zu, und ich fieberte dem Einzug entgegen. Nun sprach es sich natürlich herum: Lea, kaum von Deutschland weg, hat sich ein Häuschen in Jerusalem gekauft. Einer hörte es vom anderen, und so traf ich eines Tages meinen Onkel Mottel, der zu Besuch in Tel Aviv weilte.
»Ich habe gehört, daß du dir eine Villa in Jerusalem gekauft hast.«
»Eine Villa ist es nicht gerade, aber fast wie ein Haus für sich allein.«
»Dann gratuliere ich dir.« Man muß wissen, daß Onkel Mottel ein Millionär ist. Nicht, daß er als Millionär geboren worden wäre, ganz und gar nicht, er stammt aus einer kinderreichen Familie in Polen, und sie waren froh, wenn sie jeden Tag zu essen hatten. »Ihr könnt mir glauben«, so fangen alle seine Geschichten an, »wenn wir uns satt essen konnten, so war das schon ein Festtag. Ein Paar Schuhe hatten mein Bruder und ich. Wenn er in die Schule ging, zog er sie an, wenn ich in die Schule ging, zog ich sie an. Deswegen ging ich nur jeden zweiten Tag in die Schule.«
Die alten Geschichten kennt jeder in der Familie, Onkel Mottel will damit sagen: Ich habe es geschafft. Seht mich an, ich bin ein Millionär geworden. Ob er wirklich einer ist oder ob er das nur erzählt, weiß ich nicht. Jedenfalls fährt er einen dicken Mercedes, wohnt in den vornehmsten Hotels und ißt in den teuersten Restaurants. Und meine Tante Perla, seine Frau, trägt Nerz- und Persianermäntel und Brillanten an jedem Finger. Man kann es nicht abstreiten, Onkel Mottel ist zu Geld gekommen und taxiert jeden nach seinem Preis.
Und weil er zu Geld gekommen ist, schätzt er jeden, der auch Geld hat. Mich hat mit Onkel Mottel nie eine enge Freundschaft verbunden. Treffe ich ihn auf ir-

gendeiner Familienfeier, dann weiß ich nicht, worüber ich mit ihm reden soll. Ich rede über Politik, und er redet über Geld, ich rede über meine Arbeit, und er fragt, was ich verdiene. Und weil sich unsere Worte ohnehin nicht treffen, haben wir in der Regel nur sehr wenige miteinander gewechselt, und weder ihm noch mir haben die gemeinsamen Gespräche gefehlt.

Gestern abend klopft es. Draußen ist es düster, es regnet, und die kleinen, verfallenen Häuschen von Nachlaoth wirken noch zusammengeschrumpfter. Die alten Frauen wickeln sich ihre Tücher um den Kopf und huschen an den Hauswänden entlang, damit sie nicht völlig durchnäßt werden. Ich sitze zu Hause und lese Geschichten von J. L. Perez. Das jüdische Armeleutemilieu in Polen ersteht vor mir, die engen Zimmerchen, vollgestopft mit alten Möbeln und Kindern, winzige Gäßchen und fromme Mütter, Armut und Schmutz, und es kommt mir vor, als beschreibe der Autor Nachlaoth. Wie sich die Welten gleichen, das arme polnische Städtchen und der arme Orient in Jerusalem. Und wie ich so ins Lesen vertieft bin, klopft es, ich öffne die Tür, und auf der Schwelle stehen mein Onkel Mottel und seine Frau Perla. Ich kann es nicht fassen, daß sie mich plötzlich besuchen, und ich hoffe, daß niemand sie gesehen hat. Beide stehen da wie aus einem Modejournal ausgeschnitten. Sie in hochhackigen Schuhen, mit denen sie auf dem löchrigen Trottoir vor dem Haus zweimal hängengeblieben ist, weißer Nerzmantel, er im pelzgefütterten Mantel, eine Brillantnadel in der Krawatte.

Pelz hin, Brillant her, Onkel Mottel ist das geblieben, was er immer war, ein grober Klotz.

»Das ist deine schöne Villa?« fragt er beim Eintritt. Vielleicht hat er mich nur deswegen besucht, weil er meinte, ich wäre jetzt Villenbesitzerin und hätte den Weg nach oben auch geschafft. »Das Loch heißt bei dir Haus?«

Meine Villa fällt in sich zusammen.
»Ich dachte, du hättest ein Haus mit einem Garten, aber doch keine Ruine.« Er schaut sich um, und was gerade noch herrlich war, verwandelt sich. Ich sehe auf einmal Löcher in den Wänden, defekte Kacheln, einen rinnenden Wasserhahn und Feuchtigkeitsflecken an der Decke. Tante Perla sieht, wie ich innerlich zusammensinke, und sagt: »Nun ja, für jeden ist schön etwas anderes.«
»Was heißt, ›für jeden ist schön etwas anderes‹? Um in dieser zerlumpten Gegend zu wohnen, bist du von Deutschland weggezogen?« Onkel Mottel ist außer sich. »Gib mir einen Kaffee.«
Ich weiß nicht, was ich antworten soll. »Wer hat dich überhaupt eingeladen?« frage ich.
»Was heißt hier eingeladen, wir waren zufällig in Jerusalem, da haben wir dich besucht. Was heißt besucht, gesucht haben wir dich. Eine Villa mit Garten haben wir gesucht, aber doch nicht so etwas.«
»Laß das arme Kind«, die Tante wird menschlich. »Es ist halt traurig, in welche Lage sie geraten ist.« Ihr Mitleid finde ich noch scheußlicher als seine Grobheiten. Meine feine Tante kommt mit mir in die Küche und wird kreideweiß. Das Geschirr steht herum, das Waschbecken ist verschmutzt, überall liegen Speisereste. »Warum räumst du nicht auf?« fragt sie mich. »Der Schmutz ist ja nicht zum Aushalten.«
Soll ich ihr erklären, daß ich gerade in Polen war, in dem Städtchen, aus dem sie stammt, in der Zeit, als sie noch keine feine Dame mit hochhackigen Schuhen und Seidenkleidern war? Ich höre ein leises Rascheln. Eine Maus ist im Haus. Vor zwei Tagen habe ich am frühen Morgen ein kleines graues Mäuschen gesehen, das sich unter dem Bett versteckt hatte und dann schnell hinter den Schrank gehuscht ist. Ich habe zwar Rattengift gestreut, aber die Maus ist eine kluge Maus, sie hat nichts davon gefressen. Das fehlte noch, daß sie jetzt auf-

taucht, dann fällt mir meine elegante Tante garantiert in Ohnmacht.
»Sag einmal, Lea, ist das schön, wie du wohnst?«
»Mir gefällt es«, antworte ich, aber es klingt lau, denn was vor wenigen Minuten noch eine Prachtvilla war, ist auf einmal tiefstes Elend.
Mein Onkel hat noch nie große Stücke auf mich gehalten, aber nun bin ich in seinen Augen gänzlich verloren. In Deutschland hatte ich wenigstens eine anständige Dreizimmerwohnung, mit Wohnzimmerschrank und Sitzgruppe.
»Wenigstens wie ein Mensch hat sie gewohnt, und hier zieht es vom Fußboden her«, sagt er zu der Tante. Er kann es nicht fassen, welch einen Abstieg ich gemacht habe.
»Du hast wohl vergessen, woher du stammst«, verteidige ich mich.
»Das waren andere Zeiten. Du hast es nicht nötig, mit zerlumpten Gestalten zu wohnen, du hättest in eine schöne Dreizimmerwohnung ziehen können und hättest dir ein paar anständige Möbel kaufen können.« Er schaut auf meinen Schrank. Dudu und ich haben ihn gebaut, und weil die Türen noch nicht angefertigt sind, haben wir einen Vorhang davorgehängt.
»Lumpen«, kommentiert der Onkel. Meine armselige Lage ist mir noch nie so bewußt geworden wie durch meinen Onkel Mottel. Ich kann mit ihm nicht diskutieren, ich kann ihm nicht sagen, daß mir seine Sechszimmerwohnung in einem 15stöckigen Hochhaus, alles neu selbstverständlich, nicht gefällt, weil die Möbel unpersönlich sind und alle Mitbewohner die gleiche Einrichtung haben, bei allen steht der Eßtisch an dem dafür vorgesehenen Eßplatz, das Schlafzimmer in dem dafür vorgesehenen Raum, sie unterscheiden sich nur darin, daß der eine eine rote, der andere eine grüne Couchgarnitur hat. Aber bei ihm gilt eben als schön, was im Modejournal steht und teuer ist.

Meine Gäste brechen auf. Tante Perla zieht noch einmal die Lippen nach und legt Rouge auf die Wangen, so daß sie aussieht, als habe sie Scharlachflecken, legt den weißen Nerz an, und die Verwandtschaft verläßt Nachlaoth und läßt mich in meiner elenden Behausung zurück.

Die Armut hat ein klagendes Gesicht

Die Armut hat ein klagendes Gesicht, stumpfe Augen, und das Unangenehmste ist das Seufzen, dieses tiefe, hoffnungslose Seufzen. Ich kenne sie gut, die Freundin meiner Jugend, die jammernde und weinende, die hilflose und schwache, die ängstliche und zitternde. »Du wirst nicht die Gefährtin meines Lebens sein«, versprach ich ihr damals. »Ich werde mein Haus nicht mit dir teilen, ich laufe dir davon, und du wirst mich nicht einholen.« So habe ich es auch getan. Ich habe sie mir von den Fersen geschüttelt, ich habe ihr den Rücken gekehrt und lief so schnell ich konnte. Aber so wie die Freunde unserer Jugend uns nahebleiben, mögen wir sie auch lange nicht gesehen haben, so ist mir auch die Armut vertraut geblieben. Ich kenne ihr Gesicht genau, es hat nichts Fremdes und Ungewohntes für mich, und ich bin ihr wiederbegegnet. Sie wohnt im Haus gegenüber. Chawa heißt sie, hat einen Buckel und hinkt. Ein Fuß ist kürzer, und langsam humpelt sie an einem Stock, dessen Knauf mit einem Lappen umwickelt ist. Chawa ist nie schön gewesen, ein kleines buckliges Mädchen, das stets von den Spielen der anderen ausgeschlossen war. Die Mutter hatte noch acht Kinder und konnte sich nicht um sie kümmern. »Chawa, die Häßliche«, riefen ihr die anderen Kinder nach, »Chawa ist ein Krüppel!« Chawa weinte und vergoß ihre Tränen still für sich. Als sie ins heiratsfähige Alter kam, suchte man einen Mann für sie. Welcher Mann will schon eine

Hinkende mit einem Buckel heiraten? Bei den Juden im Irak muß die Braut dem Brautvater abgekauft werden, und wer gibt Geld und Gut für einen Krüppel? Es war nicht leicht, jemanden zu finden, aber man fand ihn doch. Cheskel, den Narren. Weil Chawa lahmte und sie ohnehin keiner zur Braut haben wollte, war ihr Vater bereit, sie für ein symbolisches Brautgeschenk Cheskel zu geben. »Besser, als daß sie eine alte Jungfer wird«, sagte er sich. Man setzte den Ehevertrag auf und lud zur Hochzeit ein. Nun lebten sie zusammen, waren Mann und Frau, und man mußte sich nicht weiter um sie kümmern. Obwohl Cheskel Chawa für ein geringes Entgelt bekommen hatte, war sie ihm teuer. Mag sein, daß Cheskel ein Narr war, aber er war gut zu Chawa und liebte sie aus ganzem Herzen. Mag sein, daß Chawa, die Bucklige, häßlich war, Cheskel sah es nicht, denn er war ja ein Narr, und Chawa sah es auch nicht mehr, denn Cheskel erklärte ihr, daß sie schön sei. »So schön bist du, Chawa«, und der Buckel verschwand in seiner Fantasie, seine ungeschickten Hände streichelten ihn, und Chawa sah seine Narrheit nicht, seine einfältigen Worte erschienen ihr klug und weise. »Du bist schön«, kann doch wirklich nur ein Narr zu einer Buckligen sagen.
Chawa und Cheskel führten ein stilles Leben. Er verrichtete Hilfsdienste in einer Fabrik, schleppte Kisten, holte Getränke, kehrte den Boden, und sie führte das Haus nach althergebrachter Weise. Sie kochte, wusch Wäsche, hielt das Zimmer sauber und dankte dem Herrn, daß er ihr so ein Glück beschert hatte. Nur eines fehlte ihr, ein Kind. Ihre Geschwister waren alle mit Kindern gesegnet, überall Kindergeschrei und Kinderlachen, nur ihr Zimmerchen blieb still. Warum sie keines bekommen hat? Wer weiß, vielleicht war der Narr schuld daran und wußte nicht, wie man Kinder macht, vielleicht war der Buckel schuld daran, es ließ sich nicht ändern. Die Jahre gingen vorbei, und kein

Kind erblickte bei ihnen das Licht der Welt. Chawa klagte nicht, so hast du es gewollt, Herr im Himmel, dann sei es so. Sie hatte genug bekommen, einen Mann, der sie nicht schlug, einen Mann, der nicht schrie, einen Mann, dem der Buckel gefiel. Und so war Cheskel für sie Mann und Kind zugleich. Ihr Zimmerchen war hell, ihre Seele zufrieden, und die Armut konnte dort nicht einziehen. Aber die Armut ist ein geduldiges Weib. Sie wartet so lange, bis sie ins Haus hineinschlüpfen kann, und wenn sie drin ist, macht sie sich breit und nimmt von der ganzen Seele Besitz. Die Armut hat keinen Preis. Nur dumme Menschen glauben, daß die Armut bei dem wohnt, der wenig Geld oder wenig zu essen hat, dessen Wohnung spärlich ausgestattet ist oder dessen Kleider zerrissen sind. Wir sehen an Chawa und Cheskel, wie dumm diese Meinung ist. Von seinem Lohn wurden sie gerade satt, und sie hatten genügend Sorgen wegen ausstehender Rechnungen, aber bei ihnen wohnte die Zufriedenheit, und sie dankten Gott für das wenige. Eines Tages sagte der Vorarbeiter zu Cheskel: »Steig auf die Leiter, und hilf mir, die Kisten herunterzubringen.«
Aber weil Cheskel ein Narr war, trat er daneben und stürzte ab. Es war nicht sehr hoch, und ein intelligenter Mensch hätte sich vielleicht gar nicht verletzt, aber der Narr fiel so närrisch, daß er sich das Genick brach. Ein Arzt wurde gerufen, es war nichts mehr zu machen. Der Vorarbeiter ging persönlich zu Chawa und brachte ihr die traurige Nachricht, und am nächsten Tag fand die Beerdigung statt. Als Chawa am Grab stand und ihr Cheskel in die Grube gesenkt wurde, schlüpfte die Armut durch ihre Tür, legte sich in das freigewordene Bett, dehnte sich über das ganze Zimmer aus und nahm davon Besitz. Und als man Chawa nach Hause brachte, sie war am Grab ohnmächtig zusammengesunken, spürte sie sofort den neuen Gast. Das Zimmer war dunkel und trübe, das Herz verzagt und voller Zweifel

und Gram. »Was soll nun aus mir werden?« weinte sie. »Weine nicht, wir werden schon für dich sorgen, es gibt doch auch eine Versicherung, du wirst ein Auskommen haben«, trösteten die Verwandten. Aber Chawa weinte nicht wegen des Auskommens, sie weinte, weil keiner mehr ihren Buckel streicheln würde, weil alle Menschen klug waren und nur ihre Häßlichkeit sahen und der Narr, der ihre Schönheit gesehen hatte, unter der Erde lag.
Es ist nun einmal so, wenn die Armut im Haus ist, krallt sie sich fest. Die Versicherung zahlte nicht, Cheskel, der Narr, hatte nicht gut genug gearbeitet oder nicht lange genug oder nicht darauf geachtet, daß alles mit der Versicherung in Ordnung war, er hatte sich um nichts gekümmert, denn anstatt Papiere zu prüfen, hatte er Chawas Buckel gestreichelt. Und weil die Versicherung im Recht war, es stand schwarz auf weiß in irgendwelchen Schriftstücken, zahlte sie nicht. Nun mußte Chawa von der Wohlfahrt leben, und mit der lebt man in Israel nicht wohl. Wie jede Wohlfahrt oder Sozialfürsorge gibt sie zuerst die Verachtung, danach die Schande und zum Schluß etwas Geld, das nie reicht. Mal reicht es nicht für die Stromrechnung und mal nicht für das Gas, mal nicht für Kleidung und mal nicht für die Miete. Und so beginnen die Wohlfahrtsabhängigen zu seufzen und zu klagen, es ist der trostlose Laut der ausweglosen Zukunft. Und je länger man Wohlfahrtsmensch ist, desto hilfloser wird man, man verheiratet sich mit der Armut.
Ich habe Chawa auf der Post kennengelernt. Ich muß eine Rechnung bezahlen, komme nachmittags auf das Postamt, und eine lange Schlange von armseligen Menschen steht vor dem Postschalter. Ich stelle mich in die Reihe dieser seufzenden Gestalten, und obwohl ich noch gar nicht dran bin, fragt mich der Schalterbeamte, ob ich einzahlen oder etwas abheben wolle.
»Ich will eine Rechnung bezahlen.«

»Komm bitte vor«, sagt er zu mir.
»Was ist denn hier eigentlich los?« frage ich.
»Heute sollte das Geld für die Wohlfahrtsempfänger eintreffen, aber die Bank von Israel hat kein Geld geschickt. Vielleicht kann ich mit deinem eingezahlten Geld einen auszahlen«, erklärt er mir.
»Das ist ja schrecklich. Die Alten sind doch darauf angewiesen, daß das Geld kommt«, bemerke ich.
»Ja«, sagt er, »heute ist Donnerstag, wenn das Geld morgen nicht eintrifft, werden sie kein Geld für den Schabbath haben.«
»Was macht man denn da?« frage ich.
»Sie haben Kinder, die werden schon aushelfen«, sagt der Mann hinter dem Schalter.
»Und was tut man, wenn man keine Kinder hat?« fragt die Bucklige neben mir.
Darauf weiß der Schalterbeamte keine Antwort.

Verlobung im Hilton

Eines Morgens finde ich im Briefkasten eine Karte aus feinstem Büttenpapier mit Goldprägung. »Wir beehren uns, Sie zur Verlobung unserer Tochter einzuladen. Das Diner findet im Empfangssaal des Hilton-Hotels, Jerusalem, statt. Abendkleidung ist erwünscht. Herr und Frau Schwarz.« Zunächst kann ich mich nicht erinnern, wer Herr und Frau Schwarz sind, langsam dämmert es mir aber. Eine steinreiche Familie aus Frankfurt, deren Tochter vor Urzeiten in meiner Gruppe war, als ich noch im Frankfurter Jugendzentrum arbeitete. Dunkel kann ich mich an die Mutter erinnern. Eine elegante Frau, genauer gesagt, von etwas aufdringlicher Eleganz, sie führt ihren Reichtum an den Fingern spazieren.
Daß Herr und Frau Schwarz sich auf einmal beehren, mich zur Verlobung ihrer Tochter einzuladen, hat na-

türlich nichts damit zu tun, daß ich irgendwann einmal die Gruppenleiterin der Tochter war, so weit geht das soziale Verhalten nicht, sondern damit, daß ich inzwischen so eine Art Lokalberühmtheit in der Frankfurter jüdischen Gemeinde geworden bin. Über mich stand immerhin ein Artikel in der Zeitung, und mit Leuten, die in der Zeitung stehen, umgibt man sich gerne. Und eine Familienfeier in Jerusalem ist standesgemäß. Es gehört bei vermögenden Juden zum guten Ton, Verlobungen und Hochzeiten in Israel zu veranstalten. Damit tut man eine gute Tat, unterstützt das arme Land, mit dem man sich so verbunden fühlt, und bleibt ansonsten unter sich im Hotel.

»Ich bin ins Hilton eingeladen«, sage ich zu Dudu.

»Wieso?«

»Die Tochter einer Bekannten verlobt sich.«

»Das ist prima, das Essen im Hilton schmeckt ausgezeichnet«, stellt er fest.

»Woher weißt du das, hast du schon im Hilton gespeist?«

»Nein, aber ich habe das gehört. Wann gehen wir hin?«

»Ich wußte gar nicht, daß du auch eingeladen bist«, sage ich.

»Was heißt das, willst du etwa alleine gehen?«

»Die Einladung ist an Lea Fleischmann adressiert und nicht an dich. Ich gehe alleine.«

»Aha, Männer kennenlernen, seit wann geht eine Frau alleine?«

»Seit heute.«

Demonstrativ fülle ich die Antwortkarte aus, bei »Anzahl der zu erwartenden Personen« schreibe ich »eine« hin und schicke die Karte zurück. Als ich vom Postamt zurückkomme, ist Dudu dabei, seinen Koffer zu pakken. »Wohin gehst du?« frage ich.

»Du kannst in Zukunft hier ohne mich wohnen.«

»Du kannst mich doch in Nachlaoth nicht alleine wohnen lassen. Was werden die Nachbarn denken.« Den

Nachbarn haben wir, um eventuellen Diskussionen vorzubeugen, erzählt, wir seien verheiratet.
»Du kannst ja erzählen, dein gemeiner Mann hätte dich sitzenlassen. Ich bin nicht der einzige, der seine Frau verläßt.«
»Ich hab' das nicht so gemeint.« Ich mildere mein Verhalten ab. »Du weißt vielleicht gar nicht, wie man sich bei so reichen Leuten benimmt.«
»Blöde Kuh, glaubst du, nur du hättest reiche Bekannte, ich habe einen Onkel, der ist Multimillionär.«
»Wo?«
»In Paris.«
»Wieso in Paris?«
»Mein Onkel ging seinerzeit anstatt nach Israel nach Paris. Dort ist er Millionär geworden. Leider ist mein Vater nicht auch nach Paris gegangen.« Wir in Israel können uns glücklich preisen, jeder hat reiche Verwandte und Bekannte im Ausland. Wenn man schon nichts von ihnen hat, kann man wenigstens mit ihnen angeben. Der Streit endet damit, daß Dudu nicht auszieht und wir gemeinsam ins Hilton zu der Verlobung gehen werden.
Ich habe noch ein Problem zu lösen, das ist die Kleidung. In Nachlaoth trägt man keine Abendkleider, und in Israel hatte ich bis jetzt andere Sorgen, als mir festliche Kleider zu kaufen. Dudu hat auch keinen Smoking. Zwar erzählt er lang und breit, in der Schweiz habe er einen eleganten schwarzen Smoking besessen, mit passendem Rüschenhemd und vorschriftsmäßigen Lackschuhen, aber das gehört der fernen Vergangenheit an.
In Nachlaoth kann man sich nirgendwo einen Smoking leihen. Die Kleiderschränke sind hier vollgestopft mit alten Pullovern, geflickten Hosen, abgescheuerten Jeans, billigen T-Shirts, bunten Kleidern, aber einen Smoking findet man nicht. Glücklicherweise hat Dudu noch einen hellen Anzug, dessen Revers ein dunkler

Fleck ziert, wir reinigen den Anzug mit Benzin. Dazu kann er ein braunes Hemd anziehen. Ich fahre in die Altstadt auf den arabischen Markt und suche ein langes Kleid. In der Altstadt gibt es alles. Lederwaren, Felle, Kleider, Blusen, Bilder, das heilige Jerusalem auf Papier gezeichnet und in Leder gestanzt, auf Kacheln gemalt und in Blei gegossen, dazu peace, paix, shalom, salem, Frieden, in allen Sprachen; und durch dieses enge Basargewölbe wälzt sich das ganze Jahr hindurch ein Touristenstrom. Auf ein paar Quadratkilometer zusammengedrängt liegen die heiligen Stätten der Juden, Moslems und Christen, und um diese paar Quadratmeter wurden so viele Kriege geführt, ist so viel Blut geflossen, als würde der Herr dem, der diese Quadratmeter beherrscht, seine Gunst zuneigen. Jeder meint, er allein habe den richtigen Weg zu Gott gefunden. Hinter diesem bunten Treiben, diesem friedlichen Bild liegt eine Spannung, die sich jeden Moment entladen kann. Ich gehe nicht oft in die Altstadt, eigentlich nur, wenn ich, wie heute, etwas kaufen will. Mir gefallen die Kleider, wie sie die Araberinnen tragen, und für die Verlobungsfeier im Hilton scheint mir so ein Kleid nicht unpassend zu sein. Zugegeben, ein wenig plump ist es gearbeitet, aber es sieht folkloristisch aus, ist lang und für die feine Gesellschaft nicht alltäglich.

An dem ereignisreichen Tag koche ich nicht. Es wäre schade, sich den Magen vollzuschlagen, wo es doch abends ein auserlesenes Menü gibt. In Israel habe ich zu kochen angefangen, denn erstens sind die Restaurants unverschämt teuer, zweitens schlecht, und drittens sind Marokkaner daran gewöhnt, jeden Tag frisch Gekochtes zu essen. Hier habe ich Gewürze kennengelernt, von denen ich nicht wußte, daß sie überhaupt existieren. Auf dem Markt gibt es keine Tiefkühlkost und wenig Konserven, und so mußte ich mich notgedrungen auf Großmutters Zeiten umstellen, das Gemüse

selber putzen, die Hühner ausnehmen, das Kompott einkochen und den Kuchen eigenhändig backen. Aber heute bleibt die Küche geschlossen, wir gehen ins Hilton. Wir machen uns fertig. Ich stehe in meinem arabischen Kleid vor dem Spiegel. Es ist schwarz, bodenlang, mit rosa und roten Blumen bestickt, nur die Armel sind unfachmännisch eingesetzt, wie zwei Säcke hängen sie herunter. Aber das ist nicht so schlimm, wenn man die Arme einwinkelt und die Ärmel nach oben schiebt, merkt man den verkorksten Schnitt nicht. Dudu hat seinen hellbeigen Anzug angezogen, das braune Hemd, dazu dunkelblaue Socken und greift sich an den Kopf.
»Mist«, sagt er.
»Was hast du?« frage ich.
»Ich habe vergessen, die braunen Schuhe vom Schuster abzuholen.«
Extra wegen der Feier hat er sie zum Schuster gebracht, damit der die Sohle klebt, und nun sind sie dortgeblieben.
»Ich ziehe die Sandalen an.«
Diese ausgetretenen Sandalen steigern die Eleganz seines Anzugs. Wir fahren zum Hilton. »Fahr nicht auf den Parkplatz vom Hilton«, bitte ich Dudu. Unser Auto ist 17 Jahre alt, für ein junges Mädchen ein entzückendes, für ein Auto ein schrottreifes Alter. Überall ist es verbeult, die Gummirahmen der Fenster haben sich gelöst und hängen nach unten. Weil die Rückscheinwerfer von unserem Triumph gestohlen wurden, hat Dudu dem Auto VW-Rückleuchten verpaßt, es sieht richtig zusammengeflickt aus. Innen liegen überall Drähte und Kabel frei, es ist ein wunderbares Auto – das reinste Wunder, daß es noch fährt, und noch bewundernswerter, daß es durch den jährlichen TÜV kommt –, aber kein Renommierstück für den Hilton-Parkplatz. Wir parken ein wenig abseits und gehen ins Hotel.

Langsam durchqueren wir die mit italienischem Marmor ausgelegte Lobby. An den Wänden hängen abstrakte Bilder. »Deine Kunstwerke gefallen mir besser«, flüstere ich Dudu zu. Sanfte Musik spielt im Hintergrund, das Licht ist gedämpft, ältere Amerikaner lehnen bequem in der kreisförmigen Ledergarnitur und unterhalten sich leise. Mit dem Aufzug fahren wir ein Stockwerk höher in den Empfangsraum. Vor dem Saal sitzt an einem Tisch eine Empfangsdame, vor ihr sind Tischkärtchen aufgestellt, und sie fragt uns in englisch: »Darf ich den Namen wissen?«

»Lea Fleischmann«, antworte ich. Sie sucht meine Tischkarte heraus. »Ich habe Dudu nicht angemeldet«, fällt mir ein, für ihn ist kein Platz reserviert. Ich hatte gedacht, man kommt und setzt sich irgendwo hin, daß es hier so formell zugehen würde, konnte ich nicht ahnen.

»Und der Herr?« fragt die Empfangsdame.

»Dudu Barnis«, antwortet er. Sie sucht den Namen in den Kärtchen, aber es gibt keinen Dudu Barnis. Danach mustert sie ihn, schaut auf die Sandalen mit den blauen Socken, wenigstens ist kein Loch drin, und sagt: »Es tut mir leid, ich finde den Namen nicht.«

»Ich habe mich im letzten Moment entschlossen mitzukommen«, sagt Dudu. Die Empfangsdame blickt uns abschätzend an.

»Vor dir stehen die berühmte Schriftstellerin Lea Fleischmann und der geniale Maler Dudu Barnis, und wer bist du, daß du uns so verächtlich ansiehst?« schimpfe ich in Gedanken.

»Einen Moment bitte«, sagt die Dame und verschwindet im Saal. Nach einer Minute kommt sie mit Frau Schwarz heraus. Frau Schwarz trägt ein langes, dunkelblaues Chiffonkleid mit Spitzenapplikation an Saum und Ausschnitt, die Ärmel sind gerafft, und am Hals glitzert ein Collier, von dessen Erlös eine Familie in Nachlaoth ein ganzes Jahr leben könnte, dazu passende Brillantohrringe. Die Haare sind kunstvoll nach oben frisiert, damit der Halsschmuck besser zur Geltung kommt. Frau Schwarz schaut mich lächelnd an und erkennt mich nicht.

»Ja bitte«, sagt sie freundlich. Verlegen zeige ich mein Tischkärtchen. »Ich bin eingeladen«, sage ich und beiße mir dabei auf die Lippe. Meine Nase beginnt zu laufen und wird knallrot. Ich kenne meine Nase, in solchen Situationen leuchtet sie wie eine Lampe. Frau Schwarz liest meinen Namen, und ihr Lächeln wird herzlicher. »Lea, das ist aber nett, daß Sie gekommen sind, ich freue mich so.«

»Das ist mein Freund Dudu, ich habe vergessen, ihn anzumelden«, entschuldige ich mich mit einem Blick auf Dudu.

»Das macht doch nichts, freut mich.« Sie gibt uns beiden die Hand, und wir folgen ihr in den Saal.

Im Empfangssalon sitzen ungefähr 200 Gäste an runden Tischen, die mit kostbaren Blumengebinden, blauweißen Kerzen und stilvollen Gedecken überladen sind. Im ersten Moment bin ich von der Pracht der Kleider, dem Funkeln der Gläser und dem Glitzern des Schmucks wie geblendet. Die Männer tragen alle schwarze Smokings oder dunkle Anzüge, dazu blütenweiße Hemden. Jeder schaut auf uns, und ich bewege mich wie im Alptraum, bis wir an dem uns zugewiesenen Tisch ankommen. Ein Gedeck fehlt, und es beginnt ein umständliches Umräumen. Die Gäste müssen zusammenrücken, der Kellner bringt einen Stuhl und ein zusätzliches Gedeck, und mir ist der Appetit vollständig vergangen. Da sitzen Dudu und ich und wissen nicht so recht, was wir sagen sollen, irgendwie fühlen wir uns deplaziert. Zum Glück hält der Brautvater eine Rede, danach spricht noch jemand, man läßt das Brautpaar hochleben, und es wird serviert.

Wir essen schweigend, keiner spricht uns an. Zu allem Unglück stößt Dudu sein Weinglas um, und die Tisch-

nachbarin bekommt ein paar Spritzer ab. »Entschuldigen Sie«, sagt er, und das war unser Beitrag zur Konversation an diesem Abend.
Die zwei Damen, die mir gegenübersitzen, tauschen ihre Israel-Erfahrungen aus. Anscheinend sind sie mit ihren Kindern da. »Und die Kinder spielen die ganze Zeit unter sich. In Berlin gehen sie zwar regelmäßig zum zionistischen Jugendbund, aber in Israel haben sie keinen Kontakt mit der Bevölkerung. Sie lernen die Israelis nur als Kellner und Zimmermädchen kennen«, beklagt sich die eine.
»Ja, leider«, bestätigt die andere, »die Kinder sind furchtbar isoliert.«
Ich muß bekennen, das Essen schmeckte Dudu und mir nicht so, wie wir uns das ausgemalt hatten. Vielleicht lag es am Essen, vielleicht daran, daß wir so gehemmt waren; als der Tanz beginnt, verdrücken wir uns langsam aus dem Saal.
»Was für verkrampfte Menschen«, kommentiert Dudu.
»Stimmt«, pflichte ich ihm bei.
Gestern hat mich schon wieder jemand zu einer Hochzeit eingeladen, ins Plaza-Hotel, aber wenn man mir das schönste Menü hinstellen würde, den erlesensten Wein, ich ginge da nicht hin.

Leben in Nachlaoth

Ich war bei Herrn und Frau Rosenfeld zu Gast. Sie wohnen in Rechawia. Die Rosenfelds sind 1936 aus Berlin eingewandert. »Wir waren in der zionistischen Bewegung. Es war nicht leicht, damals Einwanderungszertifikate zu bekommen. Die Engländer ließen nur eine bestimmte Anzahl monatlich ins Land, und die Zeiten waren schlecht und schwer. Wir haben einiges durchgemacht, das können Sie uns glauben«, erzählte Herr Dr. Rosenfeld. Nachdem wir die schweren Tage der Vergangenheit besprochen und die derzeitige schwierige Lage umrissen hatten, kamen wir auf leichtere Themen zu sprechen, wie zum Beispiel, wo es sich in Jerusalem angenehm wohnen läßt. Bei den Rosenfelds war noch ein Ehepaar eingeladen, dessen Haus auch in Rechawia steht, und die Frau fragte mich, wo ich in Jerusalem wohne.

»In Nachlaoth.«

»In Nachlaoth, wie entzückend«, kommentierte sie, »einfach reizend, dieses Nachlaoth. Die alten Leutchen, wie originell, die schmalen Gäßchen, fast wie im Märchen, wie gerne gehe ich dort spazieren.«

»Ich würde auch gerne in Rechawia wohnen und in Nachlaoth spazierengehen«, antwortete ich.

Rechawia ist Jerusalems Nobelviertel. Man überquert die Bezalelstraße, läuft die Uschischkinstraße entlang, und plötzlich merkt man, daß sich etwas verändert. Es wird grüner, die Vorhöfe sind nicht mehr mit Steinplatten ausgelegt, sondern mit Blumen und Zierrasen bepflanzt, alte, hohe Bäume, gepflegte Gärten und Blumenkästen an den Fenstern bestimmen das Straßenbild. Man ist nicht mehr in Nachlaoth, sondern in Rechawia. Hier zeigt Jerusalem sein europäisches Gesicht. Rechawias Straßen sind sauber gekehrt und ruhig, die Namen auf den Türschildern klingen vertraut. Dr. Bloch und Ingenieur Weinberger, Professor Steinmann und Rechtsanwalt Mandelbaum. In Rechawia hätte ich keine Eingewöhnungsschwierigkeiten. In einem Haus, umgeben von Zypressen und Tannen, mit efeuberankten Wänden und einem blumenreichen Vorgarten, dazu das gute Wetter des Orients, keine verregneten Sommer und kalten Wochenenden, könnte ich es ohne Schwierigkeiten aushalten.

Ich muß zugeben, in Nachlaoth war das Eingewöhnen ein wenig problematisch. Auf dem Vorplatz vor dem Haus stehen drei Mülltonnen. Die Deckel der Müllkü-

bel sind längst abgerissen, und meine Mitbewohner haben die Angewohnheit, einen Teil des Mülls neben die Tonnen zu schütten. Die Wohnung wird in Ordnung gehalten, während der Vorplatz nicht als Wohngebiet angesehen wird. Außerdem herrscht hier der Brauch, alte Brotreste gesondert für die Katzen hinzulegen, von denen mehr als genug durch Nachlaoth streunen.
Mich stört der Dreck auf dem Vorplatz. »Du bist ein Zwangsneurotiker«, sage ich mir, »so schlimm ist es auch nicht mit dem Dreck, gelegentlich kehrt ja jemand.« Es hilft nichts, ich kaufe mir ein paar Gummihandschuhe, besorge mir einen Strohbesen und fege den Vorplatz. Meine Nachbarinnen sehen das mit Wohlwollen. »Ach, wie schön sauber«, sagt Chanina, während ich in einem Berg von Dreck stehe und den Haufen zusammenkehre. »Schmutzig ist das hier«, bemerkt sie. Chanina ist wie alle Mitbewohner über sechzig, eine zerbrechliche Person, die über chronische Rheumaschmerzen klagt. Judith hingegen erbarmt sich meiner: »Du mußt nicht so viel arbeiten, du mußt nicht alles auf einmal kehren.«
»Das macht nichts«, antworte ich lächelnd, »ich mache das gerne.«
»Das ist etwas anderes«, sagt sie, »wenn du gerne kehrst, dann kehre weiter.« Und sie schüttelt den Kopf, als würde mit mir etwas nicht stimmen. Nach zwei Stunden bin ich fertig und brauche erst einmal ein Bad. Danach gehe ich nochmals vor die Haustür und betrachte zufrieden mein Werk, ich habe für etwas Ordnung in Israel gesorgt. Nun verlange ich nicht von meinen Nachbarinnen, daß sie kehren sollen, sie sind alle Greisinnen, die auch so genug Schwierigkeiten haben, aber ich dachte, daß sie ihren Müll weniger sorglos wegwerfen würden, wenn sie sähen, wie sauber es jetzt war. Aber woher, am nächsten Tag liegt wieder Müll neben den Tonnen. Ich fange an, mich zu ärgern, ziehe wieder meine Handschuhe an und fege. Es ist nutzlos, am dar-

auffolgenden Tag liegen wieder Eierschalen und Zeitungspapiere daneben, ich hole meine Handschuhe und fege, dabei ärgere ich mich schon grün und blau. Nachdem ich fertig bin, mache ich mir einen Kaffee und beginne ruhig zu überlegen. »Lea«, sage ich mir, »es gibt zwei Möglichkeiten, entweder du willst, daß der Vorplatz sauber ist, dann mußt du jeden Tag darauf achten, oder du gewöhnst dich an Abfälle, die auf dem Boden liegen. Du kannst hier keine Hausordnung einführen und keine Verordnungen anbringen wie ›Abfälle sind in die Mülltonne zu werfen‹, die Nachbarinnen werden dich für bescheuert oder aggressiv halten.« Nun erinnere ich mich an ein Verfahren aus der Psychologie. Wenn man Kindern die Angst vor Tieren nehmen will, muß man sie ganz langsam an den Anblick von Tieren gewöhnen, und ich sehe ein, ich muß mich langsam an den Dreck auf dem Vorplatz gewöhnen. Als Folge dieser Überlegung kehre ich nur jeden zweiten Tag, anschließend nur jeden dritten und inzwischen nur noch einmal in der Woche. Ich habe mich an den Dreck auf dem Vorplatz gewöhnt, und es kommt mir vor, als würden meine Nachbarinnen sorgfältiger beim Ausleeren der Mülleimer vorgehen und nicht mehr soviel danebenwerfen. Aber vielleicht ist das nur reines Wunschdenken.
Das nächste, woran ich mich hier gewöhnen mußte, war, daß man sich von Haus zu Haus unterhält. Ich weiß, daß man sich bei uns daheim von Zimmer zu Zimmer unterhalten hat. Ich saß im Kinderzimmer, meine Mutter in der Küche, und wir schrien durch die ganze Wohnung, aber Unterhaltungen von Haus zu Haus sind mir neu. »Gestern habe ich meine Nichte besucht!« schreit die Nachbarin vom Nebenhaus zu Chaja herüber, die auf ihrem Balkon Siesta hält. Ich sitze bei offenem Fenster und lese. »Mein ältester Sohn war auch gestern da!« schreit Chaja zurück. »Meiner Nichte habe ich ein teures Geschenk mitgebracht, da-

mit sie nicht sagt, ich wäre geizig. Sie hat eine Tochter geboren.« »Was du nicht sagst«, antwortet Chaja, »meine Schwiegertochter ist auch bald soweit.« Ich lege das Buch aus der Hand.
»Nur wenn man Geschenke mitbringt, wird man eingeladen«, beschwert sich die Tante, »sonst höre ich nichts von ihnen.«
»Ja, ja, so ist die heutige Jugend. Komm rüber, ich habe Kuchen gebacken.«
»Ich darf keinen Kuchen essen, hat der Doktor gesagt, ich habe Zucker.«
»Mit Zucker habe ich gebacken, komm rüber.«
»Ich darf keinen Zucker essen, was man nicht heutzutage findet. Meine Mutter ist 85 Jahre alt geworden und hat nie etwas gehabt, und weißt du, warum, weil sie zu keinen Ärzten gegangen ist.«
»Jaja, die machen die Menschen kaputt«, bestätigt Chaja.
Und so werde ich unfreiwillig Zeugin der Lebensweisheiten von zwei alten Damen, nur an Lesen ist nicht mehr zu denken.
Eines Nachts wache ich von einem fürchterlichen Lärm auf. Es ist ein Uhr, und draußen hört man grobes Schimpfen wie: »Du Nutte, wann kommst du nach Hause, was fällt dir ein!« Und jemand schlägt auf eine Frau ein, die gellend schreit. Außerdem brüllen noch Kinder und wecken mit ihrem Lärm die Nachbarschaft auf. Am nächsten Morgen frage ich Chanina, ob sie auch den Krach in der Nacht gehört habe.
»Ja, das sind die Sasons von nebenan. Die Tochter ist heute nacht spät nach Hause gekommen, und da hat der Vater sie geschlagen. Und die ganze Familie hat mitgeschrien.« Das ist eine Familie mit sieben Kindern. »Die Tochter wird sich hüten, nochmals so spät nach Hause zu kommen.« Auch das ist Leben in Nachlaoth.
Man wohnt hier mit offenen Türen. Meine wie auch die

anderen Wohnungstüren haben außen Klinken und keinen Türknauf. Die Klingeln funktionieren ohnehin nicht, und meine Nachbarinnen haben die Angewohnheit, ohne anzuklopfen hereinzukommen. Ich stehe in der Küche und schneide Zwiebeln, plötzlich höre ich Judith hinter mir fragen: »Was kochst du heute?« Überrascht drehe ich mich um. »Was kochst du heute?« fragt sie nochmals.

»Essen«, antworte ich.

Sie setzt sich auf den Küchenstuhl. »Und was hast du gestern gekocht?« Judith ist Witwe, ihre Kinder sind erwachsen, sie kommen nur zu den Feiertagen zu Besuch, und Judith langweilt sich anscheinend. »Gestern habe ich Suppe gekocht.«

»Als die Kinder klein waren, habe ich jeden Tag gekocht. Einmal hat sich mein jüngster Sohn verbrüht. Frag nicht, was da los war, er hat so geweint und lag danach drei Wochen im Krankenhaus. Und meine älteste Tochter arbeitet in einer Bank, ihr Mann auch, der Enkelsohn geht aufs Gymnasium. Warum schälst du so dicke Schalen von den Kartoffeln? Vorigen Schabbath war meine Tochter da, hast du sie gesehen? Warum kaufst du die kleinen Eier, hoffentlich kaufst du nicht bei Ruben, er ist ein Halsabschneider.«

Sie redet ununterbrochen. Ich mag nicht, wenn man mir beim Kochen zusieht und unaufhörlich Ratschläge erteilt, aber ich will nicht unhöflich sein und sie einfach hinausschicken.

»Judith«, sage ich, um mich aus der Affäre zu ziehen, »ich muß schnell zum Lebensmittelladen, Milch kaufen.«

»Ich warte hier auf dich«, antwortet sie.

»Danach muß ich aber noch auf den Markt, Obst kaufen, ich weiß nicht genau, wie lange das dauern wird.«

Notgedrungen steht sie auf, und wir gehen beide hinaus.

Es ist Nachmittag, ich lege mich hin. Ich bin müde, und

ehe ich mich versehe, bin ich eingeschlafen.
»Bist du krank?« höre ich eine Stimme neben meinem Bett.
Chanina steht da mit einem Teller in der Hand. Ich hatte vergessen, die Tür abzuschließen.
»Was ist los, Chanina?«
»Ist dir nicht gut?« fragt sie.
»Mir ist gut, ich bin nur müde.«
»Warum bist du müde, schläfst du nachts schlecht? Ich kann manchmal nachts auch nicht schlafen.«
Jetzt hat sie mich vollends aufgeweckt. »Was ist los, Chanina?«
»Nichts ist los, ich habe dir ein paar Plätzchen gebracht, heute gebacken.«
Ich stehe auf, mit dem Nachmittagsschlaf ist es vorbei.
»Die Plätzchen sind gut«, bemerkt Chanina.
»Danke schön«, antworte ich, »ich mache uns einen Kaffee.«
Und so sitze ich und höre mir stundenlang die Geschichten von Chaninas Kindern und ihrem gottseligen Mann an. Meine Nachbarinnen halten mich den ganzen Tag mit ihren Geschichten in Atem. Jede hat ihre Probleme und ihre Sorgen, und sie lassen mich nicht zur Ruhe kommen.
»Im Irak«, erzählt Chanina, »lebten wir alle zusammen. Die Eltern wohnten mit den Kindern, auch wenn die Kinder bereits erwachsen und verheiratet waren. Die Alten kümmerten sich um die Enkelkinder, und es war nicht so wie heute. Wir hatten eine große Feuerstelle im Hof und backten unser Brot selber. Das hat gut geschmeckt, nicht wie das Kaugummibrot, das man im Laden kauft. Die Juden im Irak waren alle sehr religiös, die Feste wurden so, wie es der Brauch ist, gefeiert, und die Frauen trugen hochgeschlossene Kleider und die vorgeschriebene Kopfbedeckung. Aber heute ist alles ganz anders. Jedes Kind wohnt in einem anderen Stadtteil, meine zwei Töchter sind sogar nach Asch-

dod gezogen. Manchmal kommt die eine oder andere an den Feiertagen oder am Schabbath zu Besuch, aber während der Woche sind sie beschäftigt. Jeder hat seine Familie, wer hat da schon Zeit für die alte Mutter.«

»So ist das Leben, Chanina, überall ist es so.«

»Ja, ja«, sagt Chanina, »früher hatte man keinen Fernseher und kein Radio, und es war viel schöner.«

»Man darf sich nicht beklagen, Chanina«, sage ich, »anderen geht es noch viel schlechter. Du hast wenigstens Kinder, aber ich habe eine Bekannte, die hat überhaupt kein Kind. Keiner kommt sie besuchen.«

»Die Arme«, sagt Chanina, »die Arme.«

Manchmal, wenn ich guter Laune bin, erzähle ich meinen Nachbarinnen von Deutschland.

»Weißt du, Chanina, dort ist es nicht wie hier. Dort müssen die Kinder leise sein und dürfen nicht die ganze Zeit herumschreien.«

»Schreien die Mütter auch nicht?« will Chanina wissen.

»Nein.«

»Und wenn sie die Kinder rufen müssen und die Kinder gerade draußen spielen?«

»In Deutschland spielen die Kinder nicht den ganzen Tag draußen, dort regnet es oft und ist kalt.«

»Im Sommer auch?«

»Im Sommer auch. Manchmal ist der Sommer so kalt wie bei uns der Winter.«

»Arme Leute«, bemitleidet Chanina die Deutschen, »dann frieren sie das ganze Jahr?«

»Dort werden die Wohnungen geheizt, anders als bei uns.«

»Schrecklich«, sagt Chanina, »im Sommer regnet es.«

Draußen vor dem Haus ist ein Mauervorsprung, breit genug, um darauf sitzen zu können, und nachmittags treffen sich dort einige alte Weiblein. Chanina hockt auch mit ihnen zusammen, und alle erzählen sie von den guten alten Zeiten, von den Kindern, was dieser

und jener Nachbar gemacht hat. Dabei essen sie Sonnenblumenkerne und Nüsse, die Schalen werden einfach auf den Weg geworfen. Da es niemanden stört, stört es mich auch nicht mehr. Es ist halt so in Nachlaoth.
Es ist Winter geworden in Jerusalem. Die Regenzeit setzt unvermittelt ein, und Wolkenbrüche überschwemmen die Straßen und Hauseingänge. Die Temperaturen fallen schlagartig fast bis auf den Nullpunkt, und manchmal, ganz selten, schneit es. So wie heute nacht. Morgens, als ich aus dem Fenster sehe, liegt draußen ungefähr zwei Zentimeter hoch Schnee. »Ach, wie schön«, denke ich, »es sieht ein bißchen aus wie in Europa.« Während ich mich anziehe, stelle ich das Radio an. »Jerusalem ist eingeschneit. Die größten Schneeverwehungen seit drei Jahren«, eröffnet der Sprecher die Nachrichten. Ich schaue nochmals auf die Straße. Immer noch zwei Zentimeter Schnee.
»Die Hauptverkehrsstraße nach Tel Aviv wurde gesperrt«, gibt der Nachrichtensprecher bekannt, und danach wird eine Frau interviewt, die mit aufgeregten Worten den besorgniserregenden Zustand schildert. Der Sprecher fordert die Einwohner Jerusalems auf, mit ihren Autos zu Hause zu bleiben, die öffentlichen Verkehrsmittel seien lahmgelegt, und in Jerusalem werde wegen des Schnees nicht gearbeitet. Ich ziehe meine Stiefel an, nehme den Mantel und gehe zu Ruben einkaufen. Die Straße ist menschenleer, weit und breit kein Auto. Ruben hat seine Mütze bis über die Ohren gezogen, einen dicken Schal um den Hals gewikkelt, der das halbe Gesicht verdeckt, seinen gefütterten Anorak erst gar nicht abgelegt, ein Elektroöfchen wärmt ihm die Füße, und er zittert vor Kälte. »So ein Schnee, was sagst du zu dem Schnee«, begrüßt er mich.
»Ich weiß nicht«, antworte ich, »so schlimm finde ich das Wetter nicht.«
»Seit Jahren haben wir keinen Schnee gehabt, man kann sich ja draußen den Hals brechen, wenn man aus-

rutscht.« Er beginnt auf den Schnee und auf die Regierung zu schimpfen und fragt mich: »Was willst du?«
»Gib mir ein Brot und Milch.«
»Heute gibt es kein Brot und keine Milch«, antwortet er.
»Warum denn nicht?«
»Du siehst doch selbst, bei diesem Wetter konnten die Lieferanten nicht fahren.«
Ich sehe gar nichts. Der Schnee ist inzwischen in Nieselregen übergegangen, die Schneedecke fast verschwunden.
»Was hast du sonst?« frage ich ihn.
»Eier.«
Ich kaufe Eier. Kartoffeln und Reis habe ich noch zu Hause, ich werde heute nicht hungern müssen.
Meine Schwester ruft mich aufgeregt aus Tel Aviv an: »Ich habe gehört, die Lage in Jerusalem sei besorgniserregend. Wie geht es euch, seid ihr wohlauf?« »Uns geht es gut«, antworte ich, »man könnte meinen, die Leute hier seien aus Zucker gemacht. Wegen des bißchen Schnees dreht alles total durch.« Inzwischen habe ich meinen Petroleumofen, die einzige Heizquelle in der Wohnung, angezündet. Er verbraucht nicht viel Brennstoff, aber dafür wird es auch nicht warm. In Nachlaoth gibt es keine zentralgeheizten Wohnungen, und deswegen behilft man sich mit Petroleum- oder kleinen Stromöfchen. Es ist kalt, und die Wohnungen sind feucht. Meine Nachbarinnen klagen über Gelenkentzündungen und -rheuma, besonders Chanina. »Der Winter macht mich krank, wenn er doch endlich vorbeigehen würde.«
In der Regenzeit spielt sich bei uns zu Hause alles rund um den Petroleumofen ab. Ich trockne die Wäsche auf ihm und wärme mir daran die Füße; wenn Bekannte da sind, sitzen wir um ihn herum und halten den Tee auf ihm warm. Eine andere Energiequelle ist die Wärmflasche. So ein Ding habe ich früher nie benutzt, hier be-

gleitet es mich den ganzen Tag. Wenn ich schreibe, lege ich sie auf den Stuhl und setze mich drauf, stehe ich in der Küche, dann binde ich sie mir mittels eines Badegürtels um den Rücken, beim Fernsehen liegt sie mir auf den Knien, die Wärmflasche ist mir unentbehrlich geworden. Meine freie Zeit verbringe ich im Winter im Bett. Wohlweislich habe ich mir eine warme Daunendecke gekauft, und das Bett ersetzt mir den Heizofen. Nur eines ist wirklich unangenehm, mein Warmwasserspeicher wird mit Sonnenenergie geheizt. Deswegen habe ich im Sommer stets kochendheißes Wasser, im Winter dafür eiskaltes. Sicher, man kann auch mit Strom das Wasser heizen, aber nachdem ich das einen Monat ausprobiert und die Stromrechnung gesehen habe, lasse ich es bleiben. Ich habe es mir eingerichtet, nur einmal am Tag Geschirr abzuwaschen. Beim Spülen renne ich zwischen Waschbecken und Petroleumofen hin und her, drei Teller spülen, Hände wärmen, Topf waschen, Hände wärmen, Pfanne scheuern, Hände wärmen.

Im Winter besuche ich öfter Bekannte, die eine zentralgeheizte Wohnung haben. Zwar wird die Zentralheizung nur für vier bis fünf Stunden in Betrieb genommen, aber wenn man zu den richtigen Stunden kommt, ist es behaglich warm. Die Leute wissen gar nicht, wieso sie auf einmal zu der großen Ehre meines häufigen Besuchs kommen, und wundern sich, welche Liebe plötzlich bei mir zu ihnen ausgebrochen ist. Ich erzähle natürlich nicht, daß ich wegen der Zentralheizung komme, sondern erkläre, wie nett ich es bei ihnen fände: »Es ist so interessant bei euch.« Neulich besuchte ich ein Ehepaar, das mich tödlich langweilt, dessen Wohnung aber normalerweise wunderbar geheizt ist. Gerade an meinem Besuchstag aber fiel die Zentralheizung aus. Es blieb mir nichts anderes übrig, als mit den beiden zwei Stunden lang in einer ungemütlichen, kalten Wohnung mehr oder weniger geistreiche

Gespräche über die Literatur des 19. Jahrhunderts zu führen.
Energie ist teuer und knapp in Israel. Aber, und das ist das schöne hier, über Energiekrisen wird nicht gesprochen, kein Mensch weiß, daß es eine Energiekrise gibt. Hier hat man keine Angst, daß die Araber den Ölhahn zudrehen werden, wir werden mit den Energieproblemen der Welt seelisch nicht belastet. Wir wissen, daß der Winter vorbeigehen und der Sommer heiß sein wird. Mögen sich die anderen den Kopf über die explodierenden Heizölpreise zerbrechen, ich nehme meine Wärmflasche, krieche unter die Daunendecke und schlafe ruhig.
Seit ein paar Tagen singt Chanina. Geht sie die Treppen hinauf, trällert sie, kommt sie die Treppen herunter, zwitschert sie, sie ist in ihren Gesang versunken. Chanina hat keine brillante Stimme, im Gegenteil, die Stimme ist vom Alter brüchig, aber das stört sie nicht. Sie singt unentwegt vor sich hin.
Vor dem Hauseingang begegnet ihr Chaja: »Was singst du die ganze Zeit?« fragt Chaja. »Hast du ein neues Talent bei dir entdeckt?«
»Ich übe«, antwortet Chanina.
»Willst du ein Konzert geben?« wundert sich Chaja.
»So etwas Ähnliches.«
»Was ist so etwas Ähnliches?«
»Ich singe für die Universität.«
»Für wen singst du?«
»Für die Universität, für die gescheiten Leute.«
Chaja versteht gar nichts mehr, und Chanina bequemt sich zu einer Erklärung. »Vor zwei Wochen saß ich draußen auf dem Mauervorsprung. Die Sonne wird jetzt schon wärmer, ein Glück, daß der Winter dem Ende zugeht. Bei mir ist die Wand im Schlafzimmer feucht, und es zieht mir in den Knochen. Aber was soll ich machen, wer soll die Wand reparieren? Ich wärme mir den Rücken in der Sonne und summe vor mich hin.

Plötzlich kommt eine junge Frau und setzt sich neben mich auf das Mäuerchen. Die Frau habe ich noch nie gesehen, eigentlich ist es keine Frau, sondern ein Mädel mit langen offenen Haaren. In der Hand trägt sie eine Aktenmappe.
›Wohnst du hier?‹ fragt sie mich.
›Ja‹, antworte ich, ›und du?‹
›Ich studiere an der Universität Apologie‹, oder so etwas ähnliches sagt sie.
›Hast du einen Bräutigam?‹ frage ich sie.
›Nein, heutzutage heiratet man nicht so früh‹, antwortet das Mädel.
›Was heißt früh, wie alt bist du?‹
›Zweiundzwanzig‹, antwortet sie.«
»Mit zweiundzwanzig habe ich schon drei Kinder gehabt«, unterbricht Chaja die Erzählung Chaninas, »drei kleine Kinder und einen Bauch. Und zu essen gab es damals nichts. Wir mußten stundenlang um Lebensmittel anstehen. Einmal war mein Ältester krank, und ich hatte keine Milch im Haus. Niemand war da, nur die zwei kleinen Kinder, und ich wußte nicht, was ich machen soll. Den Großen alleine lassen und mich mit den Kleinen anstellen wollte ich nicht, und die Kleinen zu Hause lassen konnte ich nicht. Frage nicht, was das für Zeiten waren.«
Chanina läßt sich durch die Unterbrechung nicht beirren und fährt fort: »›Zweiundzwanzig, da könntest du schon längst verheiratet sein und ein Kind haben‹, sage ich zu ihr.
›Entweder man hat Kinder oder man studiert‹, antwortet das Mädel. ›Und ich studiere Völkerkunde. Ich studiere die verschiedenen Gruppen, die hier leben, ihre Kultur und ihre Bräuche, und ich habe dich gerade singen hören. Was war das für ein Lied?‹ fragt sie mich.
›Das hat meine Mutter gesungen, damals lebten wir noch im Irak.‹
›Dann bist du eine Kurdin?‹ fragt die Studentin.

›Ja‹, antworte ich.
›Darf ich zu dir kommen, und du singst mir die Lieder auf Band? Wir brauchen das für unsere Studien in der Universität‹, bittet sie mich.
Was soll ich dir sagen, Chaja, die jungen Leute werden heutzutage immer verrückter. So ein junges Mädel hat nichts Besseres zu tun, als mit einem Tonbandgerät herumzulaufen, und alte Leute singen ihr vor.
›Meinetwegen kannst du zu mir kommen‹, sage ich ihr, ›aber du solltest deine Zeit lieber darauf verwenden, einen Bräutigam zu suchen.‹ Vor drei Tagen war sie schon einmal da, und nächste Woche will sie wiederkommen, und deswegen übe ich.«
Das Gespräch habe ich am Küchenfenster mit angehört. In einigen Jahren wird es die alten Kurdinnen mit ihren langen Zöpfen und bunten Kleidern in Jerusalem nicht mehr geben. Die Töchter von Chanina tragen Jeans und hochhackige Schuhe, und für Chaninas Enkel wird Nachlaoth ein Märchen sein oder eine Geschichte oder eine wissenschaftliche Arbeit am Ethnologischen Institut.
An der Grenze von Nachlaoth werden moderne Hochhäuser errichtet, und sie fressen sich in die Gegend wie ein Moloch, vor dessen Gier keiner sicher ist. Hochhäuser modernster Architektur, Quader mit kalten Glasfassaden, Riesen aus Stahl und Beton. Diese Riesen haben Gäßchen und Torbögen, angestückelte Veranden und Innenhöfe verschlungen. Auch an Jerusalem geht die Zeit nicht spurlos vorbei. Nachlaoth ist Innenstadt. Der Boden ist teuer, und auf teurem Boden muß man hoch bauen. Eine Stadt kann sich auf Dauer keine Mätzchen erlauben. Armeleutehäuser mit großen Höfen, in denen die Alten stundenlang in der Sonne sitzen und mit ihren Nachbarn schwatzen, sind nicht rentabel. Wir müssen der Realität ins Auge sehen.
Chaja und Chanina sind alt. Sie werden nicht mehr erleben, wie sich Bulldozer in den Kern von Nachlaoth

fressen und dieses Stück Geschichte zermalmen, und ich hoffe, daß diese Vision nur eine Vision bleiben wird. Aber die Betonriesen stehen am Horizont, unbeweglich, wie eine drohende Gebärde.
Und noch etwas macht mir Sorgen. Amos und Dafna. Amos ist in Nachlaoth geboren und hier aufgewachsen. »In zwei Zimmern wurden wir sechs Geschwister großgezogen«, erzählt er. »Aber wir waren mehr auf der Straße als zu Hause.« Amos arbeitet bei der Post als Techniker. Vor vier Jahren hat er Dafna geheiratet. »Wir haben uns auf einer Hochzeit kennengelernt«, erinnert er sich. »Ein Freund hat geheiratet, und Dafna war eine Freundin der Braut. Wir saßen nebeneinander, und da haben wir angefangen, uns zu unterhalten, und danach tanzten wir zusammen. Einige Tage später rief ich Dafna an, und wir gingen zusammen aus. Nach elf Monaten haben wir geheiratet.« Dafna ist ein zierliches Persönchen, ihre schwarzen Haare hat sie hochgesteckt. Wie bei allen jungen Paaren stellte sich bei Amos und Dafna erst einmal die Frage nach einer Wohnung. Die Mieten sind unverhältnismäßig hoch, und, wie bereits erwähnt, hier werden Wohnungen in der Regel gekauft und nicht gemietet. Die Eltern der beiden waren nicht vermögend genug, um zu einer Wohnung viel beisteuern zu können. Amos hatte ein wenig gespart, Dafna arbeitete als Telefonistin bei einer Versicherungsfirma, viel konnten sie nicht zurücklegen, und so reichte es nur zu einem kleinen Zimmerchen in Nachlaoth, Küche und Toilette außerhalb der Wohnung. Sie haben die Wohnung auf Schlüsselgeld gekauft, selbst das kleinste Zimmer war für sie als Eigentumswohnung unerschwinglich. »Am Anfang war das nicht so schlimm hier. Wir waren allein und hatten nur Matratzen auf dem Boden.« Inzwischen haben sie zwei Kinder, eine Dreijährige und einen Säugling, und die kleine Familie haust in dem winzigen Zimmer. Amos wollte eigentlich nicht weg aus Nachlaoth, aber er sieht

keine Möglichkeit, hier zu einer halbwegs anständigen Wohnung zu kommen, und deswegen ziehen sie nach Kiriat Arba. Kiriat Arba ist eine neue Stadt neben Hebron. »Warum zieht ihr so weit weg?« frage ich Dafna.
»Weil man dort mit staatlichen Krediten eine Wohnung kaufen kann. Wir haben eine Dreizimmerwohnung gekauft, ganz süß, die Kinder werden jetzt ein eigenes Zimmer haben, wir einen Salon und endlich ein Schlafzimmer.«
»Hättet ihr denn nicht einen Kredit bekommen können, mit dem ihr eine Wohnung in Nachlaoth erworben hättet?« frage ich weiter.
»Für Nachlaoth gibt es keine Staatskredite.« Amos tut es trotz allem leid, aus Nachlaoth wegzugehen. Er ist hier großgeworden, kennt jeden Winkel, man lebt mitten in der Stadt, und Kiriat Arba ist weit weg.
»Stört es euch denn nicht, daß Kiriat Arba auf der Westbank liegt?« frage ich die beiden.
»Wieso? Judäa und Samaria gehören doch uns. Außerdem ziehen so viele junge Paare dorthin, da können wir auch hinziehen.« Amos und Dafna sind politisch nicht interessiert. Sie wollen eine Dreizimmerwohnung, endlich heraus aus der Enge, endlich ein Schlafzimmer und ein Kinderzimmer und eine Sitzgruppe im Salon. In einem halben Jahr ist die Wohnung fertig, die sie gekauft haben, und alle ihre Gespräche und Interessen drehen sich um diese drei Zimmer. Ob es besetztes oder befreites Gebiet ist, interessiert sie nicht, die Palästinenser interessieren sie auch nicht, Dafna will rotkarierte Küchenvorhänge haben und er ein schönes Regal für den Fernsehapparat. Ob Amos Frieden will? Natürlich will er Frieden. Er will in Ruhe leben und vielleicht einmal eine Auslandsreise machen. Aber aus seiner Dreizimmerwohnung in Kiriat Arba wird er nicht mehr weggehen, er hat keinen anderen Platz. »Judäa und Samaria sind nicht Jamit«, erklärt er, »wir werden dort bleiben.« Und so wird das Zimmer von Amos

und Dafna in Nachlaoth leer werden. Vielleicht kauft es ein verrückter Amerikaner, vielleicht wird der verrückte Amerikaner gleich das ganze Haus mitkaufen und es renovieren und eine Villa draus machen. »Man könnte aus diesem Haus eine herrliche Villa machen«, sagt Amos. »Aber ich kann es nicht. Wir haben kein Geld, noch einige Zimmer dazuzukaufen und alles zu renovieren, aber die Amerikaner haben genug Geld.« Oder das Zimmer steht leer, und im Zuge irgendwelcher Sanierungsprojekte der Stadt wird das Haus abgerissen und durch etwas Modernes ersetzt. Die Kinder von Amos und Dafna werden Jerusalem jedenfalls nur noch von gelegentlichen Besuchen her kennen.

Nachlaoths Bild bleibt unvollständig, wenn man nicht die vielen kleinen Betstuben erwähnt, die zwischen den Häusern eingefügt sind, so, daß man sie auf den ersten Blick gar nicht bemerkt. Sie haben nichts Prunkvolles an sich, sie stechen nicht von den übrigen Gebäuden ab, sie vermischen sich mit ihnen. Sogar das Wort Synagoge erscheint mir zu grandios für diese Gotteshäuser, sie sind so zurückhaltend wie die Menschen, die in ihnen beten und lernen. Diese Betstuben bilden soziale Treffpunkte, sie halten das religiöse Leben in Nachlaoth intakt.

Im Nachbarhaus befindet sich so eine kleine Betstube, und an einem Schabbath weckt mich der Gesang der Betenden auf, und ich vernehme die Worte: »Denn von Zion wird die Lehre ausgehen und das Wort Gottes von Jerusalem.« Da erinnere ich mich an ein Erlebnis, das mit diesem Lied zusammenhängt.

Ich wohnte noch in Frankfurt. Es war ein »langer Samstag« im Juli, und ich saß in meiner Wohnung und schaute nach draußen. Es regnete. Seit einer Woche regnete es ununterbrochen, der Himmel war so grau wie meine Stimmung. Ich langweilte mich. »Vielleicht gehe ich ins Café Laumer?« überlegte ich, verwarf aber den Gedanken wieder. Für den Club Voltaire war es

noch zu früh, es war drei Uhr nachmittags. Ich beschloß, in die Stadt zu fahren und durch die Kaufhäuser zu bummeln. Was sollte man sonst an so einem verregneten Tag machen? Ich zog meinen Ledermantel an, setzte mich ins Auto und fuhr Richtung Zeil. In Frankfurt wurde die U-Bahn gebaut, überall waren Umleitungen, der Regen verstärkte sich, und ich ärgerte mich über meinen Entschluß. Wie üblich gab es um diese Zeit keine Parkplätze, und mißmutig stellte ich das Auto im Hertie-Parkhaus ab. Das Parkhaus stank nach Abgasen. Ich benutzte den direkten Durchgang ins Kaufhaus und befand mich in der Abteilung für Sportartikel. Interessierte mich nicht. An einem Tisch mit Badeanzügen blieb ich stehen. Über dem Tisch schwebte eine papierene braungebrannte Schönheit im Badeanzug und verhieß lächelnd Sonne und Meer. Ich brauchte keinen Badeanzug, meiner vom letzten Jahr war kaum getragen. Nachtwäsche, Tischdecken, Handtücher, Bettbezüge, Sonderangebote, Stoffe, meine Schränke quollen über wie dieses Kaufhaus.
Mit der Rolltreppe fuhr ich ein Stockwerk höher in die Elektroabteilung. »Vielleicht kaufe ich mir eine Schallplatte«, überlegte ich. Aus einem Stereogerät tönte Popmusik, Diskosound. Ich sah mir das Schallplattenangebot an. Klassisches und Modernes, Schnulzen und Heimatlieder, Märchen und Erzählungen, alles war da, und es überkam mich ein Gefühl des Ekels. Da rannte ich durch das Kaufhaus, konnte kaufen, was ich wollte, und nichts machte mir Freude. Der Verkäufer legte eine neue Kassette ein, und die ersten Klänge erinnerten mich an eine andere Melodie. Ich wußte nicht, was das für eine Melodie war, aber sie setzte sich in meinem Kopf fest, und ich summte sie vor mich hin. Es gab Worte zu dieser Melodie, aber ich konnte mich beim besten Willen nicht mehr an den Text erinnern. Ich mußte sie aber häufig gehört haben, denn jeder Ton war mir gegenwärtig. Sie wiederholte sich unaufhör-

lich in mir und verscheuchte meine miese Laune. Mit dem Fahrstuhl fuhr ich ins Erdgeschoß, strebte, vorbei an Kosmetikartikeln, Kurzwaren, Nähmaschinen, Schreibmaterial, dem Ausgang zu. In diesem Augenblick fielen mir die Worte ein, und ich wußte wieder, wo ich sie gehört und gesungen hatte. In der Synagoge. Ich war noch ein Kind, und mein Vater nahm mich am Schabbath stets zum Beten mit. Wenn die heiligen Thorarollen aus dem Schrank geholt werden, stimmt die Gemeinde diese Melodie mit der Prophezeiung Jesajas an: »Denn von Zion wird die Lehre ausgehen und das Wort Gottes von Jerusalem.«
Ich stehe auf, ziehe mich an und gehe auf die Straße. Nachlaoths Gäßchen sind noch still, aus jedem Winkel hört man die Gebete. Ein paar Kinder spielen auf der Straße, die Stimmung ist feiertäglich. Es gibt keine langen Samstage in Nachlaoth, am Schabbath preist man hier den Herrn.

Tradition

Ich fahre mit dem Bus an der alten Stadtmauer Jerusalems vorbei, vorbei am arabischen Viertel, vorbei an der russisch-orthodoxen Kirche mit ihren goldenen Zwiebeltürmen, vorbei an der Kirche der Nationen mit dem Garten Gethsemane, vorbei an der Moschee mit der grünen Kuppel, den Ölberg hinauf. Der ganze Berg ist ein Friedhof, ein riesiger, uralter Friedhof mit Gräbern, die noch aus der Zeit des Zweiten Tempels stammen. »Die Toten halten Wacht«, denke ich. Dort, wo der Weg nach Jericho abzweigt, steige ich aus und gehe zu Fuß den Berg hinunter, komme an alten umgefallenen Grabsteinen vorbei, laufe durch Disteln, hier und da ein neues Grab, alles ist verwildert, ungepflegt, sich selbst überlassen. Gegenüber sieht man die Altstadt mit der goldenen und der silbernen Kuppel von Omar- und Al-Aksa-Moschee, schaut man nach links,

breitet sich die Wüste Juda vor dem Betrachter aus, in ein sanftes rosalila Licht getaucht, und hebt man den Kopf, so wölbt sich der Himmel wie ein heller, luftiger Baldachin über Jerusalem. Die Farben leuchten und sind dennoch nicht aufdringlich. Das Kalkweiß der Grabsteine mischt sich mit dem Gold der Sonne und dem Blau des Himmels. Der Blick verliert sich am Horizont der Wüste, weit und frei erscheint die Welt, keine Mauern, keine Häuser, keine Bäume engen die Sicht ein. Es ist still auf dem Berg, aber nicht bedrückend. Der Platz hier sieht urwüchsig aus. Gräser und Disteln überwuchern die Grabsteine und nehmen dem Berg das friedhofsähnliche ernste Aussehen. Die Toten werden begraben, und ihr Schicksal liegt nun in Gottes Hand. Sie brauchen keine schönen Grabstätten, sie brauchen keine Blumen, für sie zählen nun andere Werte, und wir Lebenden lassen sie in Ruhe.
Drei Tage vor dem Passahfest fahre ich das erste Mal diesen Weg entlang. Ich sitze in einer schwarzen Limousine und sehe nach draußen. Wir fahren durch den jüdischen Teil Jerusalems. Die Menschen laufen geschäftig hin und her, kaufen Matze und Wein, überall wird geputzt und gescheuert, das letzte Stückchen Brot wird aus dem Haus verbannt. An einer Straßenecke steht ein riesengroßer Bottich mit heißem Wasser. Um den Bottich sind Frauen versammelt mit allerlei Geschirr, ein Mann taucht das Geschirr in das heiße Wasser, nimmt es wieder heraus, taucht es in einen kleineren Bottich mit kaltem Wasser...
»Komm, Lea, halte die Teller und das Besteck. Wir müssen das Geschirr für Passah kaschern* gehen.« Ich bin acht Jahre alt, und die Mutter gibt mir ein paar Glasteller in die Hand, sie selber packt die Töpfe ein, und wir gehen die Straße hinunter, dort, wo heute gekaschert wird. Ich stehe mit vielen Frauen vor dem Bot-

* rituelle Reinigung des Geschirrs zum Passahfest

tich und sehe, wie Reb Schlome unsere Teller nimmt, sie zuerst in das heiße, danach in das kalte Wasser taucht, dasselbe macht er mit den Töpfen und dem Besteck. Wir nehmen das Geschirr und gehen nach Hause. »Stell die Teller hierhin, paß auf, daß kein Chomez* mehr drankommt, hier in den Schrank, der für Passah vorbereitet ist. « Der Schrank ist geschrubbt, mit neuem Papier ausgelegt, jedes Krümelchen Brot, das sich eventuell in irgendwelchen Ritzen versteckt haben könnte, wurde herausgewaschen, man riecht das Passah in jeder Ecke...

Durch das Fenster des Leichenwagens sehe ich die kleinen Mädchen mit ihren Müttern vor dem Bottich stehen und weiß, heute habe ich endgültig und für immer die andere Rolle übernommen.

Wir stehen am Grab meiner Mutter und stimmen das Totengebet an:

»Erhaben und geheiligt werde Sein großer Name in der Welt, die Er nach Seinem Willen erschaffen hat.«

Was ist Tradition? Ich höre die Stimme meines Lehrers: »Im Wort Tradition steckt der lateinische Ausdruck tradire, das bedeutet überliefern, weitergeben, also ist Tradition mit Überlieferung zu übersetzen.« Ja, aber was ist das genau? Gestern abend mußte ich darüber nachdenken.

Ich stehe am Bügelbrett und bügle Bettwäsche und Tischdecken. Und wie ich die große weiße Tischdecke plätte, kommt es mir vor, als stehe nicht ich am Bügelbrett, sondern meine Mutter. Ich habe ihr oft beim Bügeln zugesehen. Sie stand in dem kleinen Zimmer, in einer Plastikwanne lagen besprengt und zusammengerollt die gesteiften Wäschestücke, auf der anderen Seite die frisch geplätteten, weißen Bettlaken und Tischdecken. Am liebsten waren mir die kalten Winterabende, wenn draußen der Wind heulte und im kleinen

* Sauerteig, darf am Passahfest nicht im Hause sein

Zimmer der Kohleofen brannte. Es war warm, die Wäsche roch frisch, und ein leichter Dunst entstieg dem Bügeleisen, wenn die Hitze mit dem befeuchteten Stoff in Berührung kam. »Mama«, sagte ich dann, »erzähle mir eine Geschichte.« Und dann erzählte sie von einem Städtchen, in dem die Straßen nicht gepflastert und die Gäßchen so schmal waren, daß dort kein Pferdewagen hindurchkonnte, und von Zimmern, in denen ein großer Kachelofen stand, und von Kindern, die auf dem Kachelofen saßen, von Stübchen, die ärmlich aussahen, von Menschen, die nie einsam waren, von der Armut des Alltags und dem Reichtum des Schabbaths, von alten Tagen und Zeiten. Und wenn es Dezember war und nach jüdischem Kalender der Monat Kislew geschrieben wurde, erzählte sie die ganz alten Geschichten von einem König, der Antiochus hieß und ein Grieche war, der mit seinem Volk das Land Israel überfallen hatte und die Juden zum Götzendienst verführen wollte, von den Makkabäern, die sich widersetzten und den Tempel zurückeroberten, von der Heiligen Stadt Jerusalem, von den Lichtern, die wir jedes Jahr zu Chanukka anzünden zum Gedenken an das große Wunder, das bei der Wiedereinweihung des Tempels geschah.

»Mama, wo ist der Tempel?« fragte ich.

»Der Tempel wurde zerstört, und die Heilige Stadt wurde zerstört«, sagte sie.

»Ist die Heilige Stadt weit weg von hier?«

»Ganz weit weg.«

Gestern abend bügle ich Wäsche, und in der Ecke steht ein Petroleumofen. Man sieht kleine Flämmchen züngeln und, wie es Ofen so an sich haben, in seiner unmittelbaren Nähe ist es sehr warm und wird merklich kühler, wenn man ein wenig wegrückt. Es ist Anfang Dezember, und die Nächte in Jerusalem sind kalt. Und wie ich vor dem Bügelbrett stehe, auf der einen Seite die gestärkte, befeuchtete, zusammengerollte Wäsche, auf der anderen Seite die bereits gebügelten Bettbezüge, kommt meine kleine Tochter herein mit einem rotgefrorenen Näschen und roten Wangen. Sie setzt sich auf einen Stuhl, nicht weit vom Öfchen, und bittet: »Mama, erzähle mir eine Geschichte.« Und ich erzähle ihr von einem kleinen Zimmerchen, in dem ein Kohleofen stand, von einem Land, in dem es schneit und der Wind heult, von Kindern, die einen Schlitten haben und einen Schneemann bauen, von alten Tagen und Zeiten. Und weil wir den Monat Kislew haben, erzähle ich von ganz alten Zeiten, als die Griechen das jüdische Volk überfielen und den Tempel schändeten, von den Makkabäern, die Jerusalem befreit und den Tempel gesäubert haben, von den Chanukka-Lichtern, die wir jedes Jahr anzünden.

»Mama«, fragt meine Tochter, »wo ist der Tempel heute?«

»Der Tempel wurde zerstört, nur eine Mauer ist von ihm stehengeblieben.«

»Stand der Tempel weit von hier?« fragt sie mich.

»Nein«, antworte ich, »ganz in der Nähe. Wir können zu Fuß hingehen, und ich werde dir den Platz zeigen, wo er stand.«

»Und warum bauen wir den Tempel nicht wieder auf?« will sie wissen.

»Wir werden ihn wieder aufbauen.«

Meine Mutter ist gestorben. Ich bin nach Frankfurt geflogen, um ihre Wohnung aufzulösen und die paar Habseligkeiten zu verkaufen. Wie traurig und verlassen sieht die Wohnung aus, verstaubt sind der Wohnzimmerschrank und der Glastisch, den sie täglich poliert hat, ein paar Kleidungsstücke liegen unordentlich herum. Diese Wohnung ist trostlos, und ich will nichts aus ihr mitnehmen. Die Gebeine meiner Mutter sind in Jerusalem begraben, mag alles andere in Deutschland bleiben. Ich setze mich an den Küchentisch, an dem ich so oft gesessen habe, und mein Blick fällt auf zwei

kleine Leuchter, ihre Schabbathleuchter, die sie jeden Freitagabend angezündet hat. Es sind schlichte silberne Leuchter, die im Laufe der Jahre einige Beulen abbekommen haben, sie wirken unauffällig und bescheiden. Sie stehen auf dem Küchentisch, einer ist umgefallen, als wolle er sich vor dem Tod der Mutter verneigen. Sie enthalten noch Wachsreste vom letzten Schabbathlicht. Die Leuchter sehen stumpf aus, sie glänzen nicht mehr so wie zu Lebzeiten der Mutter. »Wer wird euch anzünden«, denke ich, »jahrelang habt ihr an jedem Freitagabend diesem Haus euer Licht gespendet und das traurige Herz meiner Mutter ein wenig erwärmt, wie heilig seid ihr doch geworden, wie habt ihr gestrahlt, und wie trüb seht ihr jetzt aus. Wer wird euch jemals wieder segnen?«
Ich habe die beiden Leuchter in meine Tasche gepackt und sie mit nach Israel genommen. Ich habe sie geputzt, damit sie glänzen wie zu Lebzeiten meiner Mutter, und jeden Freitagabend stelle ich sie auf den frisch gedeckten Tisch und zünde ihre Schabbathkerzen an. Ich segne die Lichter und den Schabbath nach althergebrachter Weise und lobe den Ewigen unseren Gott, König der Welt, der uns geheiligt hat durch seine Gebote und uns befahl, das Schabbathlicht anzuzünden. Und ich lerne den Zauber kennen, der von diesen Lichtern ausgeht, sie verscheuchen Trübsal und Trauer, das Zimmer wird fröhlich und die Seele friedlich. Und in mir zieht die Schabbathruhe ein.

Der Herr ist gnädig

Wenn man von Nachlaoth Richtung Markt geht und die Jaffastraße überquert, findet man sich plötzlich in einer anderen Welt wieder. Hier wohnen die orthodoxen Juden, die aus Polen und Rußland eingewandert sind und sich heute noch wie ihre Vorfahren kleiden.

Die Männer tragen schwarze Kaftane und breitkrempige Hüte, sie haben Bärte und die charakteristischen Schläfenlocken, die Frauen tragen Perücken. Dieses Viertel heißt Mea Shearim, und es ist mir so vertraut, als hätte ich jahrhundertelang hier gewohnt. Die Gesichter kenne ich aus den elterlichen Erzählungen und aus Hunderten von Geschichten, meine Großeltern haben so ausgesehen. Mein Großvater mit seinem langen rotgrauen Bart und der dicken roten Nase war versunken in der Welt der Bibel und des Talmuds, in der Welt des Lernens und Denkens. Durch die erleuchtete Scheibe einer Synagoge sehe ich sie dort sitzen und lernen, alte Männer und junge Männer, manche sind mit einem Buch beschäftigt, andere diskutieren miteinander. Was lernen sie ein ganzes Leben lang, welche Weisheiten sind in den Schriften verborgen, daß sie überall, wohin sie gehen, ihre Bücher mit sich nehmen und stets hineinsehen? Nicht rechts und nicht links sehen sie, ihre Augen sind ins Buch geheftet, ihr Leben lang. Aus einem Raum klingen Kinderstimmen: »Du sollst den Ewigen Deinen Gott lieben.« Sie sitzen in einer Religionsschule und rezitieren. Kleine Jungen, sechs- und siebenjährig, mit Käppchen auf dem Kopf und Schläfenlocken an den Wangen, sitzen und lernen wie ihre Väter und Vorväter. Sie wiegen die Köpfchen mit ernsten andächtigen Gesichtern und wiederholen die Worte in rhythmischer Melodie. »Du sollst den Ewigen Deinen Gott lieben«, und es kamen die Griechen und verboten die Lehre, aber Israels Kinder saßen und wiederholten »Du sollst den Ewigen Deinen Gott lieben«, und es kamen die Römer und zerstreuten Israel, und die kleinen Jungen saßen und lernten »Du sollst den Ewigen Deinen Gott lieben«, und es kamen die Christen und hielten fürchterliches Inquisitionsgericht über Israel, und die kleinen Söhne saßen und lernten »Du sollst den Ewigen Deinen Gott lieben«, und es kamen die Nazis und sperrten sie in Lager, und die kleinen

Jungen wiederholten »Du sollst den Ewigen Deinen Gott lieben«, und sie wiederholten diese Worte in Polen und Marokko, in England und Jemen, in Rußland und Persien, im Norden und Süden und Westen und Osten, und heute singen sie in Jerusalem: »Du sollst den Ewigen Deinen Gott lieben mit Deinem ganzen Herzen und Deiner ganzen Seele und allem, was du vermagst.«

In Mea Shearim wohnt die alte Reisel. Am Nachmittag sitzt sie auf einer primitiv gezimmerten Holzbank vor dem Haus und erzählt ihre Geschichten. Reisel ist eine behäbige alte Frau, und ihre schwarze Perücke bildet einen merkwürdigen Kontrast zu dem faltigen Gesicht. Zwei Dinge liebt Reisel am meisten. Plätzchen backen und Geschichten erzählen. Ihr Mund steht nie still, denn entweder erzählt sie oder sie knabbert an den selbstgebackenen Plätzchen. Einmal hat mich Reisel, als ich an ihrem Haus vorbeiging, angesprochen, und seit damals gehe ich gelegentlich nachmittags zu ihr, setze mich neben sie auf die Bank, koste ihr Gebäck und höre ihr zu. »Ich werde dir die Geschichte von Itel und Gitel erzählen«, beginnt sie.

»Itel und Gitel sind Schwestern. Itel ist die ältere, und schon als Kind litt sie unter Heuschnupfen. Kaum öffneten sich die Knospen, kaum sproß das Gras, da begann Itel zu niesen. Die Nase wurde rot, die Augen tränten, der Kopf schmerzte, und Itel nieste. Wenn andere aus dem Hohenlied freudig zitierten: ›Siehe, der Winter ist vergangen, der Regen ist vorüber. Die Blumen sind hervorgekommen im Lande, der Frühling ist da, und die Turteltaube läßt sich hören‹, nieste Itel und verwünschte den Frühling mit all den Blumen. Am liebsten saß Itel in abgedunkelten Zimmern mit muffigen Gerüchen und verriegelten Fenstern. Wie schön war der Winter mit seinem Regen, wenn die Fenster geschlossen blieben und kahle Bäume vor dem Haus standen. Dann konnte Itel aufatmen und durchatmen,

dann konnte sie lachen, denn kein Schnupfen vermieste ihr das Leben.
Gitel war genau das Gegenteil. Sie haßte den Winter, wenn man eingesperrt ist, wenn draußen der Regen tropft und der Wind um die Häuser fegt. Wie sehnte sie den Frühling herbei, wenn man die Fenster öffnet, den frischen Geruch einatmet, die Blumen sieht und sich an ihren Farben freut. Das hieß Leben draußen in der Natur, weg von dem Mief und den engen Zimmerchen, und Gitel machte ausgedehnte Spaziergänge. Es zog sie weg von Mea Shearim in die Viertel, wo die Mädchen mit kurzärmligen Kleidern herumlaufen und keine langen Strümpfe tragen. ›Wo treibst du dich stundenlang herum?‹ schimpfte die Mutter mit Gitel, sie sah es nicht gerne, daß Gitel so weit weglief. Itel und Gitel schliefen im selben Zimmer, und jeden Abend stritten sie sich. ›Mach das Fenster auf!‹ schrie Gitel und riß die Fensterflügel auf. ›Mach das Fenster zu!‹ zeterte Itel und schlug mit Wucht die Fenster wieder zu. ›Ich ersticke!‹ schrie Gitel. ›Dann erstick‹, antwortete Itel und nieste dazu. So wurden beide Schwestern in dauerndem Zank groß, und jede sehnte den Tag herbei, an dem sie heiraten würde und sich nicht mehr ein Zimmer teilen müßte.
Itel ist 19 Jahre alt geworden, und der Heiratsvermittler trägt ihren Eltern eine Partie für sie an. Ein netter Junge, ein Junge aus guter Familie, er lernt in der Jeschiwa, ein passender Bräutigam. Am Samstagnachmittag kommt der Bräutigam mit seinen Eltern, beide Familien sitzen am Tisch, man trinkt Tee, ißt Kuchen, man ist nicht abgeneigt. Der junge Mann schaut auf den Boden, er hat gelernt, daß man auf den Boden sieht und nicht auf Mädchen, sie schaut auch auf den Boden, es gehört sich nicht, einen Mann anzusehen, und beide schweigen. Danach gehen die Eltern kurz aus dem Zimmer, das junge Paar ist alleine und weiß nicht so recht, was es sagen soll. Er schweigt und sie

schweigt, er schluckt und sie schluckt, er dreht an seinen Schläfenlocken, und sie zupft an ihren Zöpfen. ›Bald muß man zum Beten gehen‹, sagt er, und sie antwortet ›ja‹. Die Eltern kommen wieder, man verabschiedet sich, und Itel ist Braut.

Braut sein ist keine Kleinigkeit. Man näht eine Aussteuer, man sucht ein Brautkleid aus, man muß eine Perücke anpassen. ›Itele, mein gutes Kind‹, sagt die Mutter und wischt sich die Augen. Es ist noch gar nicht lange her, da war sie selber Braut, und nun wird sie ihre kleine Tochter Itel unter den Trauhimmel führen. Aber für solche Sentiments ist jetzt keine Zeit, man muß alles vorbereiten, einen Saal mieten, Gäste einladen, man ist von morgens bis abends mit der Hochzeit beschäftigt. Itel weiß gar nicht, was um sie herum vorgeht. Sie hat nur einen Gedanken: ›Hoffentlich mag der Bräutigam keine frische Luft, hoffentlich schläft er bei geschlossenem Fenster, hoffentlich muß ich nicht unter dem Traubaldachin niesen.‹ Am meisten freut sich Gitel über die Hochzeit. ›Tag und Nacht werd' ich die Fenster aufreißen‹, sagt sie zu Itel. ›Bald kann ich schlafen, wie ich will.‹

Der Hochzeitstag rückt näher, man schneidet Itel die langen Zöpfe ab, paßt ihr eine Perücke an, sie geht mit der Mutter ins Tauchbad, um die rituellen Waschungen vorzunehmen, und ehe sie sich versieht, steht sie mit dem jungen Mann unter dem Trauhimmel. Er spricht die vorgeschriebenen Worte: ›Mit diesem Ring bist du mir angetraut nach dem Gesetze Mosis‹, streift ihr den Ring über den Zeigefinger und zertritt ein Glas zur Erinnerung an die Zerstörung des Tempels. Bei der Hochzeitsfeier sitzen die Frauen und Männer in getrennten Räumen, man ißt, trinkt, singt Lieder, spricht die Tischgebete und ist fröhlich. Die Männer bilden einen Kreis und tanzen, die Frauen erzählen von ihren Kindern, überlegen, wer als nächstes heiraten wird, erinnern sich an ihre eigene Hochzeit. Die Feier ist vorüber, Itel und ihr Mann gehen in das kleine Zimmer, das man für sie gemietet hat. Itel hat nur eine Angst: ›Hoffentlich geht er nicht ans Fenster und öffnet es, Herr im Himmel, nur das eine wünsche ich mir.‹ Das Fenster bleibt geschlossen. Er mag Zugluft nicht, er schläft nicht bei offenem Fenster, der Herr hat ihr den richtigen Bräutigam zugeführt.

Itel bekommt nach zehn Monaten das erste Kind, dann noch eins, dann noch eins. Sie ist eine stattliche Frau geworden, die ihre Kinder vor Zugluft schützt, alle Fenster geschlossen hält und die Grenzen von Mea Shearim nicht verläßt.

Sobald Itel geheiratet hat, rückt Gitel das Bett ans offene Fenster, und in der Nacht kann sie die Sterne am Himmel betrachten. ›Wie weit der Mond entfernt ist‹, denkt sie, ›wie groß ist doch die Welt.‹ Ihre Seele fliegt zu den Sternen, hüpft von Stern zu Stern, nirgendwo Grenzen, nur Weite und Freiheit. Bei Tag dehnt Gitel ihre Spaziergänge über die engen Gäßchen von Mea Shearim aus. Sie geht in die Innenstadt und schaut sich die Auslagen der Boutiquen an, glitzernde Kleider und enge Hosen, und Gitel stellt sich vor, in solch schicken Hosen herumzulaufen. Gitel muß sich heimlich von zu Hause fortstehlen, die Mutter erlaubt diese Spaziergänge nicht. Lieber noch als in die Stadt geht Gitel in den Park. Sie läuft zwischen den Bäumen umher oder setzt sich ins Gras, fühlt die Erde zwischen den Fingern oder schnuppert an blühenden Büschen. Welch ein Vergnügen.

Im Park steht eine Bank, und Gitel setzt sich gelegentlich darauf und träumt von glitzernden Kleidern und engen Hosen. Einmal, Gitel hat sich wieder auf die Bank gesetzt, kommt ein junger Mann auf sie zu. Er trägt kein Käppchen, ist groß und schlank, hat schwarze Haare und braune Augen. Unter dem Arm hält er einen Packen Bücher. Er setzt sich neben sie. Gitel senkt den Blick, denn es gehört sich nicht, einen jun-

gen Mann anzusehen, sie bekommt Herzklopfen und wird rot.
›Ein schöner Tag ist heute‹, bemerkt er.
›Ja‹, antwortet sie und blickt auf die Erde. Ihr Herz beginnt noch stärker zu klopfen.
›Wie heißt du?‹ fragt er.
›Gitel‹, sagt sie und schämt sich, weil noch nie ein junger Mann sie angesprochen hat. Gitel ist kein Kind mehr, sie ist 18 Jahre alt, und man spricht zu ihren Eltern schon von möglichen Ehegenossen. Joav, der junge Mann, legt die Bücher beiseite.
›Ich muß für eine Prüfung lernen, aber ich habe keine Lust. Da dachte ich mir, ich nehme meine Bücher mit in den Park und lerne hier in der Sonne.‹ Gitel weiß nicht, was sie sagen soll. Sie will eigentlich weggehen, denn die Mutter würde schimpfen, wenn sie sähe, daß sie sich mit fremden Männern im Park unterhält, aber etwas hält sie zurück. Etwas, das Herzklopfen macht, etwas, das angenehm ist und von dem sie nicht weiß, was es ist. Aber sie muß gehen, sie sitzt schon viel zu lange auf der Bank.
›Ich gehe‹, sagt sie und steht auf.
›Kommst du morgen wieder hierher?‹ fragt er.
›Ich weiß nicht.‹
›Im Sommer bin ich oft im Park‹ sagt er. ›Hier lernt es sich am besten.‹ Gitel geht, und ein merkwürdiges Gefühl begleitet sie. Gitel weiß nichts von der Liebe. Sie weiß, daß man Vater und Mutter lieben soll, aber das ist nicht das gleiche. In Mea Shearim redet man nur von der Liebe zu Gott, aber das ist auch nicht das, was Gitel jetzt empfindet. Man wird verheiratet so wie Itel, hat Kinder, liebt die Kinder und den Mann, aber das ist es auch nicht. In Gitel ist eine Kraft geweckt, von der sie nie etwas gehört hat. Nachts schaut sie zu den Sternen hinauf und sieht das dunkle, junge Gesicht.
›Mond, schaust du auch auf ihn, wie er jetzt schläft, Nacht, bringe ihm mein Bild.‹ Am nächsten Tag zieht

es Gitel wieder in den Park, nachmittags, als die Mutter sich zu einem Schläfchen hinlegt, stiehlt sie sich davon.
›Schön, daß du gekommen bist, Gitel‹, sagt er. ›Komm, wir setzen uns unter den Baum, da ist es schattiger.‹
Er erzählt von seinem Studium. Er will Ingenieur werden, und sie erzählt, wie gerne sie Blumen und Bäume mag. ›Gib mir deine Hand, Gitel‹, sagt er, und sie legt ihre zierliche Hand in seine kräftige. Muß ich mehr erzählen? Es geht so weiter, wie es immer weitergeht. Es bleibt nicht beim Händchenhalten, es bleibt nicht beim ersten Kuß. Gitel wird schwanger, und die Eltern meinen, vor Schande sterben zu müssen. Aber was passiert ist, ist passiert, in aller Eile wird eine kleine Hochzeit arrangiert. Der Bräutigam ohne Schläfenlocken und ohne Kaftan gefällt keinem, aber was soll man tun, es war Gottes Wille. Gitel und ihr Mann werden auch nicht in Mea Shearim wohnen, ihn interessieren weder die Religion noch Gott, ihn interessieren technische Daten und wissenschaftliche Bücher.
›Gitele‹, sagt die Mutter am Hochzeitstag, ›tu mir einen Gefallen, halte die Speisegesetze ein, und zünde am Freitagabend die Kerzen an.‹ Gitel verspricht es, aber die Mutter glaubt ihr nicht recht. Wenn sie sich ihren Eidam ansieht, kann sie sich vorstellen, daß er sogar, Gott behüte, Schweinefleisch essen würde. Die Mutter besucht das junge Paar nicht gerne, und sie will bei Gitel nicht einmal ein Glas Wasser trinken. Wie anders ist Itel, wie fromm ist ihr Haus, und wie genau beachtet sie die Speisegesetze. Bei Itel fühlt sich die Mutter zu Hause.
Gitel hat sich vor der Hochzeit ihre Haare nicht abschneiden lassen, und von einer Perücke wollte sie nichts hören. Der Mutter zuliebe trägt sie in den ersten Monaten als Ehefrau ein Kopftuch, aber nach der Geburt des Sohnes legt sie es ab und kleidet sich plötzlich

in enge Hosen.
Eines Tages überrascht sie die Mutter mit einer Neuigkeit. Sie, ihr Mann und das Kind wollen auswandern.
›Wohin wollt ihr wandern?‹ fragt die Mutter.
›Auswandern. Nach Kanada.‹
›Und was werdet ihr dort machen?‹
›Joav wird zu Ende studieren, dort kann er besser lernen als hier, und danach kommen wir zurück.‹
Die kleine Familie reist ab. Gitel hat sich das Leben in Kanada anders vorgestellt. Sie wohnen außerhalb der großen Stadt, er fährt jeden Tag zur Universität und kommt spätabends zurück, und sie bleibt mit dem Söhnchen in der Zweizimmerwohnung. Kanada ist nicht Israel, im Herbst beginnt es kalt zu werden, und im Winter ist die Welt dort zugeschneit. Es herrscht solch ein Frost, daß man keinen Fuß vor die Tür setzen kann. Und wohin soll Gitel gehen? Sie kennt niemand, und niemand kennt sie. Hier gibt es nicht die kleinen Lebensmittellädchen wie in Jerusalem, wo man hineingeht und sich mit dem Besitzer und den Kunden unterhält. Es gibt nur Supermärkte, wo man einmal die Woche hinfährt und sich mit den schweren Tüten nach Hause schleppt. Außerdem gibt es keine koschere Metzgerei in der Nähe. Zu Anfang hat Gitel nur milchig gekocht, Gemüse, Eier, Käse, aber davon kann man auf die Dauer nicht leben. Irgendwann hat sie Fleisch gekauft. Ihr Mann ißt sowieso in der Universität treife*, und so setzt sie ihm zu Hause auch das treife Fleisch vor. Später gibt sie dem Sohn von dem Fleisch zu essen, und nach einigen Wochen beginnt sie selbst treifes Fleisch zu verzehren. Hatte sie noch am Anfang in Kanada Teller für Milchiges und Fleischiges auseinandergehalten, so gibt sie auch diese Gewohnheit nach einer Weile auf. Was nutzt es, getrenntes Geschirr zu halten, wenn man ohnehin treifes Fleisch ißt? In Ka-

* unrein, verboten (Speisen); Ggs. koscher

nada ist der Schabbath auch kein Schabbath. Ihr Mann studiert die ganze Woche, und nur am Schabbath haben sie Zeit, Shopping zu machen. Am Freitagabend muß er bei irgendeiner Vorlesung sein, er kommt nach Hause, wenn sie bereits die Kerzen angezündet hat. Und was hat es für einen Sinn, Kerzen anzuzünden, wenn der kleine Sohn unbedingt eine Kindersendung im Fernsehen anschauen will und der Mann ohnehin nicht zu Hause ist. Und außerdem weiß sie nicht genau, wann am Freitagabend der Schabbath beginnt. In Jerusalem ertönt eine Sirene, und jeder weiß, daß man jetzt die Lichter anzünden muß, in Kanada ertönt gar nichts. Manchmal zündet sie die Kerzen zu spät an, ein anderes Mal sind sie eingeladen, und sie hat keine Zeit, Kerzen anzuzünden, und mit der Zeit gibt sie auch diesen Brauch ganz auf.
Die Feiertage sind in Kanada nicht das gleiche wie in Jerusalem. Erstens haben die Gojim andere Feiertage, und zweitens fehlt den jüdischen Festen die richtige Stimmung. Gitel erinnert sich an Purim in Jerusalem, wie hat man sich gefreut, daß Haman aufgehängt und das jüdische Volk gerettet wurde, man hat Päckchen mit Süßigkeiten an die Freunde verteilt, die Kinder haben sich verkleidet, man hat das Buch Esther gelesen, und es war, als sei die Purimgeschichte gerade eben und nicht zu biblischen Zeiten geschehen. Doch in Kanada kennt keiner die Königin Esther, und keiner freut sich an Purim.
Gitel stellt fest, daß sie sich eigentlich nur noch freut, wenn sie sich neue Kleider oder etwas für die Wohnung kauft. Aber das ist keine richtige, das ist eine kurze Freude, und sie zerplatzt wie eine Seifenblase.
›Wenn wir genug Geld haben, kehren wir nach Israel zurück‹, verspricht ihr Mann. Aber wann wird das sein? Er hat ausstudiert und beginnt zu arbeiten, und mit dem Gehalt steigen die Ansprüche. Sie sind in eine größere Wohnung gezogen, man muß neue Möbel an-

schaffen, man richtet sich in Kanada ein. Gitel spricht schon gut Englisch, aber trotzdem ist sie einsam.
Sie kennen zwar jetzt einige Ehepaare, und am Samstag- oder Freitagabend geht man auf eine Party oder ins Kino, aber das hilft nicht über die Einsamkeit hinweg. Sie sieht viel fern, was soll sie sonst den ganzen Abend machen? Ausgehen und noch einmal ausgehen?
Die Woche hat sich aufgelöst. Jeder Tag ist gleich, und der Schabbath unterscheidet sich auch durch nichts von den anderen Tagen. Am Wochenende arbeitet ihr Mann nicht, sie schlafen dann zwar länger, sehen gemeinsam fern, wie jeden Tag, und sie langweilen sich. Gitel hat den Schabbath und die Feiertage verloren. Seit sie in Kanada ist, war sie nur einmal in der Synagoge. Erstens ist sie so weit weg, daß man mit dem Auto hinfahren muß, und was ist das schon für ein Beten, wenn man durch das Autofahren den Schabbath vorher entweiht, und zweitens kennt sie niemanden in der Synagoge. Im ersten Jahr sind sie zu den Hohen Feiertagen am Rosch Ha-Schana* einmal hingefahren, aber das war kein Beten. Es war mehr eine Modenschau als eine Andacht. Die Frauen unterhielten sich über Kleider und die neuen Herbstfarben, und von den heiligen Worten haben sie nichts verstanden. Wie denn auch? Sie sprechen englisch, und der Vorbeter singt hebräisch.
Die Jahre gehen vorbei. Gitels Mann hat eine noch bessere Stelle bekommen, sie sind in ein Einfamilienhaus gezogen, haben sich Schulden aufgeladen und für die nächsten Jahre festgelegt. Und Gitel beginnt zu trinken. Zuerst ein bißchen, dann etwas mehr. Der Sohn hat inzwischen seine eigenen Interessen, ist mit seinem Sportverein und der Schule beschäftigt, und Gitel säuft, zuerst heimlich, dann offen. Gitel und ihr Mann

* jüdisches Neujahrsfest

haben sich auseinandergelebt, die Ehe besteht nur noch auf dem Papier. Er ist ein erfolgreicher Ingenieur, hat seine Arbeit und eine Geliebte, und sie hat nichts außer der Flasche. Sie macht Entziehungskuren, ist in psychotherapeutischer Behandlung, und ihr Psychiater rät ihr, eine Reise zu machen und auszuspannen. Am besten wäre es, sie würde nach Israel fliegen. Das ist teuer. Allein der Flug kostet 1000 Dollar, das Haus muß abgezahlt werden, und wo soll man das Geld hernehmen? Aber es geht um Gitels Gesundheit, man nimmt einen kleinen Kredit auf, und Gitel fliegt nach Israel. Sie kommt in der Nacht von Rosch Ha-Schana an und verbringt die Nacht im Hotel. Sie hat niemandem geschrieben, daß sie kommen wird. Es sind viele Jahre vergangen, sie ist nicht mehr das zierliche Mädchen mit den Pfirsichwangen, sondern eine vom Alkohol gezeichnete Frau mit Ringen unter den Augen und Furchen im Gesicht. Da helfen auch nicht die beste Schminke und der teuerste Puder, sie kann ihr Gesicht nicht verstecken.

Am nächsten Morgen steht Gitel früh auf, legt Make-up auf, damit sie nicht so blaß aussieht, verteilt Rouge auf den Wangen, tuscht sorgfältig die Wimpern, zieht ein elegantes Kleid an und setzt einen modischen Hut auf. Sie geht nach Mea Shearim. ›Unser Vater unser König, laß Gnade walten, denn wir haben keine guten Taten vorzuweisen, erweise uns Wohlgefallen und rette uns.‹ Die Synagogen sind zum Bersten voll, die Straßen wie ausgestorben, und eine altbekannte Melodie klingt aus den Gebetsstuben. ›Unser Vater unser König, erhöre unsere Stimme, schone und erbarme dich über uns.‹ Generation um Generation sangen Gitels Vorfahren dieses Gebet und baten am Rosch Ha-Schana um Vergebung für das alte und Gnade für das neue Jahr. ›Unser Vater unser König, möge diese Stunde sein eine Stunde des Erbarmens und der Gnade vor dir.‹ Gitel erinnert sich, wie sie als Kind neben ihrer

Mutter stand und diese Worte sang. ›Unser Vater unser König, verzeihe und vergib alle unsere Sünden.‹ Damals zweifelte sie nicht, sie fragte nicht, die göttliche Gegenwart war ein Teil ihres Lebens. ›Unser Vater unser König‹ – Gitel steht vor der Synagoge und ist nicht fähig, hineinzugehen. Sie beginnt zu weinen, und schluchzend lehnt sie sich an die Mauer. Wie schwarze Bächlein rinnen ihre Wimperntuschetränen über die mit Rouge bedeckten Wangen.
Der Gottesdienst ist zu Ende, und die Menschen verlassen die Synagoge. Gitel versteckt sich hinter einem Busch. Sie schämt sich und will nicht, daß man sie sieht. Die Kinder haben Feiertagskleidchen und weiße Strümpfe an, die Frauen tragen ihre guten Perücken, und keine Frau ist geschminkt. Gitel hatte vergessen, daß man sich in Mea Shearim nicht schminkt, so sehr ist ihr das Leben in Kanada zur zweiten Natur geworden. Die Männer tragen ihre schwarzen Seidenkaftane und den Streimel, den Hut mit Pelzrand. Gitel sieht ihre alten Eltern aus dem Bethaus kommen. Der Bart vom Vater ist schneeweiß geworden, er stützt sich auf einen Stock, die Mutter hat sich nicht viel verändert. Sie ist älter geworden, aber ihr Gang ist aufrecht wie eh und je. An der Hand führt sie ein kleines Mädchen mit Zöpfen und blauen Schleifen im Haar, und hinter ihnen geht eine dicke Frau. Gitel erkennt ihre Schwester Itel. Das kleine Mädchen muß Itels Tochter sein. ›Genau wie ich sieht die Kleine aus‹, denkt Gitel hinter dem Busch, ›genau wie ich als Kind.‹ Dann kommt Itels Mann aus der Synagoge mit den Söhnen. Er ist dick geworden, sein Bart ist voll und schwarz, und man sieht ihm nicht mehr den verschämten Jeschiwa-Jungen an. Sie alle gehen jetzt nach Hause an den gedeckten Tisch. Der Vater wird den Segensspruch über den Wein und die Challes* machen, die Mutter das Essen

* Hefezöpfe (Schabbathbrot)

auftragen, und Itel wird ihr helfen.« Die alte Reisel hält inne. »Wie geht die Geschichte weiter?« frage ich sie. »Das weiß ich nicht«, antwortet die Alte. »An jenem Rosch Ha-Schana habe ich Gitel weinend hinter dem Strauch gefunden. ›Weine nicht‹, sagte ich zu ihr. ›Der Herr ist gnädig und wird auch dir helfen.‹ Ich habe sie mit zu mir nach Hause genommen, wir haben gegessen, und sie hat mir ihre Geschichte erzählt. Sie hatte noch eine Rückflugkarte, vielleicht ist sie nach Kanada zurückgeflogen und hat dort wieder zu trinken angefangen, vielleicht ist sie auch in Jerusalem geblieben. Ich habe sie jedenfalls nie mehr gesehen.«
Ich gehe die Straße der Propheten entlang, verlasse Mea Shearim und komme zur King-George-Straße. Dort steht das einzige große Kaufhaus Jerusalems. Vor dem Kaufhaus ist ein kleiner Platz mit Bänken und Telefonzellen, und weil hier einige Bushaltestellen sind, herrscht ein ständiges Kommen und Gehen. Ich kaufe mir eine Falaffel, eine Brottasche, die mit gebakkenen Klößchen aus scharf gewürztem Kichererbsenteig und Salat gefüllt ist, und setze mich auf eine der Bänke.
Eine Frau setzt sich neben mich. In der einen Hand trägt sie eine Plastiktüte, in der anderen eine Handtasche. Sie sieht erschöpft und müde aus, ihre Augen sind gerötet, sie hat graues Haar, Frisur und Kleidung sind gepflegt. Sie trägt einen dunkelgrünen Rock und eine beigefarbene Bluse, deren Schalkragen sorgfältig gebunden ist. »Darf ich dir etwas erzählen?« fragt sie mich. Ich schaue sie erstaunt an.
»Ich spreche normalerweise niemanden auf der Straße an, aber mein Herz ist so voll und schwer.«
»Was ist los?« frage ich.
»Sieh, ich bin jetzt 64 Jahre. Mein Mann ist vor fünf Jahren gestorben. Er war ein guter Mann, und wir waren viele Jahre glücklich verheiratet. Beide wollten wir Kinder haben, aber ich bin lange Zeit nicht schwanger

geworden. Ich weiß nicht, warum, von Arzt zu Arzt fuhr ich, von Untersuchung zu Untersuchung, es hat nichts geholfen. Die Jahre gingen vorbei, ich war schon vierzig Jahre alt und hatte längst die Hoffnung aufgegeben, daß ich noch ein Kind haben würde, da wurde ich schwanger und bekam eine Tochter. Sie war von Anfang an so zart, wie ein empfindliches Pflänzchen. Sie war zierlich wie ein Glaspüppchen und anfällig für alle Krankheiten. Ich war mit ihr mehr beim Arzt als zu Hause, Lungenentzündung und alle Infektionskrankheiten hat sie gehabt, und außerdem litt sie an Appetitlosigkeit und Verstopfung.
In meiner Wohnung hatte ich so viele Medizinfläschchen und Tabletten wie in einer Apotheke. Ansonsten war Ruthi ein gutes Kind. In der Schule hatte sie keine Schwierigkeiten, und ihre Freunde hatten sie gerne. Als sie älter wurde, besserte sich ihr Zustand, und sie war nicht mehr so oft krank. Es ging uns gut, mein Mann hatte ein Lebensmittelgeschäft, wir hatten unser Auskommen. Eines Tages, ich weiß es noch wie heute, standen wir wie immer früh auf, weil mein Mann das Geschäft schon um sieben Uhr aufschließen mußte. Er hatte sich gerade zum Frühstückstisch gesetzt, als er zu mir sagte: ›Was ist mit der Hand los, ich kann sie plötzlich nicht bewegen.‹
›Was hast du?‹ fragte ich.
Er erhob sich. ›Der Fuß, der Fuß‹, sagte er und fiel hin. ›Abraham, was hast du!‹ rief ich. ›Was ist dir?‹ Er lag auf dem Boden, der Mund war geöffnet, es schien, als suche er nach Worten, seine Augen waren glasig. Ich wußte nicht, was geschehen war. ›Abraham, Abraham, was ist?‹ fing ich an zu schreien und lief zu meiner Nachbarin. Ich brauchte Hilfe, um den Mann auf ein Bett zu legen. Meine Nachbarin und ihr Mann kamen im Pyjama herüber, wir hoben Abraham aufs Bett, er konnte sich nicht bewegen. ›Abraham‹, weinte ich, inzwischen hatte die Nachbarin den Rettungsdienst an-

gerufen. Man trug Abraham auf einer Bahre hinunter in den Krankenwagen, ich setzte mich zu ihm, er war ohnmächtig, und wir fuhren ins Krankenhaus. Im Wagen ist er irgendwann zu sich gekommen und hat mir die Hand gestreichelt und mich angesehen.« Die Frau sucht nach einem Taschentuch.

»Als wir im Krankenhaus ankamen, brachte man ihn sofort auf die Intensivstation. Ich bin wie eine Verrückte auf dem Gang hin- und hergelaufen, meine Tochter war gerade zu Besuch bei meiner Schwester im Kibbuz Kiriat Anawim, ich suchte eine Telefonzelle und rief im Kibbuz an, man holte meine Schwester an den Apparat, und weinend sagte ich ihr: ›Abraham ist plötzlich krank geworden, man hat ihn ins Hadassa-Krankenhaus eingeliefert.‹ Ich lief zurück zur Intensivstation. ›Herr Doktor, was ist mit meinem Mann?‹

›Sein Zustand ist sehr ernst‹, erklärte der Doktor. ›Er hat einen Gehirnschlag bekommen.‹

›Doktor, ihr müßt ihn retten, laßt mich zu ihm!‹

›Du kannst ihm jetzt nicht helfen‹, sagte der Arzt. ›Wir werden alles tun, was in unserer Macht steht.‹ Inzwischen war meine Nachbarin in das Krankenhaus nachgekommen, sie beruhigte mich. ›Du kannst ihm jetzt nicht helfen‹, sagte auch sie. ›Komm mit nach Hause, ruh dich ein bißchen aus, und am Nachmittag fahren wir zurück ins Krankenhaus, bis dahin wird es Abraham schon bessergehen.‹ Ich habe mich überzeugen lassen und bin mit ihr gegangen. Aber auch zu Hause fand ich keine Ruhe, inzwischen waren meine Schwester und meine Tochter gekommen, und wir fuhren zu dritt zurück ins Hadassa-Hospital. Abraham war schon tot.«

Die Frau macht eine Pause, die Erzählung hat sie mitgenommen, sie muß sich erst wieder beruhigen.

»Glaube mir«, erzählt sie weiter, »ein Leben ohne Mann ist kein Leben. Ruthi, meine Tochter, war ein gutes Kind, aber sie war doch zu der Zeit ein junges Mä-

del. Abends wollte sie ins Kino oder mit ihren Freundinnen ausgehen, und es war mir nicht leicht ohne meinen gottseligen Abraham. Aber die Zeit tut das ihrige, der Mensch gewöhnt sich an alles, und nach bitteren Zeiten kommen bessere. Ruthi ist erwachsen geworden, hat einen jungen Mann kennengelernt, und vor einem Jahr haben sie geheiratet. Es war eine schöne Hochzeit, eine lustige Hochzeit, aber mir hat das Herz weh getan, weil Abraham das nicht mehr erleben konnte. Ich saß auf der Hochzeit und habe in Gedanken mit meinem gottseligen Abraham geredet. ›Sieh, wie schön unsere Tochter ist, Abraham, wenn du jetzt hierwärst, dann wäre meine Freude vollkommen.‹
Nach drei Monaten ist Ruthi schwanger geworden. Sie hat eine schwere Schwangerschaft gehabt. In den ersten Monaten mußte sie die ganze Zeit im Bett liegen. ›Nicht aufstehen‹, hat der Doktor gesagt, und ich habe sie Tag und Nacht gepflegt. Die besten Suppen habe ich ihr gekocht, das zarteste Fleisch gegeben, alles in der Wohnung gemacht, damit Ruthi sich nicht anstrengte. Ab dem fünften Monat ging es ihr besser, und der Rest der Schwangerschaft verlief normal. Am Montag um acht Uhr früh rief der Schwiegersohn an. ›Ruthi ist im Krankenhaus, ich bin mit ihr hier.‹
›Was ist, wann hat sie die Wehen bekommen?‹
›Schon gestern nacht, ich wollte dich nicht wecken, deswegen rufe ich erst jetzt an.‹
Ich habe mich angezogen und bin sofort ins Krankenhaus gefahren. Vier Stunden habe ich noch vor dem Entbindungssaal gesessen. Sie hat schwer entbunden, mich hat man nicht zu ihr gelassen, nur ihr Mann durfte bei ihr sein. Um halb eins mittags kam die Hebamme heraus und beglückwünschte mich: ›Ein Mädchen ist da.‹ Vor Freude bin ich fast durchgedreht, sofort fuhr ich ins Kaufhaus und habe Babyhemdchen und Strampelhöschen gekauft, und am Nachmittag war ich nochmals in der Klinik.«

Die Frau beginnt zu schluchzen. »Das Kind hat einen Herzfehler gehabt, es ist ein paar Stunden nach der Geburt gestorben.« Die Frau weint eine Weile, schließlich beruhigt sie sich und wischt sich mit dem Taschentuch die Augen. Sie öffnet die Plastiktüte und zeigt mir ein rosa Strampelhöschen und ein paar weiße Babyhemdchen. »Das sollte für das Töchterchen sein.«
»Weine nicht«, tröste ich sie und wiederhole die Worte der alten Reisel: »Der Herr ist gnädig und wird Ruthi helfen. Sie wird noch viele Kinder haben.« Die Frau ist ruhiger geworden, steht auf und geht zur Bushaltestelle. Ich sehe ihr nach. Sie steigt in einen Bus und fährt weg.
Auf dem Platz, auf dem sie saß, hat sie ihre Plastiktüte mit der Babywäsche liegenlassen. Ich nehme die Tüte und hole die Kindersachen heraus. Sie sind ganz neu, noch mit dem Preis gekennzeichnet. »Hast du auch ein Baby?« spricht mich eine Frau mit faltigem Gesicht und einer Zahnlücke an. »Nein«, antworte ich, »hast du eins?« »Ich in meinem Alter?« sie lacht, »ich bin aus dem Kinderkriegen heraus. Meine Tochter hat gestern ein Töchterchen geboren.« »Bring das deinem Enkelkind«, sage ich, drücke ihr die Plastiktüte in die Hand, stehe auf und gehe fort.
Die letzte Regenzeit setzte sehr spät ein, und man befürchtete in Israel bereits, daß es ein Dürrejahr werden würde. Bis Ende Januar hatte es kaum geregnet. Die Sonne strahlte jeden Tag, es war schönstes Frühlingswetter, die Saat verdorrte, und die Bauern klagten. Wir warteten auf Regen, täglich, stündlich, jeder dachte an Regen, an Wasser, aber es tat sich nichts. Zur Freude der Touristen war keine Wolke am Himmel, es gab keinerlei Anzeichen einer Wetteränderung, und die Meteorologen sagten weiter trockenes und heiteres Wetter voraus.
Ich fuhr zum Ölberg hinauf, um das Grab meiner Mutter zu besuchen. Dort, wo es normalerweise men-

schenleer ist, sah ich überall Betende zwischen den Gräbern stehen. Es war kein besonderer Tag, ein normaler Wochentag, und ich verstand nicht, warum sich so viele Menschen hier versammelt hatten.
In den abendlichen Nachrichten löste sich das Rätsel auf. Die Frommen waren zusammengekommen, um den Herrn um Regen anzuflehen, daß die Dürre ein Ende habe. Die Seelen der Verstorbenen wurden um Verzeihung und um Hilfe angerufen. Israels Nachrichten gehören in die moderne Welt, und so wurde ein wenig spöttisch, nicht verächtlich, aber doch lächelnd dieses Ereignis gemeldet. Der Bericht endete mit den Worten des Nachrichtensprechers: »Es zeigt sich weiterhin keine Wolke am Himmel. Bei strahlendem Sonnenschein wurden die Gebete verrichtet, und nach den Voraussagen unserer Meteorologen wird es bei dem für die Jahreszeit zu heißen und trockenen Wetter bleiben.« Kein Regen war in Aussicht.
In der Nacht wachte ich von einem merkwürdigen Geräusch auf. Der Wind rüttelte an den Fenstern, und es schien mir, daß Tropfen gegen die Scheiben klatschten. Aber ich war mir nicht sicher, ob ich schlief oder wach war, und drehte mich auf die andere Seite. Am nächsten Morgen sah ich zum Fenster hinaus. Es hatte in der Nacht geregnet, der Himmel war mit Wolken bedeckt, es war, als hätte eine Zauberhand sie über unsere Region geschoben, bleiern hingen sie über der Stadt, wie schwanger sahen sie aus, und bald darauf gaben sie der Erde ihre nasse Last. Meine Wäsche, die schon halb trocken war, wurde wieder naß, und ich nahm sie von der Leine, um sie im Badezimmer aufzuhängen. Die Wolken waren da, der Regen hatte eingesetzt und labte die durstige Erde. Ich stand am Fenster, und es regnete. Gleichmäßig tropfte der Regen, und es erschien mir, als labte er meine Seele.
Womit läßt du dich begreifen, Jerusalem, mit dem logischen Verstand oder dem religiösen Gefühl? Wie hat-

ten mir die gestrigen Gebete zu denken gegeben. Mag der Irrtum der Meteorologen Zufall sein, und mag es auch nicht wahr sein, daß die Gebete den Himmel erreicht und vor dem göttlichen Thron ihre Tränen vergossen haben, aber wie schön ist es, daß es diese Möglichkeit des Denkens gibt. Jeder in unserer Straße sprach davon, daß wir Gott um Regen angefleht hatten, und wie sehr freute sich Jerusalem nicht nur über den Regen, sondern darüber, daß die Gebete erhört wurden. Für diejenigen, die glauben, hatte der Regen nicht nur Feuchtigkeit gebracht, nicht nur die Felder benetzt, er hatte die göttliche Gnade in die Herzen ausgegossen und das Vertrauen, daß Er allgegenwärtig ist.

Jerusalem ist keine Vision mehr

Öfter gehe ich in ein Antiquariat, das Herrn Stein, einem ehemaligen Frankfurter, gehört. Ich liebe es, in den verstaubten Regalen zu wühlen, die Bücher anzufassen und wieder wegzulegen, zu suchen, ohne zu wissen, wonach. Niemals betrete ich den Laden mit der Absicht, ein bestimmtes Buch zu kaufen, ich weiß überhaupt nicht, was ich finden werde. In Steins Antiquariat befindet sich eine Fülle deutscher Bücher, Nachlässe von Einwanderern, deren Kinder die Muttersprache nicht mehr beherrschen. Alles haben sie damals mitgeschleppt, Goethe, Kleist, Schopenhauer und Mendelssohn, Schiller und Marx, Lessing und Kant. Die deutsche Kultur wurde in Kisten verstaut und in den Orient verfrachtet. Hier saßen die Immigranten auf sandigem Boden, unter sengender Sonne, und packten ihre Bücher aus. Und am Abend, wenn sie ein wenig zur Ruhe kamen, von ferne heulte ein Schakal, die Moskitos umschwirrten das Licht, schlugen sie ihren Goethe auf und lasen:

Bei dem Glanz der Abendröte
Ging ich still den Wald entlang...
Und ein Seufzer entstieg ihrer Brust. »Was hast du?« fragten die kleinen Söhne. »Ach nichts, gar nichts.«
Und als die Alten gestorben waren, packten die Söhne die Bücher ein, sie konnten sie nicht lesen und schon gar nicht verstehen, in Israel gibt es weder Abendröte noch Wald, und brachten alles dem alten Stein. Kultur gegen ein paar Schekel.
Und so kommt es, daß ich in alten deutschen Büchern wühlen kann. Manchmal setze ich mich auf einen Schemel, lese und vergesse, daß ich in einem Jerusalemer Antiquariat bin. Ich spaziere durch die Wälder mit Burgen und Schlössern, durch weiches Gras und grüne Alleen, über Hügel und Täler, durch Sommerregen und Schnee.
Und so bin ich auch heute in das Steinsche Antiquariat gegangen. Ein neuer Nachlaß ist angekommen, eine Kiste vergilbter Bücher in Frakturschrift. Nachdem ich ein paar der alten Ausgaben durchgeblättert habe, langatmig geschriebene Romane, nehme ich ein dünnes Büchlein zur Hand. Es sind die Protokolle des 1. Zionistenkongresses in der Schweiz, der vom 29. bis 31. August 1897 in Basel stattfand. Ich schlage die Protokolle auf. 1. Verhandlungstag, 29. August 1897. Bevor der Initiator des Kongresses, Dr. Theodor Herzl, das Wort ergreift, spricht die Einleitungsworte der Alterspräsident Dr. Karl Lippe. Im Saal ist es still. 204 Menschen aus ganz Europa sind in Basel zusammengekommen, man weiß nicht genau, was diese Versammlung ergeben wird. Man weiß nur, daß eine Idee geboren wurde, die Idee, einen Judenstaat zu bilden. Wie er aussehen soll, wann er gegründet werden soll, ist unklar. Der eine oder andere der Anwesenden ist aus Neugier gekommen, die meisten, weil sie etwas schaffen wollen, ohne genau zu wissen, wie. Es ist vormittags, ein sonniger Tag, der Saal ist bis auf den

letzten Platz gefüllt, und Herr Lippe ergreift das Wort.
»Diese Versammlung von Gesandten jüdischer Vereine und begeisteter Juden ist die erste ihrer Art seit den achtzehnhundert Jahren des dritten Exils. Sie ist der Ausdruck einer internationalen Bewegung, die alle Stände Israels ergriffen hat, um einen nationalen Gedanken zu verwirklichen, welcher während der langen Dauer dieses Exils, des Golus Edom, im Schoß der Judenheit gebannt lag und vergebens nach Verwirklichung rang. O ein schöner, großer Tag, der heutige, in der Geschichte Israels, fürwahr.
Der Gegenstand, der uns heute zur Beratung vorliegt, ist kein geringerer, als die Rückkehr der Juden ins Land ihrer Väter, das unser Gott, der einig einzige, unserem Erzvater Abraham und uns, seinen Nachkommen, verheißen hat.«
Obwohl Dr. Lippe schon ein älterer Mann ist, hat er eine kräftige Stimme und reißt die Anwesenden mit. Das ist keine Versammlung religiöser Juden. Im Gegenteil, die meisten haben kein Verhältnis mehr zur Bibel und den frommen Worten, trotzdem wühlt die Rede sie auf. Hier geht es darum, eine Verheißung zu erfüllen, einen jahrtausendealten Bund zu erneuern zwischen dem Volk, dem Land und ihrem Gott. Und der Redner fährt fort: »Eine Zeitlang haben wir in der uns liebgewordenen arischen Zivilisation unser Heil zu finden geglaubt. Aber sie hat uns verraten. Schon Jeremias klagt: ›Ich rief meine lieben Freunde, und diese haben mich verraten.‹ Als unsere Vorfahren aus Ägypten auszogen, schlossen sich ihnen viele Assimilanten an. Aber sie hatten nicht den Mut, gegen ein widriges Schicksal zu kämpfen, und riefen bei der ersten Widerwärtigkeit, die sich ihnen darbot: ›Setzen wir uns ein Oberhaupt, und kehren wir nach Ägypten zurück!‹ Wir aber rufen: ›Setzen wir uns ein Oberhaupt, und kehren wir nach Jerusalem zurück!‹ Wir müssen der brutalen Übermacht ausweichen und in unsere alte Heimat zu-

rückkehren, und wenn unsere Mission unter den Nationen wirklich noch nicht erfüllt sein sollte, so wollen wir das Versäumte von dort aus nachholen. Denn von Zion allein geht die Lehre aus und Gottes Wort bloß von Jerusalem.«

Die Anwesenden klatschen begeistert Beifall. Sie sind nicht mehr in Basel, sie sind in Jerusalem, in einem imaginären Jerusalem, dem Ort der Verheißung, und die Teilnehmer schwören einander, alles zu tun, um die Vision zu verwirklichen.

Ich klappe das Buch zu und nehme es mit. Es ist ein sonniger Februartag. Neben dem Steinschen Buchladen wird eine neue Synagoge errichtet, gegenüber liegt das Hotel Plaza, ein scheußlicher Bau, am Ende der Straße liegt der Garten der Glocken. Ich stehe auf der belebten Verkehrsstraße Keren Hajessod, der Bus Nummer 10 fährt vorbei, ein paar Kinder mit Schultaschen kommen mir entgegen. Ich biege nach links ein und gehe die Straße Richtung Innenstadt entlang, komme an einem Reisebüro vorbei, an zwei Boutiquen, einem Möbelgeschäft, einer Eisenwarenhandlung, an einer Drogerie und Wohnhäusern. In der Ben-Jehuda-Straße liegt ein Straßencafé, und ich setze mich auf einen der roten Plastikstühle an einem weißen kunststoffbeschichteten Tisch. Es ist Mittagszeit, ich bestelle Nescafé und ein Stück Schokoladentorte.

Und wie ich so dasitze, kommt ein älterer weißhaariger Herr an meinen Tisch. Er ist wunderlich gekleidet, trägt einen Gehrock, wie er zu Ende des letzten Jahrhunderts Mode war, und einen Zylinder, den er kurz lüftet.

»Darf ich mich zu Ihnen setzen?« fragt er, und ich wundere mich, weil er deutsch spricht. »Ja, bitte schön.« Er nimmt Platz. Den Zylinder hat er abgelegt, er glättet sich die weißen Haare und sagt:

»Entschuldigen Sie bitte, daß ich Sie anspreche, aber Sie sind doch die Lea?«

»Ja«, antworte ich, »und wer sind Sie?«
»Mein Name ist Karl Lippe«, stellt er sich vor.
»Das freut mich aber, Herr Dr. Lippe, ich habe Sie gerade beim ersten Zionistenkongreß reden hören.«
»Es ist noch gar nicht so lange her«, lächelt er, »nur 85 Jahre, und aus der Idee ist Wirklichkeit geworden. Weil wir uns damals in Basel getroffen haben, können Sie hier Kaffee trinken und Schokoladenkuchen essen.«
»Ich weiß, Herr Dr. Lippe.« Er schaut sich um.
»Ja, ja, Jerusalem ist keine Vision mehr.«
»Entschuldigen Sie, daß ich Sie so direkt frage, wußten Sie denn damals nicht, daß dieses Land bewohnt war und ein anderes Volk hier lebte?«
»Und wenn wir es gewußt hätten, es hätte nichts geändert. Wir waren davon überzeugt, daß die Zeit reif war und wir nach Israel zurückkehren mußten. Das Volk Israel gehört in das Land seiner Vorväter.«
»Aber sehen Sie sich doch die Situation im Land an«, wende ich ein, »Kriege, Terroristen, Inflation, Wirtschaftsmisere, wolltet ihr das?«
Er lächelt wie jemand, der mit einem Kind spricht. »Sie sind ungeduldig, Lea, viel zu ungeduldig. Das Schlimmste haben wir überstanden, die Zeiten werden sich bessern.«
»Glauben Sie, daß wir Frieden mit den Arabern schließen werden?« frage ich ihn.
»Aber natürlich, die kriegerischen Zeiten neigen sich dem Ende zu. Wir werden friedliche Grenzen haben, Israel und die arabischen Nachbarn werden Handel treiben, ein jeder wird vom anderen profitieren. Wir werden sogar eine Art Wirtschaftsgemeinschaft gründen, der Orient wird von Europa, Amerika und Rußland unabhängiger, es wird ein fruchtbarer kultureller Austausch stattfinden, und die schweren Zeiten verfliegen wie ein böser Traum.«
»Woher wissen Sie das denn, Herr Dr. Lippe?« Ich bin erstaunt.

»In meinem Alter weiß man manches.«
Die Kellnerin bringt mir den Kaffee und die Schokoladentorte.

Der Konflikt

Gestern abend, es ist neun Uhr, klopft es an die Tür. Ich öffne, draußen stehen zwei Soldaten. Ich will gerade fragen, was sie wollen, da erkenne ich einen von ihnen. Es ist Joram, der Sohn einer Bekannten.
»Schalom«, sagt Joram, »wir haben den Bus nach Ramallah verpaßt, der nächste geht erst in vier Stunden, und da dachten wir, daß wir dich besuchen könnten.«
»Kommt rein«, fordere ich sie auf.
»Dies ist mein Freund Rafi«, stellt Joram den anderen Soldaten vor.
»Wir wollten gemeinsam in die Kaserne fahren, aber der Bus ist uns gerade vor der Nase weggefahren«, erklärt Rafi.
»Ich wußte gar nicht, daß du beim Militär bist«, sage ich zu Joram, »wann hat man dich eingezogen?«
»Vor vier Tagen.«
»Und dich, Rafi?«
»Auch vor vier Tagen.«
Die Uniformen sehen wirklich noch nagelneu aus. Nachdem sich die zwei frischgebackenen Soldaten gesetzt und ich ihnen Tee bereitet habe, stellt sich heraus, daß sie in Schwierigkeiten sind. »Wir hatten nur bis heute mittag um dreizehn Uhr Ausgang«, erklären sie.
»Ihr fangt ja eure Militärkarriere gut an«, antworte ich.
»Wieso habt ihr euch dann so verspätet?«
Die Sache ist ganz einfach. Sie sind nach Hause gefahren, haben erst mal gut gegessen, »von dem Militärfraß werde ich nicht satt«, sagt Joram, haben sich richtig ausgeschlafen, »man läßt ja einen Menschen beim Militär nicht ausschlafen«, haben am Nachmittag den Bus

nach Jerusalem genommen, den Anschluß nach Ramallah verpaßt, »um eine Minute«, und nun müssen sie bis um Mitternacht warten, bis ein neuer Bus fährt. Rafi läuft schon mit einem Gewehr herum, das er noch nicht richtig bedienen kann, Joram soll nächste Woche eines bekommen.
»Die schönen langen Haare mußte ich mir abschneiden«, meckert er. Beide sind sie wegen der Verspätung nervös. »Wir werden bestimmt bestraft«, sorgt sich Rafi. »Ja, aber erst morgen früh, heute bin ich todmüde.« Joram ist hoffnungsvoll.
Da sitzen sie vor mir, die Helden Israels. Der eine kaut an den Fingernägeln, und der andere klopft unaufhörlich auf die Tischplatte. Ist man mit 18 eigentlich erwachsen? Ich weiß, daß ich mich mit 18 Jahren sehr erwachsen fühlte, ich kam mir mit 14 schon erwachsen vor. Aber während ich mir die zwei Jungen betrachte, in ihrer grünen Uniform und mit ihren nervösen Gesichtern, kommen sie mir wie große Kinder vor. Und wie viele von diesen großen Kindern sind schon gefallen, hüben wie drüben, und es ist kein Ende abzusehen. Der Krieg ist in Israel immer gegenwärtig. Er ist geradezu greifbar, und bei allem, was man tut, sitzt er einem im Nacken.
Wir wohnten erst einen Monat in Jerusalem, und ich färbte eine Regalwand mahagonirot. Das Rot gefiel mir nicht, es war knallig wie Ziegelrot, und ich ärgerte mich über diesen aufdringlichen Farbton. »Was soll ich jetzt machen?« fragte ich Dudu. »Das Rot sieht scheußlich aus.«
»Streiche mit Kastanienfarbe drüber«, riet er mir.
»Zum Schluß versaue ich noch das ganze Regal«, begann ich zu maulen. »Ich wollte Nußbaum. In zwanzig Läden habe ich Nußbaumfarbe gesucht und nichts gefunden. Ganz Europa schwimmt in Nußbaum, und hier gibt es nur dieses ekelhafte Rot.«
»Mit Kastanie wird es schon gut werden. Du wirst sehen,

es kommt ein schöner Ton heraus«, beruhigte er mich. Verdrossen strich ich das Regal weiter mit dem leuchtenden Mahagonirot. Das Radio lief, Nachrichten wurden durchgegeben. »In der Jerusalemer Altstadt wurde eine Bombe in eine Gruppe von Touristen geworfen. Es gab einen Toten und mehrere Verletzte«, meldete der Nachrichtensprecher. Die Altstadt ist drei Kilometer von hier entfernt, und daß in Jerusalem Bomben hochgehen, ist nichts Ungewöhnliches. »Mahagoni, Kastanie, Nußbaum«, dachte ich, »wie unwichtig ist es, in welchem Farbton das Regal gestrichen wird, wenn jeden Moment irgendwo in dieser Stadt eine Bombe hochgehen kann.« In der Woche zuvor war ich an genau der Stelle, wo heute die Bombe geworfen wurde. Aber es ist unmöglich, dauernd mit dem Gedanken an die Gefahr zu leben, man muß ihn verdrängen, weil angesichts des Todes das Leben sinnlos wird. Und so strich ich Kastanienfarbe über das Mahagonirot, es ergab einen schönen rötlichschimmernden Ton. »Herrlich, die Farbe«, sagte ich mir, während im Krankenhaus zur selben Zeit die Ärzte um das Leben einiger Touristen kämpften.
Wo merkt man einen Alarmzustand am besten? Am Strand. Wenn an einem Samstagmorgen bei strahlendem Wetter nur ältere Männer und Frauen mit Kindern am Strand sitzen, ist Gefahr im Verzug. Auf einmal sind alle jüngeren Männer verschwunden. So war es auch, als die Syrer ihre Raketen an der Nordgrenze aufgebaut hatten, im Mai 1981. Israel lieferte den Vorwand, und die Syrer bauten entlang der libanesischen Grenze Raketenabwehrstellungen. Es war Wahlkampfzeit, Begin erklärte ultimativ, daß die Raketen verschwinden müßten oder wir sie kurzerhand abbauen würden, die Syrer kümmerten sich einen Dreck um Begins Worte, Israel zählte gebannt die Raketen, die an der libanesischen Front installiert wurden, und das Militär zog die Reservisten ein.

Gerade zu jener Zeit bekam ich die erwähnte Einladung nach Davos. Am Abend vor der Abreise ging ich in Ramat Gan spazieren. Der Tag war heiß gewesen, die Nacht angenehm kühl, und an einer Straßenecke standen ein paar Soldaten, die auf ein Militärauto warteten. In Israel herrschte eine äußerst gespannte Stimmung. Man wußte nicht: Wird Begin seine Worte wahr machen, und werden wir Syrien angreifen, wird es Krieg geben oder nicht? Die Zeichen standen schlecht, und die Lage war ernst. Diese paar Soldaten, die schweigend an der Straßenecke warteten, erschreckten mich mehr als die großen Worte und Gesten der Politiker. Sie machten mir deutlich, was es heißt, in einem Spannungsgebiet zu leben, was es heißt, sich in einem latenten Kriegszustand zu befinden, was es heißt, nicht zur Ruhe zu kommen.
Am nächsten Morgen flog ich nach Zürich. Von dort nahm ich den Zug nach Davos. Zürich ist nur vier Flugstunden von Tel Aviv entfernt, und doch war ich in einer vollkommen anderen Welt. Ich fuhr durch die Schweizer Berge und staunte über das Grün. Ich hatte schon vergessen, wie grün Europa ist und wie friedlich. In Landquart mußte ich umsteigen. Weil ich einen schweren Koffer bei mir hatte, betrat ich den Kiosk auf dem Bahnsteig und fragte den Verkäufer: »Darf ich meinen Koffer für einen Moment hier abstellen? Ich muß zum Fahrkartenschalter, um mich nach einem Anschlußzug zu erkundigen.«
»Bitte sehr«, antwortete der Mann, und ich ließ meinen Koffer dort stehen. Ich ließ meinen Koffer einfach stehen, und der Mann hatte keine Angst, daß eine Bombe darin versteckt war! In Israel wäre das unmöglich. Jeder würde sofort zu zittern beginnen und überlegen, was im Koffer sein könnte. Wenn an der Bushaltestelle eine Tasche am Boden steht und man nicht sofort erkennt, zu wem sie gehört, wird erschrocken gefragt: »Wem gehört diese Tasche?« Und wenn sich nicht um-

gehend jemand meldet, entfernt man sich von der Tasche und ruft die Polizei, die sofort die Umgebung absperrt. Zu oft wurden Sprengsätze in Taschen und Koffern versteckt, und eine herrenlose Tasche ruft Panik hervor.

»Bitte sehr«, sagte der Kioskbesitzer in Landquart, »selbstverständlich können Sie Ihren Koffer hier abstellen.«

Von Davos aus telefonierte ich mit einer Freundin in Frankfurt. »Vielleicht übertreibt ihr in Israel mit diesen Raketen der Syrer, vielleicht ist das gar nicht so gefährlich«, argumentierte sie. »Ich weiß nicht, ob es gefährlich ist oder nicht«, antwortete ich, »aber stell dir einmal vor, Hessen würde sich mit Rheinland-Pfalz in einem permanenten Konflikt befinden und an der hessisch-rheinland-pfälzischen Grenze würden Raketenstellungen aufgebaut. Mit Sicherheit würde diese Tatsache nicht zu deiner Beruhigung beitragen.«

Ich denke nicht oft an die Gefahr, aber es läßt sich nicht vermeiden. In den Spätnachrichten wird gezeigt, wie Israel Häuser im Libanon bombardiert. Zerbrochenes Mobiliar, Obdachlose, Tote. Es ist ein schwüler Abend, und ich kann mir gar nicht vorstellen, daß diese Bilder nur wenige Kilometer von hier aufgenommen wurden. Es ist eine ekelhafte Nacht, eine der Nächte, in denen es sich nicht abkühlt. Die Luft ist drückend und feucht, man wälzt sich müde im Bett und kann nicht einschlafen. »Scheißhitze«, denke ich und sinke in bleiernen Schlaf. Und auf einmal ein Knall, als würde das Haus auseinandergerissen. Ich wache erschrocken auf, weiß nicht, was los ist, und laufe zum Fenster. Alles ist ruhig, aber ich kann mich nicht beruhigen. Ein Düsenjet hat die Schallmauer durchbrochen, und von dem Lärm bin ich aufgewacht. Es war keine Bombe, wie ich im ersten Moment geglaubt habe. Aber im Libanon hat in der vorigen Nacht eine Bombe ein Haus zertrümmert, und eine Mutter ist von dem Krach aufgewacht, hat ihre

Kinder gesucht und sie in Schutt und Asche verletzt gefunden.
Der Krieg sitzt uns im Nacken.
Ich habe Staatspräsident Mitterand empfangen. Nicht persönlich, oder besser gesagt, nicht ganz persönlich, und auch nicht aus freien Stücken. Ich wurde zum Empfang quasi abkommandiert.
Vor einer Woche brachte meine Tochter einen Zettel aus der Schule mit, auf dem stand, sie solle erstens eine weiße Bluse anziehen, zweitens um drei Uhr nachmittags in der Schule sein und drittens die Eltern mitbringen. Die Schule meiner Tochter wurde als Jubelschule ausgesucht, die Kinder müssen sich am Wegrand mit Fähnchen aufreihen, um den Präsidenten zu ehren. So weit, so gut. Am Ankunftstag des Präsidenten regnet es in Strömen, es gießt, wie es in Israel selten gießt, der Himmel ist wolkenverhangen, das Wetter unangenehm grau und kalt. Um ein Uhr rufe ich die Mutter eines Schulkameraden meiner Tochter an.
»Gehst du zum Empfang?« frage ich sie.
»Nein.«
»Warum nicht?«
»Erstens«, setzt sie mir auseinander, »kann ich die Franzosen nicht leiden. Ich hatte einmal einen französischen Freund, und der ist eines Tages sang- und klanglos verschwunden. Seit damals können mir alle Franzosen gestohlen bleiben. Und zweitens regnet es.«
»Aber die Kinder haben doch einen Brief mitbekommen, daß wir um drei Uhr in der Schule sein sollen.«
»Man muß doch nicht alles tun, was in Briefen steht. Sollen sich die Lehrer bei diesem Regen hinstellen und jubeln.«
Ich finde, sie hat recht, und erkläre meiner Tochter, daß ich auch nicht gedenke, an dem Empfang teilzunehmen. Nun hat meine Tochter etwas Stures an sich.
»Die Lehrerin hat gesagt, wir müssen heute nachmittag in die Schule kommen«, beginnt sie zu heulen.

»Und da müssen wir kommen. Und die Lehrerin hat auch gesagt, daß die Eltern mitkommen müssen.«
»Aber andere Kinder gehen auch nicht«, erkläre ich ihr.
»Aber die Lehrerin hat gesagt, wir müssen kommen, verstehst du nicht, die Lehrerin hat gesagt, wir müssen kommen«, schreit sie mich an. Ich weiß nicht, woher dieses Kind den Respekt vor Autoritäten hat. Sie bricht in ein hysterisches Weinen aus und wiederholt: »Die Lehrerin hat gesagt, die Lehrerin hat gesagt.«
»Gut«, gebe ich nach, »wenn eure Lehrerin gesagt hat, dann gehen wir halt.«
Wir ziehen uns weiße Pullover an und machen uns bei Nieselregen auf den Weg zur Schule. Auf dem Schulhof haben sich tatsächlich einige Kinder eingefunden. Von 34 Mitschülern meiner Tochter sind sieben erschienen, darunter noch eine Mutter.
»Ich bin Französin«, erzählt sie mir, »und will meinen Präsidenten sehen.« Von den restlichen 33 Müttern, die keine Französinnen sind, bin nur ich gekommen und stehe frierend auf dem Schulhof.
Auf dem Boden haben sich riesige Pfützen gebildet, und die Kinder hüpfen mit Vergnügen hinein. Ein Mädchen trägt ein Plakat, auf dem »Klasse 3 A grüßt Frankreich« steht, darauf sind die französische und die israelische Fahne gemalt. Das Plakat hindert es nicht daran, mit den anderen in die Wasserlachen zu springen, aber weil es seine Hände nicht frei hat oder geschubst worden ist, liegt plötzlich »Klasse 3 A grüßt Frankreich« in der Pfütze. Das Kind ist total durchnäßt, das Plakat aufgeweicht und mit einer Schlammschicht überzogen. Nun beginnt die Kleine zu weinen, das Plakat ist unbrauchbar, und die Klasse 3 A wird Frankreich nicht begrüßen. Inzwischen sind die Lehrer erschienen, jeder versammelt die paar Kinder aus seiner Klasse um sich, und wir gehen vom Schulhof hinunter an die Straße. Dort wird in einer halben Stunde der

Präsident des französischen Volkes an uns vorbeifahren. Jedes Kind bekommt zwei Plastikfähnchen. Ein israelisches und ein französisches. Am Rand der Jubelstraße ist kein Bürgersteig, und wir gehen durch aufgeweichten Boden, und der Morast klebt an den Schuhen. Meine Wildlederstiefel sind hin, jawohl Monsieur le Président, ich habe Ihnen ein paar hellbraune Wildlederstiefel geopfert. Der Regen hat aufgehört. Wir stehen auf unseren Plätzen und warten auf das Präsidentenauto.

Vor zwölf Jahren war ich einmal in Paris. Was für eine eindrucksvolle Stadt. Breite Alleen und kunstvolle Bauten, in der Architektur vereinigt sich jahrhundertealtes Können, man merkt Paris an, daß dort Könige residiert haben, es zehrt noch von vergangener Pracht. Ob dem Präsidenten Jerusalem gefallen wird? Besonderes hat Jerusalem nicht aufzuweisen, keine ehemaligen Paläste und keine breiten Alleen, keine barocken Gärten und keine Statuen und Denkmäler. Die Sonne kommt heraus, und der Himmel wird seidigblau. Das Gold der Jerusalemer Sonne und das klare Blau seines Himmels sind oft beschrieben und besungen worden, aber ehrlich gesagt, blau ist auch der Himmel anderswo, und golden scheint die Sonne überall. Oder ist der Himmel über Paris grau von Industrie- und Autoabgasen? Beginnen die Franzosen wie andere Industriestaaten bereits in ihrer eigenen Luft zu ersticken? Ihr Gift exportieren sie in die unterentwickelten Länder, wie wir eines sind. Vielleicht hat der Präsident ein kleines Atomkraftwerk in der Tasche, das er uns verkaufen will. Und die Israelis werden genau wie die Iraker und andere arabische Staaten und Dritte-Welt-Länder kaufen, damit auch sie ihre Umwelt verpesten können. Wir wollen auch modern und fortschrittlich sein, das Heil des Lebens hängt von einer besseren Energieversorgung und einer ausgereifteren Technik ab. So redet man es uns ein, und so glauben wir es. In der zweiten Tasche hat der Präsident bestimmt ein paar Kriegsflugzeuge und Bömbchen, damit unsere Sicherheit erhöht wird. Ein paar den Arabern, ein paar den Israelis, mögen sie sich gegenseitig umbringen, Hauptsache, Frankreichs Industrie ist beschäftigt, und Amerikas Industrie ist beschäftigt, und Rußlands Industrie ist beschäftigt. Und alle verfolgen sie ihre eigenen Interessen im Nahen Osten.

Ein Militärauto fährt vorbei, ihm folgt die Limousine mit dem französischen und dem israelischen Staatsoberhaupt. Ich sehe Mitterand nur eine Sekunde, dann ist der Wagen schon verschwunden. Dahinter kommen weitere Autos mit den israelischen Kabinettsmitgliedern. Am Abend wird bei den Empfängen die tiefe Freundschaft des französischen und des israelischen Volkes gewürdigt und bekräftigt werden, eine Freundschaft, die fünfzehn Jahre lang geschlafen hat. Die Kinder vor mir jubeln und schwenken ihre Fähnchen. Als der Konvoi vorbei ist, gehen wir alle auf den Schulhof zurück, und es entwickelt sich ein reger Handel mit den Fähnchen. Zwei israelische Fahnen für eine französische, ein Bonbon für einen Davidstern, zwei für Weiß-BlauRot. Frankreich steht hoch im Kurs, und ich frage den kleinen Jungen, der meiner Tochter zwei Bonbons für die französische Fahne bietet, warum sie mehr wert sei als die israelische. »Weil sie drei Farben hat, und unsere hat nur zwei.« Meine Tochter läßt sich auf keine Geschäfte ein, sie hätte nur gerne noch mehr Fahnen aus anderen Ländern.

»Wir warten, bis der nächste Präsident kommt«, vertröste ich sie, und in der Zwischenzeit schmücken Israel und Frankreich das Kinderzimmer. Wer weiß, ob dieses Kinderzimmer nicht eines Tages mit Syriens, Jordaniens und Saudi-Arabiens Fahne geschmückt sein wird. Wie gerne gäbe ich dafür alle französischen Fahnen dieser Welt her.

»Syrien, Jordanien und Saudi-Arabien schaffen nicht

den Hauptkonflikt hier«, sagt Ali, »in dieser Region geht es um die Palästinenser.«
Ali ist ein so gewöhnlicher arabischer Name, wie Peter ein deutscher oder Abraham ein jüdischer ist. Zufällig lerne ich Ali kennen. Man kann ein ganzes Leben lang in Israel leben, ohne einen einzigen Araber persönlich kennenzulernen, es ist sogar die Regel, daß man keine Araber kennt. Ich war zu einer Party eingeladen, und dort traf ich Ali. Eigentlich war es keine richtige Party, es war mehr eine Zusammenkunft von ein paar Künstlern und Intellektuellen, und ich hätte normalerweise nicht gemerkt, ob Ali ein Araber oder ein Jude ist, wenn er es nicht gesagt hätte. Ali ist Übersetzer für Hebräisch, Arabisch und Englisch. Er ist dreißig Jahre alt und Sozialist. Sein Vater, ein religiöser Moslem, hat seinen gottlosen Sohn verstoßen, der, statt nach hergebrachter Sitte im Dorf zu bleiben, in die Stadt zog, sich bis heute nicht verheiratet hat und seinen sozialistischen Ideen nachhängt. Es waren zehn Leute anwesend. Wir saßen auf Matratzen oder Kissen auf dem Boden, aßen glasiertes Huhn mit Honig, dazu süßen Reis und tranken Wein.
»Der Zionismus hat eine imperialistische Politik getrieben und den Pälastinensern das Land weggenommen«, klagt Ali zornig an.
»Wir brauchten auch einen Platz auf dieser Erde, ein Land, das uns gehört«, protestiere ich.
»Aber warum hier, warum gerade hier?« entgegnet er.
»Weil dies der einzige Platz der Erde ist, mit dem wir verbunden waren und sind.«
»Das sind doch alte Geschichten«, hält er mir vor. »Ihr wart zweitausend Jahre nicht hier.«
»Geschichte ist keine Frage von Jahren. Meine Vorfahren lebten jahrhundertelang in Polen, und ich fühle mich mit Polen nicht verbunden.« »Aber ich fühle mich mit diesem Land verbunden«, sagt Ali.
Wie einfach ist der Nahostkonflikt, wenn man ihn von

außen betrachtet und unbeteiligt ist. Wenn man ihn theoretisch abhandeln kann, ein Statement abgibt und zu anderen Dingen der Tagesordnung übergeht. Und wie schwer ist es, wenn man betroffen ist.
Vor einigen Tagen war ich bei Petra, sie ist Journalistin, eingeladen, und wir kamen auf die Unruhen zu sprechen, die in Bethlehem herrschen. »Heute abend sollte Mussa kommen«, sagte sie. »Leider war er verhindert.« »Wer ist Mussa?« will ich wissen.
»Mussa ist ein palästinensischer Journalist, der in Bethlehem lebt. Sein Sohn ist bei einer Demonstration von israelischen Soldaten schwer verletzt worden.«
Am nächsten Tag ruft mich Mussa an. Ich bin überrascht.
»Darf ich mit Ihnen ein lnterview machen?« fragt er.
»Woher haben Sie meine Telefonnummer?«
»Von Petra.«
Es ist einer der vielen Zufälle im Leben, wenn Fäden zusammenlaufen und wir uns fragen, warum und wieso zur selben Zeit verschiedene Ereignisse zusammentreffen. Mussa hat einen Freund, der Professor in Amerika ist. Dieser Professor war drei Monate in Frankfurt, hat von mir gehört und Mussa gestern von mir erzählt. Kurz darauf rief Petra bei Mussa an, lud ihn ein und erwähnte nebenbei, daß auch ich kommen werde. »Und deswegen rufe ich Sie heute an und würde Sie gerne interviewen.«
Ich bin einverstanden. »Wo kann ich Sie treffen?« fragt Mussa.
»Am besten bei mir zu Hause«, schlage ich vor. Wir verabreden uns für den morgigen Abend.
Ich bin neugierig auf das Gespräch, und es ist mir gleichzeitig unangenehm. In Hebron sind in der vorigen Woche zwei jugendliche Palästinenser bei einer Demonstration von unseren Soldaten erschossen worden, und überall gab es in der letzten Zeit gewalttätige Auseinandersetzungen. Wer weiß, wie Mussa mir gegen-

übertreten wird. Am Nachmittag backe ich einen Kuchen, der mir mißlingt, ich werde statt dessen Nüsse auf den Tisch stellen. Mussa kommt wie verabredet. Er bringt mir einen Blumenstrauß mit. »Danke«, sage ich und stelle die Blumen in eine Vase. Ich bereite türkischen Kaffee zu, und Mussa zieht Notizblock und Bleistift hervor.

Ich bin ein wenig verkrampft, Mussa hingegen beginnt ganz locker zu erzählen: »Das war vielleicht eine Überraschung, als Petra mir sagte, daß Sie zu ihr kommen. Dieses Interview mache ich für meinen Freund, er will es in einer amerikanischen Zeitung veröffentlichen. Mein Freund war kürzlich einige Monate in Frankfurt. Ich war voriges Jahr auch in Deutschland, in Berlin.«

Wir unterhalten uns über Deutschland und sind beide froh, daß wir dort nicht leben. Die Atmosphäre ist entspannt. Wir reden über die orientalische Großzügigkeit und die Spontaneität der Menschen hier, über das gute Wetter und über Jerusalem, die Stadt, die wir beide lieben, und stellen fest, daß wir nach der Überlieferung unserer beiden Völker Vettern sind, denn sowohl die Juden wie auch die Araber verehren Abraham als ihren Urahnen.

Mussa ist sympathisch und feinfühlig, und mein anfängliches Mißtrauen schwindet. Wir stellen uns vor, welch wunderbares Fleckchen Erde dies hier wäre, wenn Israelis und Palästinenser einen Weg zueinander finden würden. Bevor Mussa aufbricht, bittet er mich, ein Taxi zu bestellen. »Sind Sie nicht mit Ihrem eigenen Auto gekommen?« frage ich. »Nein, ich habe mein Auto im Hilton-Hotel geparkt und von dort aus ein Taxi genommen. Wenn man hier ein Auto mit einer Bethlehemer Nummer gesehen hätte, dann hätte man es vielleicht demoliert«, sagt er. Auch mir ist es unangenehm, nach Bethlehem mit einer israelischen Nummer am Auto zu fahren. Wir wohnen zehn Minuten voneinander entfernt, und eine Barriere der Angst trennt uns.

Beim Abschied lädt Mussa mich und Dudu für Donnerstagabend in sein Haus nach Bethlehem ein.
Von Bethlehem kenne ich den Markt, und zwar noch aus der Zeit, als ich im Einwanderungszentrum wohnte. Ich hatte mich damals mit Simcha angefreundet. Simcha kam aus Syrien.
»Ich wußte gar nicht, daß es Einwanderer aus Syrien gibt«, sagte ich zu ihr.
»Es gibt auch keine, wir sind aus Syrien geflohen.«
»Hatten die Juden Schwierigkeiten in Syrien?«
»Ja«, antwortete sie, »nach 1967 hat sich die Lage verschlechtert.«
Eines Tages kam sie mit ihrer Einkaufstasche in mein Zimmer und bat: »Komm, fahren wir auf den Markt nach Bethlehem.« Die Idee gefiel mir. Ich nahm mein Einkaufsnetz, und wir gingen zur Landstraße. Dort stiegen wir in den arabischen Bus und fuhren nach Bethlehem. Nach einer Viertelstunde waren wir da. Es herrschte sommerlich warmes Wetter. Wir schlenderten durch ein paar kleine Gäßchen, vorbei an winzigen Läden und gelangten zum Markt. Obst und Gemüse waren auf Tischen aufgehäuft, und die Händler priesen ihre Waren lauthals an.
Etwas abseits hockten ein paar junge Frauen auf dem Boden, die Feigen, Petersilie und Dill vor sich ausgebreitet hatten und den Vorübergehenden hinhielten. Neben ihnen spielten Kinder, barfüßig in zerrissenen Kleidern. Simcha lief von Stand zu Stand. Sie sprach perfekt arabisch und war in ihrem Element. Bevor sie etwas kaufte, feilschte sie, ging fort, kam wieder, diskutierte, nahm die Ware und freute sich über jede Lira, die sie heruntergehandelt hatte. Ehe ich mich versah, war sie im Gewühl untergetaucht, und ich fand sie nicht mehr. Es war Mittagszeit, und ich beschloß, alleine zum Bus zu gehen. An der Haltestelle stand eine kleine Gruppe von Arabern, und zwei Frauen saßen auf einer Bank. Die Araberinnen trugen trotz der

Hitze lange, buntbestickte Kleider und hatten weiße Tücher um den Kopf geschlungen. Ihre gefüllten Körbe hatten sie neben sich gestellt. Als ich mich der Haltestelle näherte, musterten mich die Männer. Ich war froh, daß ich ein hochgeschlossenes Kleid angezogen hatte. Die Männer sahen mich unverwandt an, und ihre direkten Blicke waren mir unangenehm. Meine Füße brannten von dem Herumlaufen, ich war müde, ging auf die Bank zu und setzte mich zu den Frauen. Die Araberinnen nahmen keine Notiz von mir, sie waren in ihre Unterhaltung vertieft. Während ich wartete, sah ich mir die vorüberfahrenden Autos an. Manche waren schrottreif, den meisten merkte man ihre lange Lebensdauer an, gelegentlich fuhr eine gepflegte Limousine vorbei. Ein neu aussehender Touristenbus versuchte einen klapprigen arabischen Bus zu überholen. Der arabische Bus fuhr nicht zur Seite, und der Touristenbusfahrer begann zu hupen. Es schien, als hätten die Touristen keine Zeit, der Reiseleiter wollte wahrscheinlich sein Programm so schnell wie möglich hinter sich bringen.
Von der Seite sah ich mir die zwei Frauen an. Die jüngere hatte ein ebenmäßiges, schönes Gesicht und graziöse Hände. Ihr Teint war braun, sie hatte große dunkle Augen und schwarze Haare. Sie erinnerte mich an die biblische Schulammit. »Ich bin schwarz und lieblich, ihr Töchter Jerusalems, wie die Hütten Kedars, wie die Teppiche Salomos.« Unvermittelt fiel mir ein Satz unserer Weisen ein. Ben Soma lehrt: »Wer ist weise? Der von jedem Menschen lernt.«
»Die Juden, die aus den europäischen Ländern in Israel eingewandert sind, haben die Ratschläge ihrer Weisen vergessen«, überlegte ich, »denn wann haben sie begonnen, von den Arabern zu lernen? Niemals.« Im Gegenteil, sie brachten die europäische Hochnäsigkeit mit. »Seht her, wir sind entwickelt, und ihr seid unterentwickelt, wir sind kultiviert, und ihr seid primi-

tiv«, singt Europa der Dritten Welt täglich vor. Dieses Lied haben die Juden gut gelernt, und sie sangen denselben Text den Arabern vor. Sie wandten ihr Gesicht Europa zu, unter dessen christlicher Herrschaft das jüdische Volk fast zugrunde gerichtet wurde: »Schaut her, ihr Europäer, die ihr stets behauptet habt, die Juden seien faul und arbeitsscheu, wie wir das Land aufgebaut haben, wie alles grünt und blüht, es ist nicht wie bei den Arabern. Sieh her, Welt, wie fleißig wir sind, wir sind Arbeiter und Ackerbauern geworden, wir schwingen den Hammer und benutzen den Spaten. Von wegen, wir könnten nicht schuften! Kommt, ihr Touristen, ins Heilige Land, und wir zeigen euch, was wir erreicht haben, hier ein Dorf, dort ein Kibbuz, hier eine Fabrik, dort eine Straße. Sogar in Sport und Kultur haben wir etwas vorzuweisen, zweimal Europameister im Korbball und zweimal Sieger im Grand-Prix-Schlagerfestival.«
Israel als Bollwerk der europäischen Kultur im Nahen Osten. Aber was sind inzwischen die Errungenschaften europäischer Kultur? Worauf läuft alles hinaus? Daß das Leben hygienischer, perfektionierter, unmenschlicher wird? Daß Kleidung und Aussehen zum Lebensinhalt werden? Daß Ordnung, Sauberkeit und Pünktlichkeit wichtiger sind als Tradition, Religion und Familie? Wie brutal wird in Europa und Amerika täglich die Umwelt zerstört, wie tödlich greift die Chemie in das Leben ein, wie einsam ist der Mensch geworden. Der Perfektion wurde die Menschlichkeit geopfert. Von Europa möchte ich nichts mehr lernen, aber was kann ich von den Arabern lernen?
Vor der Haltestelle patrouillierten zwei israelische Soldaten mit ihren Gewehren. Die Frauen verstummten und starrten die Soldaten feindlich an. Mir gaben die Soldaten ein Gefühl der Sicherheit. Es war ja nicht nur so, daß wir die arabische Kultur ablehnten, ging es mir durch den Kopf, die Araber wollten uns ja auch nicht.

Wir haben ihnen dieses Land weggenommen, und wenn ich an der Stelle der Palästinenser wäre, würde ich mich auch wehren. Sie sind ein mutiges und kluges Volk. Aber ich bin nicht an ihrer Stelle, ich bin an meiner Stelle. Ich will hier leben und hier bleiben. »Aber muß es Bethlehem sein? Muß man eine Million Menschen unter Kontrolle halten?« fragte ich mich. »Andererseits, was geschieht, wenn sie einen Palästinenserstaat haben werden, erheben sie dann nicht Anspruch auf ganz Israel, sozusagen der Palästinenserstaat als erster Schritt?« Die PLO hat Israel bis heute nicht offiziell anerkannt. Und wir versuchen so zu tun, als existiere die PLO nicht. Das Mißtrauen sitzt tief in uns allen.
»Lea, Lea«, Simcha winkte zu mir herüber, überquerte die Straße und fragte mich: »Wo warst du?«
»Weil ich dich aus den Augen verloren habe, habe ich mich alleine auf den Weg zur Haltestelle gemacht.«
»Ich habe für die ganze Woche eingekauft. Was hast du gekauft?« wollte sie wissen.
Da erst fiel mir auf, daß ich vergessen hatte, einzukaufen.
»Du bist komisch«, stellte Simcha fest, »fährst auf den Markt und kaufst nichts.«
»Ich mußte den Markt erst einmal kennenlernen«, entschuldigte ich mich. »Nächste Woche werde ich hier einkaufen.« Der Bus kam, und wir stiegen ein.
Am Donnerstagabend fahren Petra, ihr Mann, Dudu und ich zu Mussa. Er und Fatima, so heißt seine Frau, begrüßen uns an der Haustür. Wir gehen in den Salon. Der Raum ist mit Teppichen ausgelegt, ich sehe eine moderne Sitzgarnitur, die mit dunkelbraunem Cordsamt überzogen ist, seitlich davon ein Buffet, auf dem Bilder von Mussas Vater, ihm selbst und seinem Sohn aufgestellt sind. An den Wänden hängen ein paar Lithographien.
Der jüngste Sohn von Mussa sitzt mit uns im Zimmer. Vor vier Wochen wurde bei einer Demonstration von

unseren Soldaten am Kopf verletzt. Jetzt ist er wieder gesund, und die Familie feiert die Genesung. Ibrahim, so heißt der Junge, ist 16 Jahre alt, ein schmaler Jugendlicher mit aufgeweckten Augen. Mussa und seine Frau bewirten uns. Gastfreundschaft bedeutet Lebenskultur im Orient. Ibrahim hat sich neben seine Mutter gesetzt. Er trägt einen weißen Strohhut, der seine Kopfverletzung verdeckt. »Was geschieht hier eigentlich, wieso geht das Militär gegen Kinder vor? Kriegszustand, Terroristen«, versuche ich dergleichen innerlich zu rechtfertigen. »Aber Ibrahim ist doch ein Kind, wieso antwortet man auf Steine mit Schüssen? Wohin führt uns diese Regierung, was verspricht sie sich davon?«
Die Mutter ergreift Ibrahims Hand. Eine unauffällige Geste, man bemerkte sie kaum. Ich kann meinen Blick nicht von den beiden wenden. 16 Jahre ist Ibrahim alt, und wenn er Pech gehabt hätte, könnte sie seine Hand nicht mehr halten. Ich bin den ganzen Abend alleine mit mir und meinen Gedanken. Wie von ferne höre ich die Diskussion der anderen – es geht unter anderem um die Frage, ob die Palästinenser den Autonomieplan annehmen oder ablehnen sollten –, doch mir fällt eine ganz andere Szene ein.
Es war ein sonniger Oktobernachmittag. Ich wohnte noch in Frankfurt und war im siebten Monat schwanger. Wegen einer routinemäßigen Untersuchung fuhr ich zu meinem Frauenarzt. In dem kleinen Wartezimmer saßen bereits zwei Frauen, eine etwa sechzigjährige Dame, die unruhig die auf dem Tisch ausgebreiteten Zeitschriften durchblätterte, und eine junge schwarzhaarige Frau, die genau wie ich hochschwanger war. Ich nahm eine Tageszeitung in die Hand. Die Dunkelhaarige las eine Zeitung mit arabischen Schriftzeichen. Ich beobachtete sie verstohlen. Sie war Mitte Zwanzig, hatte halblange gewellte Haare und trug ein geblümtes Hängerkleid. Es interessiert mich, woher sie kam. Die Arzthelferin erschien an der Sprechzim-

mertür: »Die nächste bitte«, und die ältere Dame erhob sich und folgte ihr.
Jetzt saßen nur wir beide mit unseren dicken Bäuchen im Wartezimmer, und weil die andere Patientin gerade ihre Zeitung aus der Hand gelegt hatte und mich anschaute, sprach ich sie an:
»Was ist das für eine Sprache, die Sie lesen?«
»Arabisch«, antwortete sie und lächelte zum Zeichen, daß es ihr angenehm war, von mir angesprochen zu werden.
»Haben Sie das hier gelernt?« fragte ich.
»Nein, ich komme aus Ägypten.«
»Sie sind Ägypterin?«
»Ja«, antwortete sie.
Zu der Zeit waren nur wenige Jahre seit dem Sechs-Tage-Krieg vergangen, und die israelisch-ägyptische Grenze war die unruhigste im Nahen Osten. Täglich gab es Schießereien und Gefallene auf beiden Seiten, der Haß war unüberwindlich, und die einzige Gemeinsamkeit war der Tod. Und 4000 Kilometer entfernt saßen zwei Frauen im Wartezimmer eines Gynäkologen mit den gleichen Sorgen um das noch ungeborene Leben, behüteten und beschützten es. Und wer weiß, eines Tages wird dieses Leben zur Waffe greifen und sich im Kampf umbringen.
»Erwarten Sie Ihr erstes Kind?« fragte die Ägypterin.
»Ja.«
»Ich auch. Vielleicht wird es ein Sohn.«
»Ich möchte auch einen Sohn haben«, sagte ich.
Da saßen wir zwei mit unseren Söhnen im Bauch, und die Schlagzeile der Zeitung lautete: »Schwere Zwischenfälle an der ägyptisch-israelischen Grenze. Tote und Verwundete auf beiden Seiten.« Vor zwanzig, fünfundzwanzig Jahren haben auch Mütter auf beiden Seiten in den Wartezimmern der Ärzte gesessen, und heute sind ihnen nur noch Erinnerungen an ihre Söhne geblieben.

»Ich bin Jüdin«, sagte ich. »Ist es nicht schrecklich, was mit unseren Völkern passiert?«
»Furchtbar«, antwortete sie.
»Möge eines Tages Frieden zwischen unseren Völkern sein.«
Die Sprechzimmertür öffnete sich, und die Arzthelferin bat die nächste herein. Die Ägypterin stand auf, sah mich an und lächelte. Wie unter Hypnose erhob ich mich ebenfalls, und wir taten etwas Unvorstellbares, etwas zu jener Zeit Unerhörtes. Wir reichten einander die Hand.
»Salem«, sagte sie.
»Schalom«, antwortete ich.
Ich habe sie nie wiedergesehen, aber an jenem Oktobernachmittag habe ich Frieden mit Ägypten geschlossen.
Ibrahim ist zu Bett gegangen, und Fatima setzt sich neben mich. Sie ist eine schlanke Frau, Ende Dreißig. Sie hat in einer Bethlehemer Missionsschule Deutsch gelernt. Wir unterhalten uns über unsere Kinder und über das Unglück, das dieser Konflikt zwischen unseren Völkern für uns beide bedeutet. Was will Fatima denn anderes, als ihre Kinder in Ruhe großziehen, sie verheiraten, ihre Enkel erleben und in Frieden leben, und ich möchte doch das gleiche.
Ich bin sicher, daß wir einen Weg finden werden. Meine Sicherheit gründet sich nur auf ein Gefühl, aber war es nicht damals in dem Wartezimmer des Arztes auch nur ein Gefühl, das uns veranlaßte, einander die Hand zu geben? Beim Abschied reichen Fatima und ich uns die Hände. »Schalom«, sage ich.
»Salem«, antwortet sie.

Die verborgene Prinzessin

Es ist Frühling geworden, und mein Apfelbaum blüht. Wie eine Braut sieht er aus in seinem weißen Kleid.

Niemals hätte ich mir vorstellen können, daß mir ein Baum einmal etwas bedeuten würde, aber dies ist kein gewöhnlicher Apfelbaum, dies ist mein Apfelbaum. Der Garten ist verwildert, und außer den Bäumen und Brennesseln wächst noch nichts darin. Ich werde den Garten mit Rosen bepflanzen, Rosen gedeihen sehr gut in Jerusalem. Das Klima ist mild und trocken und Rosenbüsche bedecken überall die Zäune und verzieren die Gärten. Ich werde eine Hecke aus Rosen pflanzen, mit duftenden weißen und roten Blüten, ein bißchen wie die Hecke von Dornröschen. In Israel habe ich oft an dieses Märchen gedacht. So schwer, wie es war, in Dornröschens Schloß zu gelangen, so schwer ist es auch, in dieses Land zu gelangen. So, wie viele prinzliche Freier in den Dornen hängenblieben, so bleiben viele, die hier einwandern, in den Schwierigkeiten des israelischen Alltags hängen, winden sich und stöhnen, jammern und gehen zurück in die Länder, aus denen sie gekommen sind. Aber für manche teilt sich die Hecke ganz von allein, sie müssen sich nicht durchzwängen und gegen die Dornen ankämpfen, sie gehen hindurch, und die Hecke schließt sich hinter ihnen. Und sie haben das Gefühl, daß sie hier beschützt und geborgen sind, und sie entdecken das wunderschöne Schloß und die zauberhafte Prinzessin. Und Jerusalem ist so eine zauberhafte Prinzessin. Jerusalem die Heilige heißt die Stadt bei Moslems, Christen und Juden.
In den alten Stadtmauern, in der Nähe des Tempelberges, liegt ein Gewölbe, das sich zum Markt hinzieht. An beiden Seiten der Steinmauern stehen Bänke. Ich setze mich hin und beobachte die Vorbeigehenden. Es sind Menschen, die aus allen Gemeinden der Erde nach Jerusalem gekommen sind. Manche kamen, weil Jerusalem eine Berühmtheit ist und weil sie sich eine prunkvolle Stadt vorgestellt haben. So wie die beiden jungen Touristinnen in Shorts und kurzärmligen T-Shirts, die ihre Rucksäcke auf dem Rücken tragen.

»Ich finde die Stadt enttäuschend«, sagt die eine zur anderen. »Ich habe mir unter Jerusalem etwas Großartiges vorgestellt.«
»Den Touristenprospekten darf man doch nicht glauben«, antwortet die andere. Sie haben Jerusalem nicht erkannt, denn Jerusalem ist eine verhüllte Schönheit, so wie die Araberin und die fromme Jüdin und die Nonne, die vorbeigehen, in langen Kleidern und mit verdeckten Haaren. Aber viele, die nach Jerusalem pilgern, suchen nicht die äußere Schönheit und nicht die Unterhaltung, sie sind auf der Suche nach sich selbst und nach ihrem Gott. Jeder sucht an seinem Platz denselben Herrn. Und mancher kommt nach Jerusalem und weiß nicht, was er finden wird, und erkennt sie plötzlich, die verborgene Prinzessin. Wie einer von der kleinen Touristengruppe, die sich hingesetzt hat, um ihre Israel-Eindrücke auszutauschen. Es sind zwei Frauen und zwei Männer. Drei unterhalten sich über die Unzuverlässigkeit des israelischen Hotelpersonals und die Unpünktlichkeit der Busse. Der vierte schweigt. Er steht auf, geht auf den Platz, der vor dem Gewölbe liegt, und sieht sich um. Er sieht die Klagemauer und den Felsendom, die Grabeskirche und den Ölberg, er sieht die Araber in ihren Kefias und die Juden in ihren Kaftanen oder bunten Käppchen, er sieht die Priester in ihren langen Gewändern und hört den Gesang, der aus den Moscheen, Synagogen und Kirchen zum Himmel aufsteigt, und er wendet sich an seine Mitreisenden: »Wie unwichtig ist euer Problem angesichts Jerusalems. Jerusalem steht schon viertausend Jahre hier und wird die nächsten viertausend Jahre an dieser Stelle stehen, und ihr denkt beim Anblick dieser Stadt an die Unzuverlässigkeit des Hotelpersonals.«
Dieser Mann hat Jerusalem erkannt. Wie klein sind wir angesichts dieser alten Stadt, und wie unwichtig sind unsere Worte neben den Worten der Propheten, die in dieser Stadt gelebt und gekündet haben.